禪宗奧旨

【下卷】

曹洞宗偏正五位述要②

岳明 著

一前言一

我們先講一個有趣而且奧妙的公案，即《碧巖錄》作者圓悟克勤禪師「開悟偈」的有關故事。這首詩偈被一些高僧學者目為豔詩大加譏諷，而這首詩的真正含義卻無人理解。這是圓悟克勤與其師五祖法演的故事。

【公案】圓悟克勤開悟詩（《五燈會元》）

方半月，會部使者解印還蜀，詣祖問道。祖曰：「提刑少年，曾讀小豔詩否？有兩句頗相近。頻呼小玉元無事，只要檀郎認得聲。」提刑應「諾諾」。祖曰：「且仔細。」師適歸侍立次，問曰：「聞和尚舉小豔詩，提刑會否？」祖曰：「他只認得聲。」師曰：「只要檀郎認得聲。他既認得聲，為什麼卻不是？」祖曰：「如何是祖師西來意？庭前柏樹子！」師忽有省，遽出，見雞飛上欄杆，鼓翅而鳴。復自謂曰：「此豈不是聲？」遂袖香入室，通所得，呈偈曰：「金鴨香銷錦繡幃，笙歌叢裡醉扶歸。少年一段風流事，只許佳人獨自知。」祖曰：「佛祖大事，非小根劣器所能造詣，吾助汝喜。」祖遍謂山中耆舊曰：「我侍者參得禪也。」由此，所至推為上首。

「頻呼小玉元無事，只要檀郎認得聲」，乃大禪師提醒學人具有自我意識。元代徐再思（號酸齋）的散曲《沉醉東風》（春情）可作為這句詩的注腳：

> 一自多才闊，幾時盼得成合？今日個猛見他門前過，待喚著怕人瞧科，我這裡高唱當時水調歌，要識得聲音是我。

「頻呼小玉」的情意全在「只要檀郎認得聲」，其意「要識得聲音是我」。五祖法演利用這首小豔詩對圓悟克勤提示學人具有「我」——即對自我意識的悟解，這是成佛的第一關，法演以此提撕圓悟。圓悟對此有所理解。

圓悟克勤禪師的「開悟詩」，形容菩薩泯滅自我意識以後，進入「凡聖分離正偏兼帶」境界。「金鴨香銷錦繡幃。笙歌叢裡醉扶歸」以「金鴨香銷」形容泯滅妄識。「金鴨香銷錦繡幃」比喻佛性。「笙歌叢裡醉扶歸」的「醉扶歸」形容「涅槃」，以「醉」來形容「大定」。兩句合併即是「前釋迦後彌勒」的「佛真法身」。「少年一段風流事，只許佳人獨自知」暗喻「正偏兼帶」，這是禪者內心發生的「奧秘」，是外人無法知曉的。「凡聖同居正偏兼帶」禪機玄妙。按照曹洞宗修證方法，佛性出世後要進入「金針雙鎖鉤鎖連環」，「相續不斷」之後，「正當十五日」證入「正偏兼帶」。此即「前釋迦後彌勒」。這是禪宗修證的關鍵時節，進入正偏兼帶，按照無著文殊五台山公案所說，「凡聖同居龍蛇混雜」，涅槃佛性混居一身。此境界無以名之，馬祖道一故謂「非心非佛」。到此若金針不來不去則證入理事無礙法界，若涅槃佛性混融一體不分彼此，則證入事事無礙法界。即證得一心三觀，中道，即一切種智。由此進入那伽定，證得佛位。佛真法身意謂涅槃佛性合作生成山河大地。禪師說「釋迦彌勒猶是他奴」，可見證得佛真法身何等重要。

五祖法演禪師在聽到弟子圓悟克勤的「投機偈」後，老禪師大喜，遍告山中高僧大德，宣示「我侍者參得禪也」。如果這首詩是當代學者所說的「豔詩」，五祖法演如何可能「遍告山中高僧大德」並且據此詩來印可圓悟克勤禪師「參得禪也」。學者不懂禪機卻妄下評說，可謂千古笑談。我們看著名禪師對此頌偈。

南堂元靜禪師云：

聲前句後太無端。金鴨香消夜未闌。一把柳絲收不得。和煙搭在玉闌干。

「一把柳絲收不得。和煙搭在玉闌干」，正是禪師形容「正偏兼帶」的常用比喻。「柳絲」謂佛性，「玉闌干」比喻涅槃本體，此即「前釋迦後彌勒」。

無異元來云：

香銷錦帳。露浥芙蓉。發清嘯於深閨。吐微言於連枕。情濃意洽。試問。諸昆仲還知得也無。良久云。分明一段風流事。不與諸人較短長。

無異元來是明末著名禪師，他利用圓悟克勤的詩意形容正偏兼帶。「發清嘯於深閨」謂涅槃，「吐微言於連枕」謂佛性。此即「前釋迦後彌勒」的佛真法身。禪和子之流，回去參透「深閨」與「龍吟枯木」，又，「吐微言」者是誰？筆者說：「分明一段風流事，那知後人笑豔詩。」

關於正偏兼帶，筆者在此試舉若干禪師的說法：

鹽官齊安：一個棺材兩個死漢。

普融知藏：二女合為一媳婦。

佛眼清遠：一堆火兩人坐。我是你你是我。

南院慧顒：凡聖同居時如何。師云。兩個貓兒一個獰。

汾陽善昭：一條拄杖兩人舁（擔）。

石佛慧明：一佛二菩薩。

夾山善會：猿抱子歸青嶂裡，鳥含花落碧岩前。

西山亮：兩個屎橛。合作一團。

昭覺勤：一條拄杖兩家使。一往一來無彼此。

五祖法演：我有個老婆。出世無人見。晝夜共一處。自然有方便。

馬祖：日面佛月面佛。

一點水墨。兩處成龍。

宏智覺：秋水共長天一色，落霞與孤鶩齊飛。

傅大士說：夜夜抱佛眠。

歷代大禪師對此有很多說法，在此不一一列舉。

禪宗為什麼特別重視「正偏兼帶」的境界？因為由此可以證到理事無礙法界與事事無礙法界。佛性出世後「金針往復來」，久之進入「鉤鎖連環首尾相接」。「正當十五日」證到正偏兼帶境界，若定心不動則進入理事無礙法界，菩薩在理事無礙法界可以驗證佛性生成世界。能夠「見山是山見水是水」，世法佛法打成一片。若涅槃佛性混融一體即到事事無礙法界，即玄幻的「帝釋網」。

「正偏兼帶」可謂成佛最重要最玄妙的次第。諸公譏諷為「豔詩」可謂笑談。諸位學佛者不妨去看看那些大師對此公案的解說，以此為鏡，驗證這些大師是否真正懂禪。我們再看「溈山牛」的公案。

【公案】溈山牛

上堂。老僧百年後。向山下作一頭水牯牛。左脅下書五字曰。溈山僧某甲。當恁麼時。喚作溈山僧。又是水牯牛。喚作水牯牛。又是溈山僧。畢竟喚作什麼即得。仰山出禮拜而退。

正偏兼帶時涅槃佛性混居一身，喚作「佛真法身」，公案表明此意。按照萬松老人的意思，如同鏡體鏡面缺一不可，涅槃佛性成就佛真法身共同合作建立世界。因此，正偏兼帶的境界是極其重要的。此謂「前釋迦後彌勒」，「前三三後三三」。禪師說「釋迦彌勒猶是他奴」，指的即是「佛真法身」。

海印信云：

山下為牛山上僧。河沙異號未為能。常愛暮雲歸未合。遠山無限碧層層。

【按】「山下為牛山上僧」，「山下」謂佛性，「山上」謂涅槃。「暮雲」與「遠山」合成風景。「暮雲」喻佛性，「遠山」喻涅槃。此即正偏兼帶之意。

佛國惟白云：

山上山僧山下牛。披毛戴角混同流。普天成佛兼成祖。獨有溈山作水牛。

【按】「山上」、「山下」與前同義。「普天成佛兼成祖。獨有溈山作水牛」有「兼帶」之義。「成佛兼成祖」喻涅槃，「溈山作水牛」喻佛性出世普度眾生。

別峰寶印云：

一個形骸兩姓名。入泥入水可憐生。回頭掣斷黃金鎖。肯向毗盧頂上行。

【按】「入泥入水」形容佛性，「回頭掣斷黃金鎖」謂佛性出世，「毗盧頂」喻涅槃。此即「正偏兼帶」。

萬松老人云：

佛真法身。猶若虛空。應物現形。如水中月。此頌兩聯。大似前言不副後語。**殊不知鉤鎖連環。血脈不斷。《楞嚴經》道。舜若多神。無身覺觸。舜若。西音。此云虛空。**天童道。舜若多神。喚什麼作法身。**他只知佛真法身。猶若虛空。忘卻應物現形。如水中月。**還知天童不可續截夷盈處麼。

此謂「前釋迦後彌勒」（前三三後三三），正偏兼帶境界。「鉤鎖連環。血脈不斷」，此即正偏兼帶的禪定基礎。「佛真法身猶若虛空」謂清淨涅槃。而「應物現形如水中月」正是佛性大用。「佛真法身猶若虛空，應物現形如水中月」兩句不能分開。菩薩的禪定意識處於「正偏兼帶」或謂「龍蛇雜處凡聖同居」。佛真法身乃是前釋迦後彌勒的合體，故謂「內君外臣」（宏智正覺），「腳踏兩頭船」，涅槃與佛性父子不離。此時金針雙鎖且「鉤鎖連環」，如此「血脈不斷」，涅槃佛性如同鏡體鏡面合成佛真法身而顯現萬法。此境界的定心含攝涅槃與佛性，故謂「一腳門裡一腳門外」（宏智正覺）。若涅槃佛性混融一體不分彼此，則證入事事無礙法界，到此即證一心三觀，即大乘中道，證得一切種智，進入那伽定，然後保任。「得的人終日閒閒的」而如愚若魯，此謂隨流得妙。「但能相續名主中主」，「到頭霜夜月，任運落前溪」。禪者須知，「佛真法身」畢竟與人有關。而「雲外高峰上」「別有靈枝帶露寒」。生死解脫在於肉身遷化後精魂契合宇宙絕對本體。

筆者不揣固陋寫出參禪體會，與大家共勉。

岳明

禪宗奧旨㊦——曹洞宗偏正五位述要②目錄

曹洞宗偏正五位述要 「兼中至」

「兼中至」指「正中來」以後佛性出世建立世界，佛性定心大機大用，不但建立眾生現象界，而且菩薩能夠證入理事無礙法界、事事無礙法界。佛性即是首楞嚴大定定心，清淨涅槃即無漏滅盡定的定心。佛性出世後定心往復，經過「金針雙鎖」、「鉤鎖連環」的修證進入「正偏兼帶」。這是「最玄最妙」的境界（《指月錄》）。在此境界才能證得理事無礙法界、事事無礙法界。最重要的，在涅槃佛性混居一身時，證得「前釋迦後彌勒」的「佛真法身」。「佛真法身猶若虛空，應物顯形如水中月」。**此即釋迦彌勒的合體法身**。按照萬松老人解說，涅槃如同鏡體，佛性如同鏡面，鏡體鏡面缺一不可。涅槃佛性合作才能呈現萬法。涅槃佛性「父子不離」。在正偏兼帶境界，若定心不來不去則進入理事無礙法界，若涅槃佛性混融一體則證到事事無礙法界。到此證得「一心三觀」、中道，即一切種智。由此證得那伽定，妙覺佛位。「得的人終日閒閒的」，「恆納虛空時含法界」（入就瑞白），和光混俗隨流得妙，「到頭霜夜月，任運落前溪」。

「兼中至」境界，涅槃本體恆時在場，「或隱或顯」而已。曹洞宗禪師云「偏正全該」。菩薩在人間活動處於理事無礙法界。時或進入事事無礙法界，證得那伽定則如愚若魯。洞山良价云「但能相續，名主中主」，意謂禪師遷化時，大定定心契合終極的宇宙本體。這就是「兼中到」。此即禪宗終極關懷的根本意旨。筆者要指出，「前釋迦後彌勒」的佛真法身具有極高地位，禪師說「釋迦彌勒猶是他奴」，虎丘紹隆禪師甚至以此為「第一月」。然而這畢竟是與人有關的宇宙本體。真正客觀存在的絕對本體（究竟涅槃）才是終極的宇宙本體。

本書解說的「文殊九曲」公案，「舉僧問鼎州文殊和尚。萬法歸一一歸何處。殊云黃河九曲（前三三。後三三）。」其意謂「佛真法身」即「萬法歸一」的本體。而真正的「一」即絕對本體。投子義青頌云「須知雲外千峰上（高著眼看）。別有靈松帶露寒」。《從容錄》「洞山不安」公案，宏智正覺頌「轉盡無功伊就位（葉落歸根）。孤標不與汝同盤（來時無口）」。其引用六祖《壇經》所說，「葉落歸根來時無口」，意謂禪師肉體遷化，再來人間會以宇宙本體的面目出現，且將「楊柳為官」。所謂「宿霧尚深無見頂。春風常在不萌枝」，以「無見頂」比喻絕對本體。「孤標不與汝同盤」，絕對本體不與萬法為侶，超越人間而在「雲外」卓然而立。可見萬松老人《從容錄》。

一、凡聖分離　定心往復

禪宗以禪定為宗。禪宗的一切思想都是從禪定境界而來。而禪定境界與我們的經驗世界是根本不同的，禪定境界超越我們的經驗世界。當代學者根本不理解禪定境界，他們以人類世俗的哲學理論解釋禪宗的思想。研究者試圖從「俗諦」出發來理解禪宗思想。西方哲學理論建立在人類對這個現象世界的知覺上面。近現代哲學的一切理論都沒有離開經驗世界的「現象」以及我們對這些現象的知覺與分析。人類的哲學、科學所研究的對象都是我們的知覺所感知的世界，這是西方科學研究的基礎。而禪宗思想卻與我們的經驗世界無關。佛教認為經驗世界是虛幻的，禪宗思想來自禪定境界。禪定境界超越我們的經驗世界。從知識論的角度來說，現當代的學者不理解佛教理論如般若空觀並不是來自人們世俗世界的「知識」（來自眼耳鼻舌身意），而是來自深度禪定（三摩地）狀態的般若直觀，依賴於所謂「出世間的現量」或稱為「瑜伽現量」的特殊「知識」。這種知識不是來自經驗世界而是「**超現實經驗的來自現量直觀**」的知識。佛教理論也奠基於佛教的「大乘中道不二邏輯」。現當代西方哲學完全建立在「邏各斯」為中心的概念、邏輯的演繹、推理、歸納等西方式的思維方式上，西方哲學未能脫離「主客對立」的二元模式。佛教的知識、概念、邏輯是特殊的有別於西方的思維和辯證方式。般若直觀乃是消泯主客能所對立的特殊的體驗認識。從知識論來講，佛教的知識來自般若直觀，是徹底超驗的知識系統，與西方哲學思想毫無共同之處。我們要從禪定境界入手研究禪宗思想。

「正中來」意謂禪定意識經歷涅槃正位轉身退位證得首楞嚴大定。佛性出世進入菩薩境界，大定定心在涅槃滅盡定與首楞嚴大定之間「機輪兩邊走」，曹洞宗謂之「金針往復來」。金針指定心。所謂「妙體本來無處所」，《金剛經》云：「於無所住而生其心」。首楞嚴定心（佛性）乃是「金剛心」。「子歸就父」意謂經歷涅槃與「涅槃」同質化。涅槃與佛性的關係稱為「父子」。涅槃被稱為「理體法身」，佛性謂「用中法身」。涅槃即「佛性之本體」。定心「經歷涅槃」生成佛性。「不入驚人浪，難得稱意魚」。佛性即直接因本體。此謂佛性出世建立世界。即「正中來」最後的次第。首楞嚴包含海印三昧，海印三昧建立世界（《楞嚴經》）。鼓山元賢頌「正中來」謂「隔塵埃」，意謂佛性出世初始時菩薩「心中世界」與眾生世界尚未重合故謂「見山不是山，見水不是水」。菩薩證得首楞嚴佛性所建立世界還是心內世界，與眾生業力所成的世界不同，菩薩還要進一步證得正偏兼帶理事無礙才能世法佛法打成一片。

首楞嚴大定的定心稱為「佛性」。佛性出世建立世界，故以「世界」（今時）或「現象」表徵佛性，「如來」表徵無漏滅盡定的定心。佛性出世後定心漸次進入金針雙鎖正偏兼帶的境界。這是理事無礙法界與事事無礙法界的禪定基礎。近現代學者於此「定心往復」進而「捏聚放開」以及「正偏兼帶」的菩薩禪定境界並不理解。我們不嫌繁瑣重複，盡力對「兼中至」詳細解釋。

為霖道霈云「兼中至約功位雙彰時立。兼中到約功位雙泯時立」，意謂佛性出世大機大用，「功位雙彰」。兼中至主要指理事無礙法界、事事無礙法界。這是菩薩在禪定正偏兼帶境界才有的法界。與眾生世界不同，很難描述。「兼中到」意謂禪師遷化後，大定定心經過涅槃契合宇宙絕對本體。

五位圖說（鼓山元賢）云：

以中黑外白者。為正中來。**由前二位造至尊貴位。復不守尊貴。**乃轉正向偏。而正不居正。

偏出於正。而偏不落偏也。故黑在內而白在外。以全白者。為兼中至。乃正中來之後。妙印當風。縱橫無忌。事理雙照。明暗並用者也。以其全體即用。故其相全白。以全黑者。為兼中到。乃妙盡功忘。混然無跡。事理雙銷。是非不立者也。以其全用即體。故其相全黑。兼中至。兩刃交鋒不須避。好手猶如火裡蓮。宛然自有沖天志。兼中至。就功位齊彰時立。正既來偏。偏必兼正。作家相見之際。明暗交參。縱奪互用。不涉一毫擬議。自然不致傷鋒犯手。如火裡蓮花。而卒無所損也。此乃他受用三昧。即是透法身。即是大機大用。

鼓山元賢云：「以全白者。為兼中至。乃正中來之後。妙印當風。縱橫無忌。事理雙照。明暗並用者也。以其全體即用。故其相全白。」「兼中至」乃佛性定心出世建立世界。定心往復鉤鎖連環，進而證入「正偏兼帶」，涅槃佛性混居一身，證得理事無礙法界。「兩刃交鋒不須避」謂理事相傾相奪交互彰顯而至「理事無礙」，定心大機大用，然後涅槃佛性混融一體證得事事無礙法界。

「正中來」以後佛性出世進入「兼中至」，禪師證入涅槃卻「不居正位」轉身退位出離涅槃證得首楞嚴佛性。禪宗菩薩皆是證入涅槃正位後轉身入塵普度眾生。《楞嚴經》謂此「如來逆流」。實際上「菩薩」應該理解為「定心」而不是「人」。菩薩的禪定境界是活潑潑的「動態定境」，大定定心在涅槃與佛性（首楞嚴）之間往復變換，稱為「金針往復來」（自得慧暉）。在金針往復的情形下，禪定意識時時進入涅槃，也時時進入首楞嚴。禪定意識進入涅槃則清淨寂然不見一色，禪定意識進入首楞嚴則「萬象齊彰」。禪師入塵垂手進入紅塵世界，大定定心在涅槃佛性兩邊往復。入息不居陰界，出息不染眾緣。進入涅槃不居正位，進入佛性顯現的現象界則「迴脫根塵」。菩薩的定心既不能滯留涅槃正位，也不可留戀紅塵世間（現象界）。「百花叢裡過，一葉不沾身」，指定心不能受到污染，是謂「正不坐正偏不垂偏」。禪師說「妙體本來無處所，通身何更有蹤由」，定心不滯中間與兩頭。菩薩大定定心「如珠走盤。如盤走珠。轉轆轆活潑潑。了無住著」（瞎堂慧遠），「如珠走盤。不撥自轉。二六時中。折旋俯仰」（密庵咸傑），**《碧巖錄》云「雪竇道：機輪曾未轉，轉必兩頭走」**（圓悟克勤），皆是金針往復之義。進入「金針雙鎖」之後，曹洞宗要講究「鉤鎖連環首尾相接」，所謂「捏聚時放開放開時捏聚」。

宏智正覺云：

> 如何是金針雙鎖帶。師云。正去偏來自回互。其間消息密全該。金針雙鎖帶也。個時正能來偏。偏能來正。於其中間。未曾應事。子能成其父。臣能奉其君。俱在門裡。未現相狀。便解向裡頭受用。

「子能成其父。臣能奉其君」。禪定意識進入「無漏滅盡定」不再是首楞嚴大定，故謂「子能成其父」。父即清淨涅槃，子指謂首楞嚴大定的「定心」。「父子」的境界是變化的。實質上「父子不離」，曹洞宗謂「刀斧斫不開」。涅槃佛性的關係是辯證的。非一非二非同非異。有時「分身兩下看」（萬松老人），有時「父子同體」而「非彼非此」。總之，「欲知兩段原是一空」（《信心銘》）。正偏兼帶的極則，涅槃佛性混融一體，則是事事無礙法界。

首楞嚴定心（佛性）乃是禪定意識經歷脫胎換骨識陰盡證入涅槃，不居正位而轉身退位證得的「金剛心」。「子歸就父」意謂定心經歷涅槃與「正位」同質化。涅槃與佛性在曹洞宗稱為「父子」。涅槃被稱為「理體法身」（鼓山元賢），佛性謂「用中法身」。佛性乃定心「經歷涅槃」生成。佛性定心證入涅槃轉身退位證得佛性。佛性出世建立世界。佛性是直接因宇宙本體。此即「正中來」最後次第。首楞嚴三昧含海印三昧，海印三昧建立世界。佛性出世菩薩的定心在涅槃滅盡定與首楞嚴大定（佛性）之間「無須鎖子兩頭搖」（石霜慶諸）。定心「不居中間與兩頭」而「妙體本來無處所」。佛非指「人」而是「即佛乃定」（六祖）。禪者經過修證進入正偏兼帶的境界。這是理事無礙法界與事事無礙法界的禪定基礎，也是「不二法門」的基礎。

禪宗菩薩皆須證入涅槃佛地後轉身入廛普度眾生。《楞嚴經》謂此「如來逆流」。菩薩大定定心在涅槃與佛性兩邊「金針往復來」。「金針」比喻定心，大定定心在涅槃與佛性（首楞嚴）之間往復變換。萬松老人指「捏聚則黃金失色，放開則瓦礫生光」為「乍出乍入」。此時不能稱為「金針雙鎖」。真金失色比喻芳叢不豔的涅槃。瓦礫生光指佛性出世顯現萬象。「乍出乍入」尚在菩薩初級階段。萬松老人說：「難得出則為雲為雨。入則冰結霜凝。此乃乍出乍入。未是作家。」禪師入廛垂手進入紅塵世界，大定定心在涅槃佛性兩邊往復。進入涅槃不居正位，進入佛性顯現的現象界則「迥脫根塵」。禪宗講究「月船不犯東西岸，始知船工用意良」（宏智正覺）、定心「隨流得妙」、「不犯清波意自殊」，大定定心「牢籠不肯住，呼喚不回頭，祖師不安排，至今無處所」（長沙景岑）。定心不滯任何定境而活潑潑地機輪轉動。禪師說「放行把定」「舒卷」「捏聚放開」意思相同。即定境變化猶如電光石火。經過「金針往復來」的修證後進入「金針雙鎖」的境界。到這裡要講究「鉤鎖連環首尾相接」。

菩薩定心在涅槃與首楞嚴兩邊往復，即「金針雙鎖玉線貫通」。定心無形無相亦無住處，「瞻之在前忽焉在後」。夾山善會說「藏身處沒蹤跡，沒蹤跡處莫藏身」。《金剛經》云：「應無所住而生其心。」即謂定心隨流得妙。定心往復捏聚放開，久之「鉤鎖連環」，「正當十五日」證得「正偏兼帶」。涅槃佛性混居一身。此謂「前釋迦後彌勒」。若定心不來不往即到理事無礙法界。若涅槃佛性混融一體非此非彼，則進入事事無礙法界。到此證得一心三觀。

《華嚴經》第二十云：

此菩薩雖了眾生非有，而不捨一切眾生界。譬如船師，不住此岸，不住彼岸，不住中流，而能運渡此岸眾生至於彼岸，以往返無休息故。菩薩摩訶薩亦復如是，不住生死，不住涅槃，亦復不住生死中流。

石霜慶諸禪師云：

僧問如何是和尚深深處。師云無須鎖子兩頭搖。

金針去復來（自得慧暉）云：

清虛大道長安路。往復何曾有間然。暗去明來鋒不露。渠儂初不墮中邊。

「清虛大道」比喻成佛之路。「長安」比喻「清淨涅槃」。定心在涅槃佛性之間往復。「渠儂」指定心。禪定境界「不墮中邊」。「金針」比喻大定定心，定心在這邊那畔隨意往復。

投子義青云：

三更月落兩山明。古道程遙苔滿生。金鎖搖時無手犯。碧波心月兔常行。

保寧仁勇云：

無須鎖子卒難開。枯木堂中莫亂猜。千古兩頭搖不動。待他麟角衲僧來。

善權法智禪師（四首）和宏智正覺頌仰山慧寂語（三）云：

機絲不立顯真空。斷滅應無個事同。沒底月船乘夜泛。無鑐鎖子兩頭通。

瞎堂慧遠云：

如珠走盤。如盤走珠。轉轆轆活潑潑。了無住著。

百丈端云：

昨夜荒村宿。今朝上苑遊。本來無位次。何處覓蹤由。

荒村宿指定心處於首楞嚴大定，進入市廛建立世界，此俗世謂荒村。「上苑」指謂涅槃境界，謂「空王殿」。

圓悟克勤云：

> 無須鎖子八面玲瓏。不撥自轉南北西東。海神知貴不知價。留向人間光照夜。

丹霞子淳云：

> 平生活計都消盡。錐地殊無付子孫。撒手便辭青嶂去。翛然卻返白雲村。

「青嶂」比喻涅槃，「白雲村」比喻佛性。即謂佛性生成的紅塵世界。

萬松老人云：

> 此事如人行船相似。不著兩岸。不住中流。**丹霞夜宿蘆花。天童信風橫管。且道。轉柁回舟時作麼生**。夜深不向蘆灣宿。迥出中間與兩頭。

德山緣密云：

> 河裡盡是木頭船，這頭踏著那頭掀。

大定定心這邊那畔隨流得妙，所謂「木人夜半穿靴去。石女天明戴帽歸」、「滿頭白髮離岩谷。半夜穿雲入市廛」、「半夜烏兒頭戴雪。天明啞子抱頭歸」**皆謂定心在涅槃佛性（首楞嚴）兩邊往復來往，實則定境變換**。

禪者初離涅槃證得佛性，大定定心開始「金針往復」。「金針往復」也稱為「捏聚放開」（陳睦州）。捏聚意謂進入涅槃，放開意謂佛性出世建立世界。經過修煉「作家」（行家）不但「金針往復來」而且頭尾相續。經過修證進入「金針雙鎖玉線貫通」。「雙鎖」即謂定心在涅槃與佛性（首楞嚴大定）之間圓融轉換，「玉線貫通」比喻連通涅槃本體界與佛性現象界。宏智正覺云：「度關玉線兩歧分。細看頭尾合縫金針雙鎖。」「兩歧分」意謂「凡聖分離」。「金針雙鎖」進一步則到「鉤鎖連環首尾相接」。「正當十五日」定心兼攝涅槃與佛性進入正偏兼帶。定心「內君外臣」、「一腳門外一腳門裡」（宏智正覺）。此謂「前釋迦後彌勒」，即謂「佛真法身」。馬祖道一說「非心非佛」即謂此時禪定意識無以名之。到此若定心不來不去，即證得理事無礙法界。若涅槃佛性混融一體非彼非此，則證得事事無礙法界。兼中至包含兩個境界，即理事無礙法界、事事無礙法界。我們花費筆墨詳細解釋金針往復乃至鉤鎖連環，然後正偏兼帶，涅槃佛性混居一身，若定心不動，證得理事無礙法界，若涅槃佛性混融一體，證得事事無礙法界。這是成佛的關鍵。證得事事無礙法界，既得「一心三觀」，即中道，即一切種智。

禪師有很多形容金針往復的境界。菩薩的定心「如珠走盤。如盤走珠。轉轆轆活潑潑。了無住著」（瞎堂慧遠），「如珠走盤。不撥自轉。二六時中。折旋俯仰」（密庵咸傑），「圓湛虛凝道體也。展縮殺活妙用也。善遊刃能操守。如珠走盤如盤走珠。無頃刻落虛。亦不分世法佛法。直下打成一片。所謂觸處逢渠。出沒縱橫」（圓悟克勤）。皆謂定心在涅槃佛性兩邊往復來往的情形。石霜慶諸禪師謂「無須鎖子兩頭搖」；德山緣密禪師云：「河裡盡是木頭船，這頭踏著那頭掀」；雪竇重顯禪師云：「機輪曾未轉，轉必兩頭走」；陳睦州說「捏聚放開」、定心不滯中間與兩頭即「妙體無住處」。「玉線貫通」比喻連通今時與劫外。正偏兼帶境界，禪師謂「繡出鴛鴦給人看，不將金針度與人」。謂之「鴛鴦」、「道伴」、「難兄難弟」、「父子」、「魚蹤」、「樹影」、「塔影」等等。

定心往復的情形下，禪定意識時時進入涅槃，也時時進入首楞嚴。這邊那畔信步來回。禪定意識進入涅槃則清淨寂然，禪定意識進入首楞嚴則「大地全開。十方通暢」（雲門文偃）。禪師入塵垂手進入紅塵世界，大定定心自由往復。進入涅槃不居正位，進入佛性顯現的現象界則「迴脫根塵」。定心往復純熟後「鉤鎖連環首尾相接」。萬松老人云：「更須知有洞上宗風。正倒時便起。正起時便倒底時節」，稱為「捏聚時放開，放開時捏聚」。這是「電光石火猶是鈍」的定境變換，大定定心剛入涅槃即轉首楞嚴，剛入首楞嚴又轉涅槃，「就地轉身難」。「幽洞豈拘關鎖意，縱橫那涉兩頭機」，曹洞宗謂之「鉤鎖連環血脈不斷」。萬松老人謂：「直須當存而正泯。在卷而亦舒。鉤鎖連環。謂之血脈不斷。」金針雙鎖鉤鎖連環，禪定意識兩邊往復變換。正當十五日，「惑障欲盡種智將圓」，鉤鎖連環下證入「正偏兼帶」。定心兼攝涅槃與佛性。涅槃佛性混居一身。「正偏兼帶」則「雙眼圓明」乃至「雙明雙暗」。

二、金針雙鎖　鉤鎖連環

「正偏兼帶」有兩個次第；初始定心往復，在涅槃與佛性之間「如珠走盤」，「正去偏來無非兼帶」（林泉老人）。宏智正覺形容定境云「內君外臣」、「一腳門裡一腳門外」、「腳踏兩頭船」。正偏兼帶謂「龍蛇混雜凡聖同居」（無著文殊公案）。正偏兼帶即涅槃佛性混居一身共成「佛真法身」，謂之「前釋迦後彌勒」、「前三三後三三」。此即「雙明雙暗」，禪師謂「眼裡瞳人」、「日面佛月面佛」等形容正偏兼帶。此時若定心「不來不往」即理事無礙法界。若涅槃佛性混融一體，即到「事事無礙法界」。此處解釋理事無礙法界與事事無礙法界的禪定境界，這是極其重要的禪定修證法門。

「正中來」最後次第佛性出世，定心開始金針往復，經過練習進入「金針雙鎖玉線貫通」，進而達到「鉤鎖連環血脈不斷」的地步。再進一步即進入「正偏兼帶」。然後「雙眼圓明」、「雙明雙暗」。「正偏兼帶」初始定心還要往復，「正去偏來無非兼帶」（林泉老人）。定心在涅槃與佛性之間「如珠走盤」，正偏兼帶境界。金針綿綿密密時定心「不來不去」則進入理事無礙法界。正偏兼帶理事無礙境界尚有現象，現象「須臾之頃轉色歸真」（真歇清了注《信心銘》），先有現象後呈現本體。故謂「菩薩見色無非觀空」。若涅槃佛性混融一體，「上古今來成一體」、「徹底光明成一段」、「萬象明明無理事」、「渾淪一個花木瓜」則證入事事無礙法界。

佛性出世，金針往復來。定心「金針雙鎖玉線貫通」。「玉線貫通」形容定心連通本體界與現象界，此謂「曲為今時潛通劫外」。定心變換是禪者心內的定境變換，金針往復的初級階段，禪者要識別不同定境。這是由於涅槃與首楞嚴境界「非一非異難解難分」，機輪兩頭走要認準境界，否則「毫釐有差，天地懸隔」（《信心銘》）。定境的識別絕非語言可以描述。菩薩的定心在涅槃與首楞嚴大定之間變換是極其困難的事，因為涅槃與首楞嚴大定就「定境」來說差別極其細微。所謂「易分雪裡粉，難辨墨中煤」。禪師謂「玉鳳金鸞分梳不下」。禪師到此要「無影樹下暗辨春秋」，「紅心心中射紅心」。萬松老人云：「雪巖先師嘗舉。穴細金針才露鼻。芒長玉線妙投關」。禪者到此識別不同禪定境界絕非容易。涅槃與佛性（首楞嚴）本質相同，只有細微差別。在禪定境界區別兩者很難，萬松老人「不道同只是無別」。涅槃佛性雖兩段定境難以區分。石霜慶諸禪師有「無人識得渠」公案。表明涅槃佛性兩段不同卻難以區分。

禪師非常重視「金針往復」的禪定工夫。這是「回爐重烹煉」的過程。臨濟義玄禪師云「吹毛用了急需磨」。「吹毛劍」即謂佛性、首楞嚴大定的定心。菩薩入廛垂手普度眾生要在紅塵世界裡「保任」。所謂「百煉真金」保持定心的純潔不被污染。禪定意識須保持與「涅槃」同質化，保持定心不被染污。

曹洞宗曹山本寂「綱要頌」三首（鼓山元賢）云：

金針雙鎖偈曰。金針雙鎖備。挾路隱全該。寶印當風妙。重重錦縫開。

金針句。言偏正並用。不落一邊。亦非執於中道也。挾路句。言應機之路。正必挾偏。偏必挾正。其一雖隱而弗顯。其實偏正無不全該也。寶印句。言正中妙挾之印。當眾生之機感也。重重錦縫者。**因眾生之機感。而五位法門。重重顯現也。**

禪定意識「就地轉身」，進入「無漏滅盡定」則不再是首楞嚴佛性，故謂「子能成其父」。父即清淨涅槃，進入首楞嚴大定即是佛性。子指謂首楞嚴大定的「定心」。「父子」的境界是變化的。實質上「父子同體」。父子有時分成兩段，有時煉成一塊。有時「父子不離」、「刀斧斫不開」，有時「一刀兩斷」。進入涅槃謂「殺人刀」，佛性出世建立世界謂之「活人劍」。涅槃佛性的關係是辯證的。非一非二非同非異。有時「分身兩下看」（萬松老人），有時「同生共命」而「非彼非此」。正偏兼帶境界，定心「一腳門裡一腳門外」。「腳踏兩頭船」、「常在家舍不離途中，常在途中不離家舍」（臨濟義玄）。禪師發明很多比喻，「欲知兩段原是一空」（《信心銘》）。定心在兩邊圓融無礙地「鉤鎖連環」。經過修證進入「君臣道合」即正偏兼帶的菩薩境界。

大定定心一體兩面。猶如明鏡，鏡面顯現森羅萬象，鏡子背面雖無直接作用卻不可缺失。萬松老人云「鏡雖明而有背面」。萬松老人批判圭峰宗密對馬祖道一洪州宗的誤解（圭峰宗密批判馬祖道一「但是隨緣用。闕自性用也」）。涅槃佛性的關係是辯證的，非一非二非同非異。如同鏡面與鏡體，鏡面呈現森羅萬象的同時卻不能離開鏡體。圭峰宗密說馬祖道一洪州宗缺失「自性用」是錯誤的，萬松老人《從容錄》解釋云「鏡雖明而有背面」，「背面」即是「自性用」。沒有「自性用」則「隨緣用」無法成立。鏡體鏡面合體而成佛真法身。涅槃佛性合作而成山河大地。

佛性出世建立世界。「密移一步玄路轉，無限風光大地春」。禪師謂之「一人發真歸元，十方虛空錦上添花」。兼中至是「全體即用」的境界。我們要知道涅槃境界乃「萬法泯時全體現」，「全用即體」謂涅槃境界沒有「現象」。所謂「內無六根外無六塵」，而首楞嚴大定（佛性）境界。禪師說「錦上添花」、「逼塞虛空」、「磕著觸著」意謂佛性建立森羅萬象的現象界。

佛性出世即「見性成佛」。菩薩利用「故我」的肉體在人間活動。佛、菩薩指謂「大定定心」。定心具有特殊感知系統。佛眼「見處不同」。《楞嚴經》所述「爍伽羅眼」即是首楞嚴大定定心所有特殊「法眼」。故此禪師說「快快擢瞎娘生眼」，又謂之「黑豆換了眼睛」。佛眼觀照下「山河與大地，全露法王身」，森羅萬象百草頭上，「萬象之中獨露身」，菩薩所見萬法「處處皆真」。「菩薩見色無非觀空」。菩薩大定定心可見萬法，只是「影流萬象心鏡空」（宏智正覺），「如印印空」而已。《壇經》云：「善知識，真如自性起念，六根雖有見聞覺知，不染萬境，而真性常自在。故經云：能善分別諸法相，於第一義而不動。」菩薩意根久滅，見相不生癡愛業，正念相續不受染污，更不會執著現象而生妄識。六祖所說「真如自性起念」即涅槃生成佛性之義。禪者證得首楞嚴佛性，建立世界。此時正眼豁開可見萬法卻不「著相」，「百花叢裡過，一葉不沾身」。須知菩薩的「娘生眼」還在作用，其所見與眾生相同。菩薩肉眼與佛眼所見相同才可驗證「見山是山見水是水」，菩薩理事無礙法界。郁郁黃花無非般若，青青翠竹皆是法身，塵塵剎剎皆是法身。

佛性出世建立世界，即「第二門頭」入廛垂手。佛性出離涅槃即「凡聖分離」，此謂「帝命旁分」。菩薩經過長期修證，「世法佛法打成一片」，即到「色不異空空不異色」的理事無礙法界。佛性出世後「定心」在涅槃與佛性之間往復優游。首楞嚴禪定意識具有特殊的見聞覺知，南泉普願禪師謂之「四臣不昧」。這即是百丈懷海禪師所謂「靈光獨曜，迥脫根塵」的大定定心，佛性定心出世則「卻著袈裟作主人」。佛菩薩的主人公即首楞嚴定心。定心「半夜穿雲入市廛」。佛性與涅槃非一非異父子不離，可分不可分，有時合為一體有時「一刀兩斷」。這要詳細解釋。

定心「鉤鎖連環血脈不斷」，「正當十五日」定心證入正偏兼帶，定心不動則是理事無礙法界。若涅槃佛性混融一體。進入光輝燦爛的因陀羅網的境界，如同百千明鏡互相鑒照，光輝互攝互入，無人無佛無眾生，無觀察者也無觀察對象。這個境界裡「驢覷井」、「井覷驢」、「井覷井」。塵塵剎剎皆是佛身，皆是真心佛性。重重無有盡，處處顯真身。森羅萬象同時成佛，百千明鏡互照，即是事事無礙普賢境界。這是「無窮維」的宇宙。

佛性出世建立世界。只是菩薩之內心世界，尚未與眾生現象界符合，此時菩薩肉眼還有作用。菩薩借用故我肉體入廛垂手。如果肉眼無用，菩薩何以知道「山不是山水不是水」？這意謂肉眼與佛眼所見不同。菩薩要長期修證進入理事無礙法界才能「世法佛法打成一片」。菩薩雖然開佛眼，實際上肉眼還在作用。鼓山元賢謂「隔塵埃」，塵埃指眾生業力所成的現象界。菩薩佛性所成的世界與眾生現象界尚未重合。鼓山元賢說與眾生現象界相隔是正確的。經過修證進入理事無礙法界，菩薩的心內現象界與眾生現象界完全重合。

菩薩意根久滅，見相不生癡愛業，故此不會執著現象而生妄識。佛性出世建立世界。入廛垂手普度眾生。證得理事無礙法界，「世法佛法打成一片」。即到「菩薩見色無非觀空」的理事無礙法界。菩薩若開正眼，菩薩所見萬法「處處皆真」。「洞然全是釋迦身」。菩薩定心可見萬法，只是「影流萬象心鏡空」（宏智正覺），「如印印空」而已。

三、內君外臣　雙遮雙照

禪師經過長期「鉤鎖連環血脈不斷」的修證，「金針往復」純熟地「捏聚放開」（陳睦州）。「正去偏來無非兼帶」。捏聚即進入涅槃，放開則佛性建立世界。然而「捏聚時放開，放開時捏聚」而「就地轉身難」，如此證入正偏兼帶。萬松老人云「天童內君外臣。建立雙照時節」，定心處於「一腳門裡一腳門外」、「內君外臣」的狀態。若定心不來不去即理事無礙法界。正偏兼帶高級境界，定心同時含攝涅槃與佛性。涅槃佛性混融一體即事事無礙法界。

《從容錄》云：

> 百丈道。靈光獨耀迥脫根塵。既肯則未脫根塵。拈卻肯路根塵自空也。六根六塵既空。六識自歸覺海。凡物有圭角即不能圓轉。欲要活卓卓無黏綴無依倚。但向肯不肯處著眼。自然不住此岸。不住彼岸。不住中流。

以上表明定心進入涅槃正位，不居正位轉入首楞嚴大定。到此地步要「活潑潑的」，特別注意「轉身」才能「血脈不斷」。

萬松老人云：

> 直須當存而正泯。在卷而亦舒。鉤鎖連環。謂之血脈不斷。然後雙遮雙照。

「金針雙鎖。正偏兼帶」。曹洞宗喚作語唱玄路或敲唱並行。浮山圓鑒的《九帶》稱為妙挾兼帶。菩薩境界金針雙鎖正偏兼帶，「今時」現象界與「劫外」本體界「玉線貫通」，「潛通劫外」形容為「官不容針。私通車馬」。禪定意識在這邊那畔來往，定心在現象界與本體界建立聯繫。西方哲學界認為本體只是人類思辨的結果，西方哲學裡本體只是虛泛的哲學概念，在本體與現象之間不存在直接聯繫。禪師說「曲為今時潛通劫外」。「今時」即現象界，劫外指本體界。金針雙鎖玉線貫通，定心在本體界與現象界打通一線。「野色更無山隔斷，天光直與水相接」。這是西方哲學根本無法理解的現象本體「貫通」境界。可見中國禪宗思想在世界思想史獨樹一幟而卓立頂峰。

夾山善會說「機絲不掛梭頭事，文彩縱橫意自殊」。前面形容涅槃「機絲不掛」，後面說「文彩縱橫」即森羅萬象，「意自殊」指佛性建立世界。此兩句意謂正偏兼帶。久行菩薩進入理事無礙法界，世法佛法打成一片。

佛性出世，作為現象世界的宇宙本體建立世界。佛性出世建立的世界乃是菩薩內心的世界，與「眾生業力」所成世界尚未重合。鼓山元賢頌「正中來」謂「隔塵埃」，意謂尚未「與塵境合」，即謂禪者心內世界與眾生現象界尚未重合，「事法中較量」尚有矛盾之處（參看《無異元來廣錄》）。故此才有「撥不撥萬象」之問題。這是驗證佛性是現象界的宇宙本體的關鍵。菩薩要長期修證才能世法佛法打成一片。禪者不可長居涅槃正位，必須轉身退位證得佛性首楞嚴，禪師說：「莫守寒岩異草青。坐卻白雲終不妙。任是深山更深處。也應無處避征徭」。表明菩薩有義務普度眾生。對菩薩而言眾生世界虛妄不實。萬松老人云：「古人以向上路為本分事。以建化門頭曲為今時。慈覺道。有為雖偽。棄之則功行不成。無為雖真。

趣之則聖果難克。」此乃大乘成佛之要旨。菩薩必須自利利他。風穴延沼云「若立一塵。家國興盛」表明佛性出世建立世界。「建化門頭曲為今時」即謂在世俗世界普度眾生。佛性建立世界即有為法的世界，虛幻的世界。如果放棄菩薩的責任，則無法證成佛果。若一味追求成佛，則法愛法執猶存，「聖果難克」。

理事無礙法界，菩薩「見色無非觀空」，色法在佛眼觀照下理事交互呈現，菩薩日常處於理事無礙法界。對於菩薩，「六塵不惡還同正覺」，「六塵」並非阿賴耶識所生。對眾生來說，山河大地乃是「眾生業力所成」，菩薩佛性所呈現的世界與眾生的世界是重合的，這是由於佛性乃是「共相種子」。菩薩在紅塵裡行走，要作到「世法佛法打成一片」需要長時間的「磨練」。無異元來說：「**博山三十年來。實際理地。洞然無礙。事法中較量。與理矛盾者尚多。**」菩薩需要「保任」。剛成佛道的菩薩，理與事不能交融無礙而理事矛盾。曹洞宗「兼中至」即有形容。「理事無礙」要長期修煉才能「圓融無礙」。禪師說「十方大地是全身」，「轉山河大地歸自己」，菩薩尚有枝末無明，進入塵世可能被污染。故此「回爐烹煉」，需要保持與涅槃的同質化。菩薩的理事無礙法界與事事無礙法界即建立在正偏兼帶的禪定境界上。大乘「中道」即源於此禪定境界。理事無礙法界，山河大地森羅萬象謂「萬法皆空」。此處的「空」意味佛性本體。菩薩首楞嚴大定的定心即是佛性。菩薩的佛性與萬法含蘊的佛性本體相同且互相感應，此謂「身先在裡」。這即是等覺或曰普賢菩薩境界。理事無礙法界乃是經由清淨涅槃的大冶紅爐的烹煉而得到，這即是冰河發燄枯木生花的境界。這個過程中佛性與清淨涅槃作為精神性的存在而同質化即謂「子歸就父」。故此稱涅槃為生成佛性之「父」或「理體法身」。首楞嚴佛性與清淨涅槃只有細微差別。曹洞宗以父子形容清淨涅槃與佛性的關係。所謂「青山白雲父，白雲青山子，白雲終日倚，青山總不知」。菩薩境界「父子不離」，涅槃（青山）「庵內人不知庵外事」，涅槃孤獨無伴，佛性卻時刻不離涅槃，佛性是涅槃之用。菩薩定心在首楞嚴大定與涅槃之間「金針雙鎖玉線貫通」。「金針雙鎖」意謂清淨涅槃與首楞嚴大定的父子關係「刀斧斫不開」。大定定心「玉線貫通」意謂本體界與現象界建立「聯繫」。定心往復在本體界與現象界「潛通一線」。菩薩境界「有時萬象有時空」。雲門文偃說「高低一顧萬象齊彰」。這裡「本體界」以「劫外」或「威音那畔」來表示。而「現象界」以「市廛」、「建化門頭」、「今時」來表示。金針雙鎖境界菩薩的禪定意識時時進入涅槃本體界，又可時時在「建化門頭」（第二門頭）建立世界。「金針雙鎖玉線貫通」，謂之「曲為今時潛通劫外」。

佛教認為三界（現象界）是火宅地獄，天堂即涅槃本體界，本體界與現象界本來不通。而「金針雙鎖玉線貫通」的奧秘之一即打通本體界與現象界。禪師說「無須鎖子兩頭通」。禪師常以「官不容針，私通車馬」、「野色更無山隔斷，天光直與水相接」來表達本體界與現象界「玉線貫通」。禪者能建立本體與現象的直接聯繫，而且有千百禪者實證的驗證。這是在人類精神文明與宇宙論方面的偉大發明。

金針雙鎖在「機絲不掛」的涅槃本體界與萬象齊彰的佛性現象界經過「玉線貫通」聯繫起來。定心在寂滅的涅槃本體界與文彩縱橫的經驗世界「潛通一線」。禪師說「官不容針，私通車馬」。禪宗證入「金針雙鎖玉線貫通」，本體界與現象界建立直接聯繫，這是中國禪宗的偉大發明。人類自古以來就探索事物背後的「本體」，至今西方哲學的「本體」也只是思辨的推理。「宇宙本體」只是理論上的概念。禪宗卻在禪定實踐中驗證「宇宙本體」的存在以及建立世界的作用。驗證精神性的宇宙本體建立精神性的世界，驗證現象界的宇宙本體即是「佛性」，即是首楞嚴大定的定心。「萬法歸一」而《信心銘》謂「一有多種」，揭示宇宙本體是一個多元多層次的結構。這是世界哲學史上卓絕的創見。人類的高級宗教都有「造物主」的意涵。禪宗「實證本體」在正偏兼帶理事無礙的境界得到真實的驗證。古往今來萬千修證者通過禪定修證契合精神性的宇宙本體，由此解脫生死。這是人類最偉大的終極關懷！

禪師需要驗證定心證入本體界而且本體能夠生成世界。這要在本體界與現象界之間建立聯繫。證入理事無礙法界，世法佛法打成一片，即可驗證佛性定心生成世界。理事無礙法界俗稱彌勒佛的境界。「彌勒真彌勒，化身千百億，時時示時人，世人皆不識」。彌勒比喻佛性本體，真彌勒謂釋迦，兩句謂「佛真法身」。宏智正覺頌云「堂堂要識補處尊」，意指補處佛位的佛性定心。

定心往復也稱為「捏聚放開」。捏聚即進入涅槃，陳睦州說：「盞子落地。楪子成八片」。意味放開進入現象界，類比凡夫八識生成世界。在菩薩「正眼看來」，理事無礙法界「菩薩當體即空」。「捏聚時放開放開時捏聚」，經過長期修證，定心就地轉身證得「正偏兼帶」。涅槃佛性混居一身。菩薩定心兼攝涅槃與首楞嚴。菩薩在理事無礙境界驗證佛性顯現現象界的宇宙本體作用。

四、正偏兼帶　非心非佛

正偏兼帶指菩薩定心兼攝涅槃與佛性兩個定境。所謂「前釋迦後彌勒」。「正位」意味清淨涅槃，即無漏滅盡定。而「偏位」意味首楞嚴大定（佛性）以及佛性所生的現象界，一切與現象有關的皆是「偏位」。佛性進入涅槃轉身退位出離涅槃，佛性出世謂「凡聖分離」。「手指空時天地轉，回途石馬出紗籠」。雖然分離而「父子不離」。正偏兼帶時「凡聖同居」意謂涅槃佛性「混居一身」，若定心不動即理事無礙法界，進而涅槃佛性混融一體則到事事無礙法界。

「正去偏來自回互。其間消息密全該」，讀者須知定心「正偏全該或隱或顯」。「正去偏來無非兼帶」。禪師常說「繡出鴛鴦給人看，不將金針度與人」。鴛鴦比喻「涅槃佛性」，謂之「道伴」、「難兄難弟」等。

定心往復至「鉤鎖連環首尾相接」，捏聚時放開放開時捏聚，進一步證得「正偏兼帶」。《從容錄》云：「**更須知有洞上宗風正倒時便起。正起時便倒底時節。然後起倒同時。起倒不立。**」從曹洞宗講的「鉤鎖連環」到「把住時放行，放行時把住」。正當十五日進入正偏兼帶，然後「雙眼圓明」、「雙遮雙照」、「雙明雙暗」。《碧巖錄》說「誰共澄潭照影寒」、「夜深同看千岩雪」，皆形容「正偏兼帶」而「雙明雙暗」的時節。定心出離涅槃證得首楞嚴定心（佛性），佛性出世建立世界，經過修煉從「金針雙鎖」達致「鉤鎖連環血脈不斷」。「把住時放行放行時把住」，定境變化如同電光石火，「就地轉身難」，進入正偏兼帶境界。就定境而言，定心綿綿密密打成一團，「涅槃佛性混居一身」。「無著文殊公案」謂「龍蛇混雜凡聖同居」，「前三三後三三」。菩薩進入正偏兼帶。「雙遮雙照」、「雙眼圓明」。若定心不來不去則進入理事無礙法界。若涅槃與佛性混融一體彼此不分，即到事事無礙法界。萬松老人云「更有遮照同時。遮照不立。不立卻同時，同時即不立」。到此證得中道不二法門即「一心三觀」，證一切種智即妙覺佛位。菩薩由此進入「那伽定」。

「正中來」最後次第，菩薩佛性出世。定心所生心內世界與眾生世界尚未「重合」，鼓山元賢謂「隔塵埃」。若進入正偏兼帶理事無礙境界，佛性所生世界與眾生世界完全一致。世法佛法打成一片，法住法位，世間相常住。見山是山見水是水。在這個過程中，禪師驗證佛性本體生成顯現世界的作用。菩薩意根已滅，大定定心具備特殊感知，不但感知現象，也感知現象後面的本體，佛性「身先在裡」菩薩心內佛性與萬法的佛性本體互相感應。**這是驗證本體作用的關鍵**。對菩薩來說，「菩薩見色無非觀空」。雲門文偃禪師道：「凡夫實謂之有。二乘悉謂之無。緣覺謂之幻有。菩薩當體即空。」菩薩在理事無礙法界，觀照色相「須臾之頃返色歸真」。「空」即佛性本體。此處不分涅槃佛性。凡夫見到樹林以為「實有」，菩薩則可以感應現象中的本體。中國人用體用關係涵蓋本體—現象，禪宗用「理事」對應「本體—現象」。在西方哲學裡本體只是虛泛的哲學概念，普遍認為在本體與現象之間不存在直接聯繫。中國禪師在理事無礙法界實證現象與本體的關係。定心進入首楞嚴，世界就建立起來，而且現象的本體與定心互相感應，禪師說「撒手懸崖下，分身萬象中」，又說「十方大地是全身」。佛性「身先在裡」。菩薩在正偏兼帶理事無礙境界，涅槃顯則空寂無物，佛性顯則萬象齊彰。

曹洞宗講究「鉤鎖連環首尾相接」，捏聚時放開，放開時捏聚。如此進入「雙遮雙照」即「雙明雙暗」，也只有到此才有「夜深同看千岩雪」的境界。若涅槃佛性「綿密無間」混居一身，「金針不動」、「不來不去」，「不捏聚不放開」（明覺性聰），世法佛法打成一片，此即理事無礙法界。理事無礙法界如同萬松老人所謂「交互明中暗」，真歇清了云：「是以金針密處不露光芒。玉線通時潛舒異彩。雖然如是。猶是交互雙明。」這裡交互雙明意謂先有現象後現本體。現象與本體並非同時呈現而有轉換過程。「須臾之頃轉色歸真」（《信心銘》真歇清了注）。理事無礙法界，到此定心（「金針」）不來不去，不捏聚不放開。無異元來說「靜則寒冰凝結。動則白浪滔天。直下了無動靜。紅爐片雪如綿」，形容正偏兼帶理事無礙法界。金針不來不去故謂「直下了無動靜」，正偏兼帶理事無礙法界。「紅爐上一點雪」即謂理事無礙法界。

圓悟克勤云：

> 綿密無間寂照同時。歲月悠久打成一片。而根本越牢密密作用。誠無出此。應當當處全真。則彼我遐邇觸處皆渠。剎剎塵塵皆在自己大圓鏡中。越綿越密。則越能轉換也。故雲門道。直得乾坤大地無纖毫過患。猶為轉句。不見一色始是半提。直得如此。更須知有全提時節始得。

臨濟宗「寂照同時」即「止觀同於一念」。「照」謂現量觀照。「涅槃」則「寂而常照」。菩薩具有佛眼，此即「雙眼圓明」之意。定心在涅槃佛性之間往復，涅槃與佛性定境非常接近，初始定心正去偏來無非兼帶，定境變化剎那之間「就地轉身難」。「捏聚時放開放開時捏聚」，定境變化如同電光石火，需極深的工夫。「越綿越密。則越能轉換也。」涅槃滅盡定與佛性首楞嚴本來同質，經過反覆「回爐烹煉」，兩者差別越來越小，兩個定境「不道同只是無別」（萬松老人）。「歲月悠久打成一片」，如此證得涅槃佛性混居一身，久之定心「不來不去」、「不捏聚不放開」（明覺性聰），無異元來謂「綿密密時機婦罷金針而夜織」，即謂理事無礙法界。若涅槃佛性混融一體，則進入事事無礙法界。「有無」在一念中同時成立。到此「體用何妨分不分」、「萬象明明無理事」（法眼文益）。「徹底光明成一段」（宏智正覺），如同無比燦爛的帝釋網，即到大乘中道的極則。即所謂「不二法門」，證得一切種智，妙覺佛位。

五、佛真法身　前釋迦後彌勒

菩薩進入凡聖分離正偏兼帶境界，禪師謂「前釋迦後彌勒」，「前三三後三三」。「佛真法身猶若虛空」指謂清淨涅槃。「應物現形如水中月」指謂佛性。兩者「合體」才是「佛真法身」。涅槃與佛性皆有特殊認知。類比凡夫六識，故謂「三三」。此與凡夫「六根六識」不同。

佛性出世後定心往復，謂之「金針往復來」（自得慧暉）。定心在涅槃與佛性兩邊優游往復。修證到「鉤鎖連環。血脈不斷」，進一步證到正偏兼帶。涅槃佛性混居一身。「佛真法身猶若虛空，應物現形如水中月」，形容佛真法身乃是涅槃佛性「混居一身」而成。

菩薩的禪定意識處於「龍蛇混雜凡聖同居」。正偏兼帶意謂前釋迦後彌勒的合成體。涅槃心喻為「前釋迦」，首楞嚴佛性定心即謂「後彌勒」。初始「正去偏來無非兼帶」。正偏兼帶境界若定心不來不去，進入理事無礙法界。若涅槃佛性混融一體不分彼此，則證入事事無礙法界。到此證得「一心三觀」即「中道」，一切種智。

萬松老人辯駁圭峰宗密批判馬祖道一一派不懂「自體用」，以「明鏡也有背面」闡述「鏡體鏡面」合體而成「佛真法身」而建立世界。

萬松老人《請益錄》云：

佛真法身。猶若虛空。應物現形。如水中月。此頌兩聯。大似前言不副後語。殊不知鉤鎖連環。血脈不斷。《楞嚴經》道。舜若多神。無身覺觸。舜若。西音。此云虛空。天童道。舜若多神。喚什麼作法身。他只知佛真法身。猶若虛空。忘卻應物現形。如水中月。還知天童不可續截夷盈處麼。

「佛真法身」乃是涅槃佛性混融而成，謂之「前釋迦後彌勒」。宏智正覺云「他只知佛真法身。猶若虛空」，若只知「涅槃」是「法身佛」，忘記「佛性」也是法身佛，即「大似前言不副後語」。「佛真法身」乃凡聖同居正偏兼帶。涅槃佛性父子不離。此謂「**鉤鎖連環**。**血脈不斷**」，涅槃佛性一體兩面。「猶若虛空」謂清淨涅槃。而「應物現形如水中月」正是佛性大用。清淨涅槃乃是佛性的本體。謂父子關係，正偏兼帶時節，菩薩的禪定意識乃是「涅槃佛性」的混合體。馬祖道一故謂「非心非佛」。萬松老人解釋，涅槃如同鏡體，佛性如同鏡面。兩者合體才能呈現萬法。「前釋迦後彌勒」謂「佛真法身」。佛性出世建立世界，可謂「凡聖分離」而又「父子不離」。無著文殊金剛窟公案說「凡聖同居龍蛇混雜」即謂正偏兼帶境界。「兼中至」的理事無礙法界、事事無礙法界皆建立在「凡聖分離正偏兼帶」境界。「凡聖分離」而又「凡聖同居」。涅槃佛性混居一身才有「雙眼圓明」、「雙遮雙照」。我們為何說「凡聖分離正偏兼帶」？佛性出世謂「帝命旁分」。定心出離涅槃佛性出世。「手指空時天地轉，回頭石馬出紗籠」或謂「無端石馬潭中過，驚起泥龍犯海潮」。「泥龍」謂阿賴耶識。這是「凡聖分離」的時節。表面上佛性出世建立世界，實際上「涅槃」與「佛性」父子不離。曹洞宗謂「刀斧斫不開」，這樣就形成「離又不離」的情形。有時「分身兩下看」，有時「渾淪無縫隙」。其實涅槃如同鏡體無時不在。鏡體鏡面共同作用生成萬法。經過「金針雙鎖」「鉤鎖連環」的修證，正當十五日，證得正偏兼帶。此時「凡聖同居龍蛇混雜」，涅槃佛性混居一身，「惑障欲淨種智將圓」。若金針不來不去進入理事無礙法界，若涅槃佛性混融一體則進入事事無礙法界，到此證得一心三觀，即大乘中道。證得一切種智，既得妙覺佛位，由此進入那伽定。「衲被蒙頭萬事休。此時衲僧全不會」。「得的人終日閒閒的」、「如愚若魯」任運過日。「到頭霜夜月，任運過前溪」，禪者定心最終契合絕對本體。

涅槃定心與佛性定心皆有觀照與佛智，故謂「前三三後三三」。「三三」擬人化類比「六識」。我們在此強調，佛不是人而是「禪定意識」，六祖說「即佛乃定」、馬祖道一說「即心即佛」，妙覺佛對應涅槃滅盡定的定心，等覺佛（彌勒）對應首楞嚴佛性的定心。這是學佛者必須明白的佛理。

正偏兼帶菩薩境界，定境乃是「內君外臣」、「一腳門裡一腳門外」、「內黑外白」、「腳踏兩隻船」、「前三三後三三」。「金剛窟公案」謂之「龍蛇混雜凡聖同居」。定心不動即正偏兼帶理事無礙法界。「菩薩見色無非觀空」，理事無礙法界，「高低一顧萬象齊彰」。若涅槃佛性混融一體，則到事事無礙法界。《華嚴經》大典即描述此莊嚴華麗之境界。

禪師經過長期「鉤鎖連環血脈不斷」的修證，進入「正偏兼帶」，萬松老人云：「直須當存而正泯。在卷而亦舒。鉤鎖連環。謂之血脈不斷。然後雙遮雙照。」林泉老人云：「有時橫身劫外。有時垂手塵中。正去偏來無非兼帶」。正偏俱立方謂「正偏兼帶」，然後「雙遮雙照」、「雙明雙暗」、「雙眼圓明」，兼帶初階，定心正去偏來。《指月錄》云：「兼帶者即冥應眾緣。不隨諸有。非染非淨。無正無偏。故云虛玄要道無著真宗。從上先德。推此一位最妙最玄」。

虎丘紹隆云：

正當十五日。諸人作麼生通個消息。直饒向朕兆未萌。文彩未彰時會去。正落第二月。且作麼生是第一月。還會麼。九年孤坐少人識。千古風光照天地。

虎丘紹隆禪師將「佛真法身」即「前釋迦後彌勒」視為第一月。「九年孤坐少人識。千古風光照天地」謂正偏兼帶，涅槃佛性混居一身。「九年孤坐」謂涅槃，「千古風光照天地」謂佛性。以正偏兼帶的佛真法身為「第一月」。禪師謂「釋迦彌勒猶是他奴」即謂「佛真法身」，可見其地位尊崇，超越「朕兆未萌。文彩未彰時」即涅槃的境界。

「凡聖同居正偏兼帶」是「理事無礙」與「事事無礙」境界的禪定基礎，也是大乘中道理論的禪定基礎。宏智正覺云：「妙協兼帶也。那時超宗越格。功盡智忘。密密有合體底時節。方名妙協」。正偏兼帶到高級次第則「密密有合體底時節」。「合體」即涅槃佛性渾融一體，到此進入事事無礙法界，證得一心三觀，即證得「中道」，得一切種智，即證妙覺佛位，由此進入「那伽定」。「恆納虛空時含法界」（無明慧經）。佛菩薩恆時在涅槃卻時時進入法界，故能夠與紅塵世界交往，佛菩薩表面上「得的人終日閒閒的」。佛菩薩要保任，終日如愚若魯，隨流得妙任運過時。法眼文益云「到頭霜夜月，任運過前溪」。

林泉老人云：

有時橫身劫外。有時垂手廛中。正去偏來無非兼帶。這邊那畔不滯有無。

斷橋妙倫云：

古之今之兩段雖殊。畢竟絲毫不隔。**裂破榮華關鎖。掀翻富貴網羅。機回位轉**。虎躍松門。水揖山迎。龍眠石塢。正與麼時。且道。**路頭在什麼處**。

「古」比喻涅槃，「今」比喻今時（佛性）。兩段「定心」可分可不分。

楚石梵琦云：

前釋迦。後彌勒。心不見心。無相可得。出門綠水青山。到處花紅草碧。如斯舉似。魚魯參差。直下承當。天地懸隔。

自得慧暉云：

豁開向上一竅。千聖齊立下風。到得這個田地。裂開也在我。捏聚也在我。**天地同根萬物一體底漢**。**此時橫足佗方世界**。**移身須彌頂上**。有時坐菩提樹下開金剛眼。有時向鐵圍山上側堅固耳。且道此人具何面目。仔細商量。何故全身活卓卓。通體明歷歷。畢竟如何。釋迦在前。彌勒在後。

希叟紹曇云：

布袋頭開。東去西去。滿目荒榛。一身塵土。破草鞋等閒踢出。後彌勒前釋迦。折拄杖信手挑來。胡張三黑李四。瞎頂門眼。辯龍蛇。透險崖機。擒虎兕。朝遊南嶽。暮宿天台。晝往西天。夜歸東土。此猶是衲僧尋常行履處。

「布袋頭開」意謂「放開」。定心往復優游，證入正偏兼帶理事無礙法界。

拄杖偈（無異元來）云：

把住放行渠藉我。登高下險我由渠。渠無有我何能活。我得渠用任伸舒。渠我元來無兩個。我渠何得有親疏。自今以後無分別。相將攜手作良圖。

《信心銘》云：「須知兩段原是一空」，「渠我元來無兩個」。

常光國師云：

上堂。瑞岩頻喚主人翁。南泉亦索一身價。只有臨濟門下。**常在家舍。不離途中。常在途中。不離家舍。何故。渾淪無縫罅【涅槃佛性打成一片】**。

以上常光國師引述臨濟義玄大師的重要禪語，「家舍」指涅槃，「路途」指首楞嚴。這裡分明指示，定心「金針往復」卻「不離家舍」。無明慧經禪師所說：「恆納虛空時含法界」，「凡聖同居長寂光」。**定心經歷金針雙鎖鉤鎖連環證入正偏兼帶**。菩薩定心含攝涅槃與佛性兩個定境，所謂「腳踏兩頭船」，宏智正覺所謂「內君外臣」。定心有時「分身兩下看」，有時「上古今來成一體」。

正偏兼帶的次第，涅槃佛性混居一身，「前釋迦後彌勒」故有「雙遮雙照」，若混融一體則如萬松老人云：「遮照同時，遮照不立，不立即同時，同時即不立，直得帝網重重」，即到事事無礙法界。到此證得「一心三觀」即中道，即「空不空如來藏」。空有、是非、真俗等對立概念在一念裡同時成立。有無、非有非無、非非有非非無，同時成立。**華嚴六相義同時成立。事事無礙法界即正偏兼帶的極則。**《華嚴經合論》云：「一切種智悉皆成就。總別同異成壞一時自在。」**意謂「總別同異成壞」並無差別。六相義隨意自在。不二法門據此成立。**

菩薩經過長期修煉，涅槃佛性「渾淪無縫罅」，「古之今之兩段雖殊。畢竟絲毫不隔」，宏智正覺云：「同中有異異中同。徹底渾淪無縫罅。」涅槃佛性雖兩段不同卻絲毫不隔，到此「前釋迦後彌勒」，證得「佛真法身」。綿綿密密時涅槃佛性混融不分，即事事無礙法界。到此境界渾然無理事，沒有現象也沒有觀察者，「萬象明明無理事」。帝釋網每個珠體都是一個宇宙本體。「重重無有盡，處處顯真身」（圓悟克勤）。以「有無」來說，有無同時成立。六相義同時成立。「理事既休鐵船下海」（真淨克文），即從理事無礙法界進入事事無礙法界。

禪宗認為「法身有二種。理體法身。用中法身」。理體法身指涅槃，「用中法身」指佛性。「猶若虛空」者謂清淨涅槃。「應物現形如水中月」正是佛性。清淨涅槃乃是佛性之父（理體法身）。兩者父子關係，謂之「刀斧斫不開」。菩薩境界定心往復，從「鉤鎖連環血脈不斷」，菩薩進入「正偏兼帶」境界。涅槃佛性混居一身，所謂「凡聖同居龍蛇混雜」，即「前釋迦後彌勒」的合體。萬松老人喻為鏡體鏡面合而呈現萬法，此即「佛真法身」。禪師所謂「釋迦彌勒猶是他奴」。「前釋迦後彌勒」即菩薩高級境界，禪師謂「前三三後三三」，形容佛真法身乃是涅槃佛性「混居一身」而成。涅槃與佛性皆有特殊認知。類比人的六識，故謂「三三」。此與凡夫「六根六識」當然不同。

佛鑒慧懃云：

古佛頭拄天。露拄腳踏地。上古今來成一體。頭拄天兮戴帽子。腳踏地兮沒草鞋。同赴大悲院裡齋。

「上古」比喻涅槃，「今來」比喻佛性。「上古今來成一體」即「前釋迦後彌勒」，是謂「佛真法身」。

無著文殊金剛窟公案說「凡聖同居龍蛇混雜」即謂正偏兼帶境界。「兼中至」的理事無礙法界、事事無礙法界皆建立在「凡聖分離正偏兼帶」境界。「凡聖分離」而又「凡聖同居」。涅槃佛性混居一身才有「雙眼圓明」、「雙遮雙照」。我們為何說「凡聖分離正偏兼帶」？佛性出世謂「帝命旁分」。定心出離涅槃佛性出世。「手指空時天地轉，回頭石馬出紗籠」，或謂「無端石馬潭中過，驚起泥龍犯海潮」。「泥龍」謂阿賴耶識。這是「凡聖分離」的時節。表面上佛性出世建立世界，實際上「涅槃」與「佛性」父子不離。曹洞宗謂「刀斧斫不開」。這樣就形成「離又不離」的情形。有時「分身兩下看」，有時「渾淪無縫隙」。其實涅槃如同鏡體無時不在。鏡體鏡面共同作用生成萬法。經過「金針雙鎖」「鉤鎖連環」的修證，正當十五日，證得正偏兼帶。此時涅槃佛性混居一身。若金針不來不去進入理事無礙法界，若涅槃佛性混融一體則進入事事無礙法界，「惑障清淨種智圓滿」。到此證得一心三觀，即大乘中道，證得一切種智。既得妙覺佛位，由此進入那伽定。佛菩薩保任。「衲被蒙頭萬事休。此時衲僧全不會。」「得的人終日閒閒的」、「如愚若魯」，任運過日。「到頭霜夜月，任運過前溪」，最終契合絕對本體。

楚石梵琦云：

經中道。華藏世界所有塵。一一塵中現法界。寶光化佛如雲集。此是如來剎自在。剎自在故。即凡身而證佛身。現法界故。處穢土而同淨土。鬧市裡天子。百草頭老僧。前三三後三三。你又作麼生會。喝一喝。

此謂「正偏兼帶理事無礙」。此可為圓覺四相作注解。

涅槃「寂而常照」、「四臣不昧」。佛性有六根互用的「見聞覺知」，是謂「前三三後三三」。前三三者，無漏滅盡定涅槃定心所具，寂而常照。後三三者，首楞嚴佛性具有六根互用的特殊感知系統，例如「舜若多神，無身而觸」，「爍伽羅眼」等。菩薩有五眼。「前三三後三三」乃擬人比喻。

六、事事無礙　一心三觀

在無人無佛的空劫以前、象帝之先、威音那畔，尚無人類，作為精神性的存在，究竟涅槃獨立存在作為絕對本體。絕對本體對應「道」。「道生一，一生二，二生三，三生萬物」。涅槃本體對應「一」，佛性對應「三」而直接生成萬法。這是中國古代對於「宇宙本體」的觀點，與禪宗思想融會貫通。即宇宙本體「一有多種」而非單一的、思辨的結果。禪宗的涅槃本體、佛性本體皆是「精神性實體」即禪定意識。這樣禪宗的宇宙本體就是人可以實證並且與之契合的精神性實體。天地人出現，混沌已分，涅槃可以作為人的禪定意識存在。「涅槃」或視為兩段，無人時即究竟涅槃，人出現後涅槃是可以證入的定境。

《華嚴經．普賢行願品》（圭峰宗密）云：

> 又法界寂然名止。寂而常照名觀。觀窮數極。妙符乎寂。則定慧不二。又即體之用曰智。即用之體曰理。即體用無二。是以文殊三事融通隱隱。即普賢三事涉入重重。此二不一不異。方名普賢帝網之行。

「雙眼圓明」意謂涅槃佛性各自具有佛眼觀照。涅槃寂照下「本來無一物」，佛性則「見色無非觀空」。進一步「遮照同時，遮照不立。不立即同時，同時即不立」，此謂有無、華嚴六相義「同時」成立，即到事事無礙法界。《宗鏡錄》云：「成不礙壞。壞不礙成。顯不礙隱。隱不礙顯。故云無礙。正成時即壞等。故云同時。」即有無在「一念」裡同時成立。理事無礙法界。理事（涅槃與佛性）交互呈現，有時理事傾奪理事俱泯。理事無礙法界，現象與本體並非同時呈現。不過「須臾之頃返色歸真」（真歇清了）。定心在定境變換有隱顯、前後之分。「菩薩見色無非觀空」表明理事無礙法界現象呈現。宏智正覺謂「借來聊爾了門頭」，菩薩之心毫無所動。理事無礙法界尚有現象，理事轉換尚有過程，直至「遮照不立，不立卻同時，同時卻不立」，即到事事無礙法界。「遮照不立」、「不立卻同時」意謂大乘不二法門到此建立。帝釋網每個珠體都是一個宇宙本體。此時體用、理事、因果不分。進入事事無礙法界。現象與本體同時呈現，六相義同時成立。成壞、有無、因果同時成立。事事無礙法界現象本體「互相傾奪」，結果現象無法呈現，塵塵剎剎顯現真心本體，此即「本體」組成的因陀羅網，每個本體含蘊一個宇宙，重重無盡，處處真身。

宏智正覺云：

明月蘆華未得如。清光自照本來虛。十方坐斷須拈帽。一色功圓要放鋤。轉背石人歸位後。抬頭玉馬過關初。**塵塵剎剎見身相。方信曹山井覷驢。**

此偈描寫證入有漏涅槃，「明月蘆華未得如。清光自照本來虛」，宏智正覺教導學人「十方坐斷須拈帽。一色功圓要放鋤」。不戴寶華冠，脫去尊貴脂。「石人歸位」謂進入涅槃正位。定心剎那間轉身退位出離涅槃謂「玉馬過關」。佛性出世證入首楞嚴。見即「現」，然後是「兼中至」的境界。佛性「撒手懸崖下，分身萬象中」、佛性「身先在裡」。菩薩觀照下，處處現真身。井即是空，驢也是空，從「金針往復來」到正偏兼帶理事無礙境界。塵塵剎剎皆是真身。菩薩見色無非觀空。菩薩觀照萬法與俗人觀看事物的根本區別在於消除主客、人我、能所的區別。菩薩佛眼穿透現象直接感應萬象後的佛性本體。菩薩通過「宇宙本體」的視角觀察一切。到此「十方大地是全身」。成佛者的佛性可以在現象背後感知一切，因為「身先在裡」。禪定意識首楞嚴大定定心，可以感應到事法現象，卻也如同兩面鏡鑒照，事法在此也可以觀照菩薩。**菩薩佛性可以感知觀照萬法，菩薩仍然具有觀察者立場。故謂「驢覷井」**。「驢覷井」「井覷驢」兩者合併則謂正偏兼帶，如同兩面鏡互相鑒照。此謂菩薩正偏兼帶理事無礙法界，到事事無礙即是百千明鏡相互鑒照。觀察者不存在。涅槃佛性混融一體綿密不分，重重無盡處處真身，即是事事無礙法界。

「塵塵剎剎見身相。方信曹山井覷驢」，表明菩薩觀照萬法，萬法的佛性本體「見身相」，即謂「井覷驢」，世法佛法打成一片。理事無礙法界尚有現象，「須臾之頃轉色歸空」（真歇清了）。到「井」則事事無礙法界，並無現象。如同百千明鏡互相鑒照。並無「觀察者」也無「觀察對象」。渾淪一個花木瓜。菩薩也是「塵塵剎剎」，只是無數「本體」互相輝映。「超現象界」的解釋不通，還有能所、人我、主客、觀察者與觀察對象的區別。佛性出世並不能立刻證入理事無礙法界。這需要長期修證。雪岩祖欽云：「萬象森羅。同成正覺。到與麼時。方見古人道。盡大地是沙門一隻眼。」所謂「井覷井」則是事事無礙法界。若萬法皆有「佛眼」互相鑒照，到此境界沒有觀察者與觀察對象，人我主客能所滅除。這個境界無法描述。「千人萬人只是我一人」、「十方世界是我身」。萬象森羅同成正覺，同時成佛。竹石瓦礫皆有佛眼，互相鑒照，郁郁黃花無非般若，青青翠竹盡是法身。既是法身自有法眼，「井覷驢」自然明白。「井覷驢」，井是無情，如同瓦礫。驢屬有情，到此平等。塵塵剎剎皆是法身，「塵塵剎剎見身相。方信曹山井覷驢」，此謂理事無礙法界。

「井覰井」則謂事事無礙法界，如同百千明鏡互相鑒照。塵塵剎剎皆是珠體，這裡也沒有萬象森羅，在無窮維的宇宙每個珠體都演繹因陀羅網。

宏智正覺云：「情與無情共一體。處處皆同真法界。」

真淨克文云：「十方法界，情與無情同成佛道。」

圓悟克勤云：「情與無情一體。觸目皆真。佛與眾生不別。當體全現。」

雲門文偃云：「凡夫實謂之有。二乘析謂之無。緣覺謂之幻有。菩薩當體即空。」這裡「空」指謂涅槃本體（涅槃佛性不分）而非「空無」。「萬象之中獨露身」只是初級的佛之知見。雲門文偃大師說：「菩薩當體即空」的知見也非極則。理事無礙的境界裡仍存在一個「觀察者」。「井覰驢」已到理事無礙法界，「井覰井」則成佛者不再作為觀察者來觀照萬法，而是與山河大地混融一片。到此境界已經沒有「觀察者」，惚兮恍兮一片光明。菩薩理事無礙法界，佛性感知觀照萬法，菩薩仍然具有觀察者立場，故謂「驢覰井」。「正當十五日」證得正偏兼帶。若定心不來不去則到理事無礙。「井覰驢」「驢覰井」謂正偏兼帶，如兩面鏡互相鑒照。若涅槃佛性混融一體綿密不分，即是事事無礙法界。事事無礙即是百千明鏡相互鑒照。觀察者不存在，也談不上「現象界」。

菩薩入廛垂手，佛性「卻著衫來作主人」。定心往復也稱為「捏聚放開」。捏聚即進入涅槃本體界，陳睦州說：「盞子落地。楪子成八片」。這意味放開則進入現象界，彷彿八識所生虛幻世界。這是對菩薩而言的「萬法皆空」的現象界，即「幻有」的現象界。而對眾生來說則是「經驗世界」。在眾生的見聞覺知下顯現森羅萬象，而在菩薩「正眼看來」，則是處處露法身的理事無礙法界。眾生所見的現象界乃是阿賴耶識所顯現生成。而阿賴耶識乃「真妄和合」，這裡「真心」即是人人具備的佛性，即是首楞嚴大定的定心。在世俗諦意義，首楞嚴佛性即是凡夫所見的山河大地的「共相種子」。菩薩在理事無礙法界，觀照色相「須臾之頃返色歸真」。「真」即佛性本體。凡夫見到草木樹林以為「實有」，菩薩則可以感應現象的本體。中國的禪師在理事無礙法界實證現象與本體的關係。定心進入首楞嚴（含海印三昧）世界就建立起來，而且一切現象背後的本體與佛性定心互相感應，禪師說「十方大地是全身」。菩薩見相意根不動，「見相不生癡愛業」。菩薩感應萬象含蘊的佛性本體，而且「身先在裡」（宏智正覺）。菩薩境界金針雙鎖正偏兼帶，「今時」現象界與「劫外」本體界「玉線貫通」，正偏兼帶時定心兼攝涅槃與首楞嚴兩個定境。在這樣的境界下，菩薩實證本體，以「佛眼」驗證佛性生成顯現現象界的宇宙本體作用。「正偏兼帶」建立在如此玄妙的禪定境界上，菩薩定心兼攝涅槃正位與佛性偏位。故此「正偏兼帶」被認為是「最玄最妙」的菩薩境界。正是在金針雙鎖正偏兼帶的境界，成佛者驗證佛性作為萬法本體的功用。日本有人批判禪宗的如來藏宇宙本體的思想是「土著思想的哲學化」。可謂無知妄言。人類的高級宗教都有「造物主」的意涵。禪宗「實證本體」，在金針雙鎖正偏兼帶的境界，本體生成現象得到驗證。古往今來萬千修證者通過禪定修證契合精神性的宇宙本體，由此解脫生死。這是禪宗對人類終極關懷的卓越理路。

涅槃佛性的關係非一非二非同非異，兩者是「體用關係」不可分離。雖然有時「分身兩下看」（萬松老人），有時「父子同體」而「非彼非此」。佛性出世呈現世界，卻不能離開鏡體（涅槃），故云「父子不離」。正偏兼帶雖「正偏全該」卻有「隱顯之分」。到事事無礙法界則理事同時彰顯。

禪宗的宇宙本體是多元多層次的結構，並非一個「點」。人類要追求永恆，要契合不生不滅的精神性宇宙本體，這幾乎是「不可能的任務」。「天人合一」在儒家只是理想，缺乏實際可操作性，設想在道德層面天人合一只是「理想」。這個理想在佛教卻可以實踐親證。「解脫生死」的根本意旨在契合「絕對本體」。禪宗提出「這一個，那一個，更一個」的宇宙本體體系，佛性是發生萬法的第一因宇宙本體。而產生佛性的清淨涅槃是「理體法身」，這都是人力可以修證的境界，而真正的「天邊第一月」卻是客觀存在與人無關的究竟涅槃，即菩薩最後契合的絕對本體。在禪宗理論上，有時將兩者相提並論，只有在「入理深談」時才有分說。比如曹洞宗「偏正五位」將清淨涅槃列為「正位」，而「兼中到」具有超越清淨涅槃的意涵。「夜明簾外主，不落偏正方」即謂絕對本體。投子義青頌云「偏正遙絕兼中到，了然一氣大極前」，指明夜明簾外主具有超越涅槃的「無極」的意蘊。「兼中到」指肉體滅度後經過涅槃契合絕對本體。所謂「泥牛飲盡澄潭月，石馬加鞭不回頭」。澄潭與月皆盡消融，泥牛入海無消息。菩薩肉體遷化，所謂「正法眼藏向瞎驢邊滅卻」，表明佛性（禪定意識）在肉體滅度後契合不生不滅的涅槃。禪師以「功位俱泯」形容此位。

清淨涅槃是「正位」。須知「寶殿無人空侍立，不種梧桐免鳳來」。涅槃作為「定境」如同「祖父之位」。禪師以「澄潭」、「清波」、「空王殿」、「琉璃殿」、「威音那畔」、「夜明簾外」等等形容涅槃。禪定定心進入涅槃在於「同質化」，即謂「子歸就父」。定心經過涅槃與無漏滅盡定同質化，要脫胎換骨識陰盡。這就是「子歸就父」的意義。正位是「祖父」（絕對本體）的寶殿，「祖父從來不出門」（南泉普願）。筆者謂祖父如同「牌位」在空王殿供奉，定心到此子歸就父，也就與「祖父」同質化。涅槃（主中賓）、絕對本體（主中主）與佛性（賓中主）同質。然後「不居正位」轉身退位證得首楞嚴大定

（佛性），垂手入廛普度眾生。所謂佛、菩薩皆指謂禪定意識。

西方哲學的「宇宙本體」只是思辨的結果，西方哲學裡本體只是虛泛的哲學概念，在本體與現象之間不存在直接聯繫。西方哲學不相信「宇宙本體」作為「實體」的存在，現代西方碎片化的「分析哲學」排斥宇宙論意義的本體論。中國禪宗千年前就建立了完整的宇宙論與發生論。禪宗的「曲為今時潛通劫外」意謂大定定心在本體界與現象界打通一線。這是西方哲學無法理解的現象與本體之「貫通」境界。禪宗在哲學最根本的宇宙論方面獨樹一幟卓立頂峰。禪宗將宇宙絕對本體、涅槃本體與佛性本體的性相功用清楚地表示出來。禪宗透過禪定實證能夠證入宇宙本體的境界，能以「上帝視角」即「佛智知見」來觀照、感知並分析世界。最終以契入絕對本體為解脫生死之旨歸。這是中國禪宗偉大的「終極關懷」。

七、凡聖同居　正偏兼帶

萬松老人道：

上天同歸霄漢。入地共返黃泉。孤峰頂上要同行。十字街頭還共坐。

希叟紹曇云：

布袋頭開。東去西去。滿目荒榛。一身塵土。破草鞋等閒踢出。後彌勒前釋迦。折拄杖信手挑來。胡張三黑李四。瞎頂門眼。辯龍蛇。透險崖機。擒虎兕。**朝遊南嶽。暮宿天台。晝往西天。夜歸東土。**

楚石梵琦云：

凡聖同居常寂光。各有生涯無欠少。大千捏聚一毫芒。如來藏裡珠。

林泉老人云：

直得正偏兼到事理雙明。不偏枯無窒礙。放教活潑潑。

圓悟克勤（舉僧問馬祖。如何是佛。祖云。即心即佛）云：

終日相逢無半面。剛然千里有知音。不須格外論奇特。只此全機耀古今。傾蓋如舊白頭如新。兩鏡相照不隔纖塵。遍界未嘗示相。毫端普現色身。止猶谷神動若行雲。相見又無事。不來還憶君。

拄杖偈（無異元來）云：

把住放行渠藉我。登高下險我由渠。渠無有我何能活。我得渠用任伸舒。渠我元來無兩個。我渠何得有親疏。自今以後無分別。相將攜手作良圖。

渠我元來無兩個，「我」指謂涅槃，「渠」指謂佛性。

明覺性聰云：

沒底船子不漏針。斷篙無手足人撐。放行把住觀風景。舞棹停橈問主賓。死水棲時空世界。古帆高掛見天心。從來不載他人物。空去空來一葉輕。

此形容定心往復優游，「沒底船子不漏針。斷篙無手足人撐」，「無手足人」謂定心。「放行把住」都在我，「主賓」隨時變化。「空去空來一葉輕」，山河大地不是「他人物」。菩薩「心外無物」，「死水棲時空世界」即「不見一法」的涅槃。「古帆高掛見天心」謂佛性。此兩句頌「正偏兼帶」的佛真法身。

達觀曇穎禪師云：

身是菩提樹。心如明鏡台。時時勤拂拭。莫使惹塵埃。又道菩提本無樹。明鏡亦非台。本來無一物。何假拂塵埃。師曰。此二尊宿同床打睡。各自作夢。

這裡以神秀頌的「佛性」為第二尊宿，以慧能所頌的「涅槃」為第一尊宿，「此二尊宿同床打睡。各自作夢」形容正偏兼帶境界。

圓悟克勤云：

百尺竿頭進步。且道此事畢竟如何委悉。撞著道伴交肩過。君向瀟湘我向秦。

涅槃與佛性謂之「道伴」。君向瀟湘我向秦，指謂理事無礙法界。

林泉老人云：

明暗雙雙，理事雙明，直得正偏兼到事理雙明。不偏枯無窒礙。放教活潑潑。

傅大士頌云：

夜夜抱佛眠。朝朝還共起。起坐鎮相隨。如形影相似。欲識佛去處。只者語聲是。

保寧仁勇云：

上堂。昭昭於心目之間。而相不可睹。拈起杖云。還見麼。若見。又道不可睹。晃晃於色塵之內。而理不可分。擊杖云。還聞麼。若聞。又道不可分。放開即易。捏聚即難。荊棘林中。須知有出身之路。試向七縱八橫處。道將一句來。眾無語。乃云。若不入水。爭見長人。

古尊宿云：

上堂。舉雲門垂語云。古佛與露柱相交。是第幾機。自代云。南山起雲北山下雨。師云。大小大雲門大師。**元來小膽**。

大愚守芝云：

蓋為袈裟同肩。一處吃飯。莫是人各披一條同鍋吃飯麼。

天如惟則云：

當其一念未生之際。一真無妄之時。皎皎然如古鏡之光明無染無污。昭昭然如止水之澄湛不動不搖。胡來胡現漢來漢現。照天照地鑒古鑒今。無一絲毫隱蔽。無一絲毫障礙。者個是諸佛諸祖境界。及乎一念發生諸妄交擾。如風動塵飛止遏不得。如崖崩石裂把捉不牢。如狂象無鉤牽挽不住。如猿猴得樹呼喚不回。如石火電光。如神出鬼沒。無你著眼處。若是大智慧底人。秉回天轉地之機。用攫霧拿雲之手。一把把住一坐坐斷。放開也由我。捏聚也由我。者個是諸佛諸祖妙用處。

丹霞子淳云：

於是琉璃殿瑩。君臣會合而一氣連枝。明月堂深。子父相逢而同身共命。相將行處。玉階寒蘚蒙茸。攜手歸時。碧嶂白雲繚繞。通身及盡不當機。信步回途無異路。所以從無住本立一切法。**經行坐臥常在其中。語默動容不離當處。**

真淨克文（古尊宿）云：

復拈拄杖召大眾云。實謂雖與我同條生。不與我同條死。阿喇喇。也大奇。算來彼此丈夫兒。睡則同床各自夢。古今此理少人知。

此處不僅描述「睡則同床各自夢」的正偏兼帶，也解釋「末後句」，正偏兼帶境界涅槃佛性混居一身同生共命，禪師滅度則作為禪定意識的佛性必須融入涅槃，涅槃具有主客觀存在的性質不生不滅。即謂「同條生。不同條死」。

圓悟克勤云：

三界無法。霜天皎月。何處求心。山高水深。四大本空。不辨西東。佛依何住。乾坤獨露。透得脫見得徹。正在半途逡巡。擊碎鐵門關拔。脫無根樹便見。掌擎日月背負須彌。引手過越一百一十城。翻身獨立十方華藏界。到個裡也無佛也無祖。不立照不立用。不立權不立實。不行棒不行喝。正當恁麼時如何。恁仗阿伽陀妙藥。點取金剛正眼開。

定心往復到鉤鎖連環的純熟境界，進一步可到正偏兼帶，進入明暗雙雙，雙遮雙照境界。「捏聚放開全在我」。白天禪師要活動，要上堂講法，必然處於理事無礙法界，定心到涅槃空寂無物，進入首楞嚴則顯現森羅萬象。正偏兼帶如同「腳踩兩頭船」，「這頭踏著那頭掀」。禪師常以「西風吹渭水。落葉滿長安」形容正偏兼帶。渭水比喻佛性，長安比喻涅槃，以此形容正偏兼帶。

橫川行珙云：

上堂。一千里路。二千里路。橫擔拄杖。長連床上。三條椽下。高掛缽囊。似刺蝟子。有甚用處。驀拈拄杖云。西風吹渭水。落葉滿長安。

南堂元靜云：

師云。展也不是掌。握也不是拳。兩頭俱坐斷。一劍倚天寒。且道。還有為人處也無。喝。西風吹渭水。落葉滿長安。

楚石梵琦云：

復舉南堂靜和尚云。君王了了。將帥惺惺。一回得勝。六國平寧。師云。雖然如是。堯舜之君。猶有化在。大勳不豎賞。一句作麼生。秋風吹渭水。落葉滿長安。

五祖法演云：

上堂。僧問。攜筇領眾祖令當行。把斷封疆師意如何。師云。秋風吹渭水。落葉滿長安。

正偏兼帶理事無礙法界：長安謂涅槃，渭水即謂佛性（現象界）。

古南牧雲通門禪師云：

華嚴法界理事無礙。懺罪消災一彩兩賽。驀拈拄杖曰。大眾杜順和尚來也。在拄杖頭上口喃喃道。懷州牛吃禾。益州馬腹脹。天下覓醫人。灸豬左膊上。諸人還見麼。若也見。未免頭上安頭。若不見。日用堂堂無蓋覆。本來同是遮那身。

開福道寧云：

琉璃殿上古佛舒光。明月堂前曇華布影。不用南尋彌勒。何須東覓文殊。華藏門開任君瞻仰。或舒或卷。塵塵普現色身。或放或收。處處毗盧境界。不舒不卷。寂爾無根。不放不收。是真常住。絲毫無礙。

「琉璃殿上古佛舒光」謂涅槃，「明月堂前曇華布影」謂佛性。此即正偏兼帶。

八、兼中至：理事無礙法界、事事無礙法界

鼓山元賢云：

兼中至。兩刃交鋒不須避。好手猶如火裡蓮。宛然自有沖天志。

兼中至。就功位齊彰時立。正既來偏。偏必兼正。**作家相見之際。明暗交參。縱奪互用。不涉一毫擬議。自然不致傷鋒犯手。如火裡蓮花。**而卒無所損也。此乃他受用三昧。即是透法身。即是大機大用。洞山離三滲漏。臨濟具三玄要。俱不出此。

兩刃交鋒比喻理事的關係。本體在現象中呈現，時或理事相奪相侵甚至「理事俱泯」。「明暗交參。縱奪互用」意謂正偏（涅槃本體與佛性現象）的關係。偏不掩正（理），正必兼偏。雲門文偃大師說：「菩薩當體即空」。禪師謂「萬象之中獨露身」以及「山河與大地，全露法王身」。萬象在菩薩觀照下現象即是本體。菩薩正是在理事無礙法界親自驗證如來藏佛性本體的存在及其生成萬法，即「萬法歸一」的禪理。在理事無礙法界，現象與本體「世法佛法打成一片」。兼中至有兩個境界：理事無礙法界、事事無礙法界。

「事理雙照。明暗並用者也。以其全體即用。故其相全白。」此謂正偏兼帶理事無礙法界。到此即「色即是空空即是色」，青青翠竹郁郁黃花皆是法身，全白，偏位也，全體即用，體用不分。非理非事，體用無二。打成一片，全在偏位，故謂全白。菩薩的定心在不同境界變換。大定定心綿綿密密打成一團即

「父子不離」。定心「不居中間與兩頭」，「月船不犯東西岸，始信船工用意良」（宏智正覺），萬松老人云：「正當石女機停時。已早木人路轉。正當夜色向午處。已早月影移央。」「正倒時便起。正起時便倒底時節。」這也稱為「揑聚時放開，放開時揑聚」。這即是「鉤鎖連環首尾相接」（「雙收雙放」）。正偏兼帶境界兩個次第，定心若金針不動，是理事無礙法界。定心「不出不入」，「不放開不揑聚」，即謂理事無礙法界，宏智正覺云：「如何是不來不去底人。峰云。石羊逢石虎。相見早晚休」。又說，「如何是不來不去底人。師云。石女喚回三界夢。木人坐斷六門機」。此謂理事無礙法界。若涅槃佛性混融一體不分彼此。即到正偏兼帶的極則：事事無礙法界，到此即證一切種智。

理事無礙法界中理事（本體與現象）交互呈現，金針雙鎖在本體界與現象界建立「玉線貫通」，意謂在本體界與現象界「曲為今時潛通劫外」。理事無礙是正偏兼帶的初階，事事無礙是高級次第，乃是大乘中道不二法門的基礎。正偏兼帶極則境界涅槃佛性混融一體，即是事事無礙法界，也是「一心三觀」，即中道不二法門的境界。「色空同時」不分先後，有無同時成立，六相義同時成立。到此證得一切種智。「惑障清淨，種智圓滿」，證得佛果。

《指月錄》云：「兼帶者即冥應眾緣。不隨諸有。非染非淨。無正無偏。故云虛玄要道無著真宗。從上先德。推此一位最妙最玄」即謂「正偏兼帶」，這是「金針雙鎖玉線貫通」而「鉤鎖連環」的向上定境。這是十分玄妙的定境。「正當十五日」證得「正偏兼帶」。這是「理事無礙」與「事事無礙」境界的禪定基礎，也是大乘中道理論的禪定基礎。禪師在理事無礙法界驗證佛性作為第一因宇宙本體的作用。在正偏兼帶境界，若涅槃佛性混融一體則是事事無礙法界。到此證得一心三觀，大乘中道，一切種智。由此證得那伽定，即妙覺佛位。禪宗各家皆有特殊的「心要」，這需要「心心相印」的實證。禪宗各家到此境界禪定修習的理路完全一致。

九、理事無礙法界

由正偏兼帶證入理事無礙法界，尚有現象呈現。宏智正覺云「影流萬象心鏡空」，表明雖有現象呈現，菩薩意根久滅心無所動。菩薩「見相不生癡愛業」。菩薩通過「宇宙本體」的視角觀察一切，到此「十方大地是全身」。佛性「撒手懸崖下，分身萬象中」，佛性本體可以與現象的本體互相感知，因為佛性本體「身先在裡」。菩薩佛性可以感應事法現象，事法也可以觀照菩薩。如同兩面鏡鑒照，到此境界須知「萬象森羅。同成正覺」。菩薩的佛性觀照萬法，菩薩仍然具有觀察者立場，故謂「驢覷井」。理事無礙法界則「井覷驢」。如同兩面鏡互相鑒照。到事事無礙即是百千明鏡相互鑒照，謂之「井覷井」。筆者摘錄禪師語錄供讀者理解。

菩薩長期修證進入正偏兼帶，「捏聚時放開放開時捏聚」要極深湛的工夫。正偏兼帶的初級境界即理事無礙法界。理事無礙的「理」（本體）是佛性，「見色即空」的「空」不分涅槃或佛性。菩薩可見現象，見色與觀空之間尚須轉換。現象雖然呈現卻轉瞬即逝，凡夫見到現象加以區別，菩薩卻「無動於心」。菩薩的佛性與「身先在裡」的萬法的佛性本體是「一家人」，故此互相感應。這樣的感應直接驗證佛性乃是生成萬法的本體。經云「若能轉物即同如來」。菩薩佛性即是萬法的本體，這裡絕無主客能所之分。菩薩意根久滅，「以無差別智入有差別境」。菩薩「見相非相。即見如來」。凡夫見相以為「實有」。菩薩見相則「洞然全是釋迦身」，因為涅槃佛性本質相同。南泉普願說「世人見此一株花，如在夢中也似」。即由於世人只見現象不見本體。菩薩觀照下塵塵剎剎皆是「法身」。理事無礙法界菩薩見色即是「觀空」。世法佛法打成一片，世間相常住，最終證得差別智。

圓通善國師（**雲門宗**。**嗣佛覺**）《**續燈錄**》云：

示眾。舉雲門觀音買糊餅話。師曰。韶陽老人。可謂唱彌高和彌寡。如今卻向延聖拂子頭上。入方網三昧。東方入定西方起。乃至。男身入定女身起。還會麼。野色更無山隔斷。天光直與水相接。

佛教認為三界（現象界）是火宅地獄，天堂即涅槃本體界，本體界與現象界本來不通。而「金針雙鎖玉線貫通」的奧秘之一即打通本體界與現象界。夾山善會說「青山與白雲。從來不相到」，他又說：「機絲不掛梭頭事。文彩縱橫意自殊」。闡明金針雙鎖在「機絲不掛」的涅槃本體界與萬象齊彰的佛性現象界經過「玉線貫通」聯繫起來。定心在寂滅的涅槃本體界與文彩縱橫的經驗世界「潛通一線」。禪師謂此「曲為今時潛通劫外」。又說「官不容針私通車馬」、「無須鎖子兩頭搖」、「野色更無山隔斷，天光直與水相接」。禪宗證入金針雙鎖境界，本體界與現象界發生直接聯繫，這是禪宗對本體界與現象界之間「潛通一線」的偉大發明。而在金針雙鎖正偏兼帶的境界，菩薩驗證佛性作為萬法本體的功用。定心進入首楞嚴大定則萬象齊彰。正偏兼帶建立在「金針雙鎖玉線貫通」而「鉤鎖連環」的禪定之上。也在這樣的功用下，菩薩實證佛性生成現象界的宇宙本體作用。佛性在建化門頭建立萬法，進入涅槃則「由偏入正」。人類自古以來就探索事物背後的「本體」，西方哲學的「本體」只是思辨的推理。「宇宙本體」只是理論上的概念而已。而中國禪宗卻在禪定實踐中驗證「本體」的存在以及建立世界的作用。驗證精神性的宇宙存在著精神性的宇宙本體，現象界的宇宙本體即是「佛性」，即是首楞嚴大定的定心，謂之「萬法歸一」，而《信心銘》謂「一有多種」，揭示宇宙本體是一個多元多層次的結構。這是人類思想史上卓絕的創見。人類的高級宗教都有「造物主」的意涵。禪宗「實證本體」在正偏兼帶的境界得到真實的驗證。古往今來萬千修證者通過禪定修證契合精神性的宇宙本體，由此解脫生死。

佛性與清淨涅槃同質。而清淨涅槃與客觀存在的絕對本體同質。因此佛性具有大眾共有的一致性。人人具備的佛性乃是萬法的共相種子。因此萬象紛紜的大千世界具有一致性。菩薩心內世界與眾生所見具有一致性。佛性是世俗世界森羅萬象的本體。「偏」即謂首楞嚴佛性，也可以指現象界。「玉線貫通」的意義在於驗證首楞嚴定心作為宇宙本體的作用。禪師謂「御樓前驗始知真」。御樓喻涅槃，御樓前比喻佛性。意謂證得佛性可以驗證其宇宙本體之作用。菩薩具有「五眼」，菩薩看來現象當體即空，「如印印空如鏡照像」，現象直接連通本體。理事無礙法界「山是山水是水」，法住法位，世間相常住。

禪師說「從自己胸中流出蓋天蓋地去」、「十方世界是全身」表明如來藏佛性即是一切現象的本體。佛性（法身）本身作為精神性的實體存在，具有佛智與特殊知覺。例如佛有五眼。菩薩肉體尚在，雖不能離開色身別立法身，但是法身不能混同色身。佛菩薩要驗證如來藏佛性的本體作用，佛眼可見森羅萬象山河大地。菩薩面對森羅萬象的世界，現象如同「光影」無所執著。大定定心在本體界與現象界「潛通一線」。正偏兼帶即建立於「金針雙鎖」的禪定工夫之上。菩薩具備「正偏兼帶」的能力，菩薩實證本體，親自驗證真心佛性生成顯現現象界的宇宙本體作用。

入就瑞白說：「見色非關眼上能。時人休向眼中親。應知那律非循目。智鑒圓明耀古今」，禪師常說

「擺瞎娘生眼」。菩薩見色乃用定心所具的阿那律多眼、佛眼。佛眼能見到凡夫能見的森羅萬象，與萬法背後的佛性本體互相感應。佛性本體建立萬法，菩薩觀照下「萬象之中獨露身」。對菩薩而言「十方大地是全身」。菩薩定心與萬法圓融一體，世法佛法打成一片。「塵塵剎剎是我」（宏智正覺），菩薩沒有主客之分。菩薩具有佛眼與凡夫娘生眼兩個感知系統，否則菩薩無法得知「見山不是山見水不是水」。菩薩出世時內心感應的現象界與其肉眼所見眾生世界不同，還要修煉才能打成一片。

菩薩利用故我肉體在人間普度眾生，定心具備三身四智五眼，其肉眼所見與凡夫相同。菩薩在理事無礙法界全是現量直觀，定心所感知事法現象猶如鏡像。「如印印空如鏡對相」，形容菩薩雖能分別諸法相，而內心卻「心如止水」，更無「愛憎」等心念。內心不起凡夫之念，更不會執著於「貪嗔癡」，禪師謂「見相不生癡愛業」。宏智正覺禪師說「影流萬象心鏡空」。在法界量未滅的情形下，久行菩薩處於理事無礙的境界。長靈守卓禪師說：「菩薩開眼見個什麼，脫殼烏龜飛上天」，即形容菩薩處於正偏兼帶理事無礙的境界。理事無礙法界，「現象」呈現剎那即逝。宏智正覺禪師云：「借來聊爾了門頭（當處發生）。得用隨宜即便休（隨處滅盡）」。菩薩意根久滅，萬象對心鏡一閃而過，內心無差別無「印象」。天衣義懷云：「雁過長空，影沉寒水。雁無遺蹤之意，水無留影之心」。現象是現象，本體是本體。「全水是波波非水，全波是水水自殊」表明理事不同。理事相奪相侵甚至「理事俱泯」（「兩刃交鋒」）。佛眼所見與肉眼所見「重合」才能說「見山是山見水是水」，即理事無礙法界。「彌勒真彌勒，化身千百億，時時示時人，世人皆不識」。宏智正覺頌云「堂堂要識補處尊」，意謂佛眼觀照下識別萬象含蘊的佛性本體。現象與佛性即「自家人」。萬法本體即「佛性本體」，宏智正覺云：「我不見有分外底他。他不見有分外底我。」「驢覷井」、「井覷驢」乃至「井覷井」，萬法互相鑒照。這裡沒有觀察者也沒有作為「對象」的客體，事物的本體與菩薩的大定定心都互相感應。理事無礙法界存在現象，不過「須臾之頃返色歸真」（真歇清了）。禪師常說「見色明空」、「見色無非觀空」，即指理事無礙法界。「空」指謂本體。《心經》說：「色不異空空不異色」即形容理事無礙法界。「色即是空空即是色」則形容事事無礙法界。《心經》這兩句話表明兩個境界的不同。理事無礙法界有很多比喻、公案等。禪師以「如今看來火裡冰」、「紅爐上一點雪」來形容正偏兼帶理事無礙。這即是「真俗混同」境界。

菩薩「見色無非觀空」。現象是現象，本體是本體，理事有別。菩薩使用「佛眼」觀察世界。須知凡夫的五根皆是「現量」。菩薩的理事無礙法界，佛眼觀照下森羅萬象「萬法皆空」。此處的「空」意味佛性本體。菩薩的首楞嚴大定的定心即是佛性本體，與萬法含蘊的佛性本體互相感應，理事無礙法界在菩薩正眼看來「色不異空」，萬法之本體即「佛性本體」，即「真妄和合」的「真心」。因此「建化門頭」可以建構萬法。菩薩具有特殊的知覺系統，可以知覺萬法，《楞嚴經》說「首楞嚴大定」「六根互用」。菩薩「見色也頭頭彌勒。聞聲也處處觀音」（宏智正覺）。菩薩雖然知覺現象，卻與凡夫不同。在意根久滅的情形下，知覺萬象卻「不染萬境」。菩薩消融俗諦的六根六識，意根久滅。「塵塵剎剎」在菩薩看來即是「佛性本體」。此謂「山河與大地，全露法王身」、「萬象之中獨露身」。《信心銘》說「六塵不惡還同正覺」的「六塵」正是佛性本體。

金針雙鎖境界定心進入首楞嚴則佛性出世，定心「百花叢裡過，一葉不沾身」。大定定心不受污染。此即「入則不居陰界，出則不涉眾緣」。簡單地說，此謂「正不立玄偏不附物」。佛性出世謂「卻著衫來作主人」，這意味佛性定心成為菩薩的主人公。正偏兼帶建立在「鉤鎖連環血脈不斷」的禪定境界。「涅槃佛性」共處一身，將劫外的本體界與世塵的現象界聯繫起來。金針雙鎖鉤鎖連環並非曹洞宗一家之道，禪宗無論門派，菩薩的禪定境界都是如此。陳睦州說「揑聚放開」與「金針往復」意思相同。「揑聚」指菩薩禪定意識進入涅槃不見一色。「放開」指菩薩進入首楞嚴大定。佛性生成萬法，陳睦州說：「盞子落地。楪子成八片」，意指八識，表明放開時可見「世界」。揑聚意味清淨涅槃，正位。陳睦州故云：「伏惟尚饗」，故此睦州「斂手而坐」，乃表徵無漏滅盡定。禪師常常稱呼涅槃為「死」、「地獄」、「黃泉」等。禪師對定心在不同定境變換的情形，除了「金針雙鎖」，有謂「舒卷」、「把住放行」。

圓悟克勤開悟詩云：「少年一段風流事，只許佳人獨自知」，意謂證得正偏兼帶，其師五祖法演大喜。今人竟然目為豔詩，甚至寫文章嘲諷。正偏兼帶乃證成佛位必經之路。多有不懂正偏兼帶的禪和子偽裝大師胡說妄語。禪師常以「難兄難弟」、「父子」、「鴛鴦」、「寒山拾得」、「知音」來比喻。

《宗鏡錄》云：

> 佛眼具五眼。佛智具三智。王三昧一切三昧悉入其中。首楞嚴定。攝一切定。**如來雖具五眼。實不分張**。只約一眼。備有五用。能照五境。所以者何。佛眼亦能照色。如人所見。亦過人所見名肉眼。

無門慧開云：

久久純熟。自然內外打成一片。便與虛空打成一片。便與山河大地打成一片。便與四維上下打成一片。豈不見道盡大地是學人自己。盡大地是個解脫門。盡大地是沙門一隻眼。盡大地撮來如粟米粒。心包太虛量周沙界。空生大覺中。如海一漚發。東弗於逮。西瞿耶尼。南贍部洲。北鬱單越。上至非非想天。下至風輪水際。不消一個咳嗽。周匝有餘。若向個裡見得。無三界可出。無涅槃可證。情與無情同成正覺。地獄天堂皆為淨土。智慧愚癡通為般若。

長靈守卓云：

菩薩觀色即是見空。觀空莫非見色。衲僧家。總不動著。尋常開眼。見個什麼。脫殼烏龜飛上天。

「脫殼烏龜」、「八角磨盤」云云，乃是怪異的色相，在菩薩正眼看來，只是「空」（本體）而已。故謂「菩薩觀色即是見空」。

密庵咸傑云：

上堂。僧問。世尊道。見見之時見非是見。見猶離見。見不能及時如何。師云。一槌擊碎。進云。只如山河大地。日月星辰。樅然前陳。離見見底。是個什麼。師云。分身兩處看。

愚庵智及云：

上堂。教中道。見見之時。見非是見。見猶離見。見不能及。顧左右召大眾云。還見麼。一等共行山下路。眼頭各自看風煙。

真歇清了云：

根底透漏絕消息。盡卻今時。一味恁麼去。忘蹤忘跡無方無所。沒涯際。絕畔岸。揚眉瞬目千里萬里。有什麼開口處。但隨分著此精彩。風塵草動觸境遇緣。盡底承當更無別法。千變萬化自然打成一片。常光現前。任運不昧。只個一片常光亦須忘了。喚作智不到處。切忌道著。道著即頭角生。珍重。

《信心銘》（三祖）真歇清了注解「須臾返照，勝卻前空」：

拈云。你待翻款那。前來道遣有沒有從空背空。如今卻道須臾返照勝卻前空。將謂你這漢不瞥地。前頭不了萬法全真。遣有沒有。如今會一切色法當體即真。更不遣有。既會萬法為自己。無一法可當情。照徹千差直下便是。須臾之頃返色歸真。更不離色而觀空。即當體而無相。喚作見色便見心。所以勝卻前空。參到這個田地關捩子一轉。日用之間阿轆轆地。更無迴避處。

真歇清了評《信心銘》說「須臾之頃返色歸真」，表明在菩薩理事無礙法界，所謂見色無非觀空，現象與本體並非同時呈現。現象與本體有轉換過程。「須臾之頃返色歸真。更不離色而觀空。即當體而無相。喚作見色便見心。」

雪竇重顯云：

僧出問：「遠離翠峰祖席【涅槃】，已臨雪竇道場【佛性】，未審是一是二？」師曰：「馬無千里謾追風。」曰：「恁麼則雲散家家月。」師曰：「龍頭蛇尾漢。」

「遠離翠峰祖席」謂涅槃，「已臨雪竇道場」謂佛性。龍頭蛇尾謂正偏兼帶。

楚石梵琦云：

凡聖同居常寂光。各有生涯無欠少。大千捏聚一毫芒。如來藏裡珠。呈似山僧看。拂袖出門去。迅雷同閃電。泥塑金毛師子兒。野干之輩何能為。

宏智正覺云：

巍巍堂堂。萬象之中獨露。明明歷歷。百草頭上相逢。我不見有分外底他。他不見有分外底我。他不外我。則聲色塵消。我不外他。則見聞情脫。所以道。世界爾。眾生爾。塵塵爾。念念爾。且道。如何行履。得與麼相應去。還會麼。一機冥運道樞靜。萬象影流心鏡空。

形容正偏兼帶理事無礙境界，「我」謂本體，與現象不分「你我」。宏智正覺禪師云：「借來聊爾了門頭（當處發生）。得用隨宜即便休（隨處滅盡）」，表明現象只是「當處發生」，在理事無礙法界，現象「得用隨宜即便休」，現象刹那間「返色歸真」。佛性本體透過現象而卓卓呈現。理事無礙法界，定心雖處於兩個定境，卻有隱顯、前後之分，所謂「相隨來也」。理事無礙境界，現象本體交互呈現而有「先後」。在理事無礙法界，現象與本體並非同時呈現。

菩薩見色無非觀空。理事無礙法界有現象呈現。雖有色相而菩薩之心毫無所動。菩薩佛性能夠感應萬法背後的佛性本體，因為「身先在裡」，故此「十方世界是全身」。所謂「要識堂堂補處尊」，即要識別現象後面的佛性本體。菩薩的佛性與「身先在裡」的萬法含蘊的佛性本體是「一家人」，故此互相感應。這樣的感應直接驗證佛性乃是萬法的本體，經云「若能轉物即同如來」。成佛者佛性即是萬法的本體，這裡絕無主客能所之分。我們知道菩薩意根久滅，雖見萬象內心不動。「以無差別智入有差別境」。宏智正覺云「如印印空如鏡照像」。凡夫只見現象不見本體，菩薩穿透現象感應本體。佛鑒慧勤頌：「彩雲影裡仙人現。手把紅羅扇遮面。急須著眼看仙人。莫看仙人手中扇」，即以仙人喻本體。菩薩「見相非相。即見如來」。凡夫見相以為「實有」，菩薩見相則「洞然全是釋迦身」，菩薩觀照下塵塵刹刹皆是「法身」。理事無礙法界理事交互顯現。若理事俱時顯現，涅槃佛性混融一體不分彼此，則是事事無礙法界。

應庵曇華云：

上堂。舉僧問法眼。如何是曹源一滴水。法眼云。是曹源一滴水。師云。法眼恁麼說話。眼觀東南。意在西北。忽有人問薦福如何是曹源一滴水。只對佗道。死。久立。

曹源一滴水，凡夫看是水，法眼所說，意謂曹源一滴水乃是佛性本體。理事無礙境界，世法佛法打成一片。「眼觀東南。意在西北」，即謂理事無礙法界。

曹源道生云：

僧云。如何是理事無礙法界。師云。淨瓶裡吐唾。鉢盂裡屙屎。一大藏教盡在龜峰指甲縫裡。展開則彌綸三界。囊括十虛。玉轉珠回。輝天鑒地。捏聚則綿綿密密。不漏絲毫。三乘罔測其由。千聖罕窮其際。不放開。不捏聚。一多相入。理事圓融。一門通貫一切門。一法遍含一切法。普使人人。三百六十骨節。一一現無量妙身。八萬四千毛端。頭頭彰寶王剎海。到這裡。入息不居陰界。出息不涉萬緣。常轉如是經。百千萬億卷。

曹源禪師表明「不放開。不捏聚。一多相入。理事圓融」即理事無礙法界。「雲在青天水在瓶」、「鉢裡飯」、「水中魚」等皆形容正偏兼帶。而「荒田不揀拈來草」，塵塵剎剎無非佛性本體之珠，謂事事無礙法界也。

涅槃本體的大用在於生成佛性。「正中來」的最後階次是禪定意識經歷涅槃轉身退位佛性出世。鼓山元賢謂「無中有路隔塵埃」，意謂佛性在心內建立的世界與眾生世界未能重合，尚須證到正偏兼帶理事無礙法界，佛法世法打成一片。岩頭全奯禪師教訓雪峰義存：「直須向自己胸襟流出。將來與我蓋天蓋地」，即佛性建立世界，所謂「十方大地是全身」。禪師需要長時間「金針雙鎖」的修煉才能進入正偏兼帶理事無礙法界，從「見山不是山見水不是水」到「見山是山見水是水」。「法住法位世間相常住」。定心金針往復，定心進入涅槃則「水泄不通。緇素難辨」。進入首楞嚴則佛性出世建立現象界，「高低一顧萬象齊彰」。

佛性建立的世界（今時）與「劫外」的涅槃本體「潛通一線」。金針雙鎖境界中，禪定意識在涅槃與首楞嚴大定之間優游往復。這樣在本體界與現象界打通一線，此謂「玉線貫通」。禪宗以「今時」形容現象世界。菩薩具有特殊的知覺系統，可以知覺萬法，《楞嚴經》說「首楞嚴大定」定心具備「六根互用」的功能。在意根久滅的情形下，可以知覺森羅萬象。菩薩雖然可以知覺現象，卻與凡夫不同。菩薩知覺萬象卻「不染萬境」。凡夫的「六塵」是真心受到無明染污形成阿賴耶識而生成的現象。凡夫的「六塵」對菩薩即是心內的「佛性本體」。佛性乃是萬象的本體。三祖《信心銘》裡所說「六塵不惡還同正覺」，表明「六塵」對菩薩而言正是佛性本體（「見色無非觀空」）。凡夫只見現象不見本體，菩薩穿透現象直接感應本體。「借來聊爾了門頭」的現象不能遮蔽本體。

楚石梵琦云：

譬如虛空體非群相。而不拒彼眾相發揮。然而青不自青。黃不自黃。赤不自赤。白不自白。但是意識。於中搏量。是青是黃。是赤是白。意識不起。根境湛然。水之與波。拳之與掌。卷舒開合。豈有兩般。動靜去來。曾無二致。

「虛空體非群相。而不拒彼眾相發揮」表明「虛空」即本體，虛空「不拒彼眾相發揮」，意謂「理不奪事」而圓融無礙，這是理事無礙的要義。

「圓湛虛凝道體也。展縮殺活妙用也。善遊刃能操守。如珠走盤如盤走珠。無頃刻落虛。亦不分世法佛法。直下打成一片。所謂觸處逢渠。出沒縱橫」（圓悟克勤）。我們要理解「正偏兼帶」，才能理解「雙明雙暗」，定心在涅槃也在首楞嚴大定，「一腳門裡一腳門外」，「內君外臣」才能「丹宵把手共君行」、「夜深同看千岩雪」。臨濟義玄禪師云「在家舍不離途中，在途中不離家舍」。涅槃佛性猶如明鏡，涅槃為「鏡體」，佛性如「鏡面」。兩者合體「前釋迦後彌勒」才能生成萬法。理事無礙法界，世法佛法打成一片。所謂「見山是山見水是水」。這是菩薩入廛垂手普度眾生的日常禪定狀態。理事交互顯現。金針雙鎖要「鉤鎖連環。血脈不斷」。禪師以「月」比喻涅槃本體，以「水中月」比喻佛性。「水分千月」比喻人人皆有佛性。菩薩入廛垂手普度眾生。佛性首楞嚴定心即是現象世界的本體。「放開」指禪定意識具有類似凡夫的八識。菩薩已經脫胎換骨識陰盡，意根早滅。《楞嚴經》謂：「圓明了知不因心念」。菩薩利用「首楞嚴定心」的六根，具有佛之見聞覺知。林泉老人云：「以至六根六塵六識時時應現，如印印空如鏡對像」，六祖慧能說：「雖有見聞覺知不染萬境。」如同嬰兒雖有見聞覺知而不區別執著。宏智正覺云：「借來聊爾了門頭（當處發生）。得用隨宜即便休（隨處滅盡）」，「借來現象」而已。菩薩「見色」後「須臾之頃返色歸真」（真歇清了）。菩薩在理事無礙法界與眾生的見處不同，佛眼感應萬法以及萬法後的佛性本體。所謂「見色明心」。理事無礙法界理事交互呈現。如果涅槃與佛性混融一體，理事俱時顯現，則是事事無礙法界。

《請益錄》萬松老人云：

師云。洞山囑曹山云。吾於雲岩先師。親印寶鏡三昧。事窮的要。今付授汝。汝善護持。寶鑒澄明驗正偏。豈非雞唱家林。鶴老雲松。正偏之驗耶。鏡雖明而有背面。唯玉機轉側遞相綺互，雙明雙暗兼到之方也。

「唯玉機轉側遞相綺互」，謂體用的辯證關係，以對方的存在為己方存在的條件。體用、理事皆以對方為存在的條件。鏡體（背面）與鏡（佛性）不可分離。「鏡雖明而有背面」。萬松老人之言正矣。

正偏兼帶境界，禪師說「夜深同看千岩雪」、「誰共澄潭照影寒」、「夜深誰共御街行」。「共行」、「同看」意謂「雙眼圓明」。此謂「雙遮雙照」、「雙明雙暗的時節」。正偏兼帶，正謂涅槃正位，偏謂首楞嚴佛性。就理事而言，理即涅槃（釋迦身），事即佛性所生事法。「凡聖分離正偏兼帶」是菩薩最奧妙的境界。「前釋迦後彌勒」共同成就「佛真法身」。「佛真法身猶若虛空。應物現形如水中月」，萬松老人特別講解這句話，強調兩句不能分開理解。「虛空」謂清淨涅槃。而「應物現形如水中月」是佛性的大用。「佛真法身」乃是「前釋迦後彌勒」的共同體。菩薩所見，「山河與大地，全露法王身」，「遍界不曾藏」即是萬象的佛性本體。菩薩所感知的正是萬象背後的佛性本體，菩薩處於正偏兼帶理事無礙法界，涅槃是生成首楞嚴大定之本體，所謂「理體法身」或謂自體用。首楞嚴佛性則直接生成萬法（「佛」即宇宙本體）。這是在禪師心內產生的世界。禪定意識遊走到首楞嚴佛性這邊，「大地全開。十方通暢」，佛性建立森羅萬象的現象界，故云「高低一顧萬象齊彰」（雲門文偃）。定心雖然在「這邊那畔」往復優游，佛性出世即森羅萬象（「放開」），回到涅槃即冰冷寂滅，正偏兼帶境界，「世法佛法打成一片」才是「理事無礙」。佛性出世建立世界，初始階段菩薩心內的「世界」與世俗凡夫的現象界尚未「完全重合」。即「見山不是山，見水不是水」（青原惟信）。香林澄遠說：「老僧四十年才打成一片」，即「見山是山見水是水」，到此「法住法位、世間相常住」，菩薩肉眼所見與佛眼所見重合，菩薩利用佛眼觀照來驗證「山是山水是水」。這當然是正偏兼帶理事無礙的境界才具備的。

宏智正覺云：

僧問九峰。如何是向去底人。峰云。寒蟬抱枯木。泣盡不回頭。如何是卻來底人。峰云。蘆花火裡秀。逢春恰似秋。如何是不來不去底人。峰云。石羊逢石虎。相見早晚休。是須恁麼恰恰相應。理事貫通。往來無礙始得。

僧問。如何是向去底人。師云。白雲投壑盡。青嶂倚空高。進云。如何是卻來底人。師云。滿頭白髮離岩谷。半底穿雲入市廛。進云。如何是不來不去底人。師云。石女喚回三界夢。木人坐斷六門機。

「石女喚回三界夢。木人坐斷六門機」形容正偏兼帶。佛性生成世界故以「三界夢」表述，「木人坐斷六門機」形容涅槃。「不來不去」謂理事無礙法界。

菩薩在金針雙鎖的境界經過修煉進入「理事無礙」法界，對初學者而言，佛性出世初始尚不能進入理事無礙法界，要經過長期修煉。佛性出世，即是涅槃本體的大用。佛性在心內建立世界。菩薩心內世界與眾生世界未能重合。尚須金針雙鎖直到正偏兼帶理事無礙。佛法世法打成一片。岩頭全奯禪師教訓雪峰義存：「直須向自己胸襟流出。將來與我蓋天蓋地。」意即佛性建立世界。所謂「十方大地是全身」。「正中來」的最後階次是佛性出世建立世界。「無中有路隔塵埃」意謂初始菩薩心內世界與眾生現象界尚未「完全重合」。故謂「見山不是山見水不是水」。鼓山元賢頌「正中來」說「未與塵境合」，表明禪師需要長時間「金針往復」的修煉進入「正偏兼帶理事無礙」法界，「世法佛法打成一片」，才能「見山是山見水是水」，「法住法位世間相常住」，如此方「與塵境合」。定心在「這邊那畔」遊走，定心進入首楞嚴大定即佛性出世顯現森羅萬象（「放開」），定心進入涅槃則寂滅無物（「捏聚」）。

菩薩所感知，「山河與大地，全露法王身」，「萬象之中獨露身」，「遍界不曾藏」即是萬象的佛性本體。菩薩的佛性與萬象背後的佛性本體本是一體，故云「身先在裡」。菩薩「雙遮雙照」，即是正偏兼帶法界。菩薩佛眼所見，「見色無非觀空」（本體），此即「見色明心」。法眼文益禪師示眾云：「見山不是山。見水何曾別。山河與大地。都是一輪月。」此處「一輪月」比喻涅槃本體，菩薩當體即空。萬法無非本體，即謂「菩薩見色無非觀空」。「心外無法，滿目青山」皆謂此境界。此處涅槃佛性不分開解說。

《虛堂集》林泉老人云：

師云。體空成事。任妄念而漂沉。不變隨緣。守真心而寂滅。不有妙覺其孰能達斯理乎。況此白雲搖曳碧落清明。檻外岩前天涯海角。無心而出【觸事而真，當體即空】。應緣舒卷而濟物無私。有感必通知時休沐而潤澤有准。隨風浩蕩映日飄颻。若垂天之翼悠悠漾漾者哉。

猶事理之相兼。真俗之通貫。體用之雙彰。境智之相半。綿綿密密雄雄堂堂。所以金刀剪不開也。既幽洞不拘關鎖。想縱橫必使優游。此實近取諸身遠取諸物。以喻本分事之不本分也。其或於此未明。獨鶴有時常伴水。好雲無事不離山。

林泉老人在此形容菩薩的禪定意識在清淨涅槃與首楞嚴大定之間往復來回不曾間斷。此即金針雙鎖。此處解釋：事理雙明即兼帶：「猶事理之相兼。真俗之通貫。體用之雙彰。境智之相半。綿綿密密雄雄堂堂。所以金刀剪不開也。」《空谷集》云：「此恰與無須鎖子兩頭搖的眼腦雙生來相似。非唯難弟難兄。況乃無彼無此」。公案的妙年王子比喻大定定心，時而父時而子。在世俗的世界禪師要在人間活動，要上堂講法，菩薩禪定意識金針雙鎖正偏兼帶，處於理事無礙法界，「獨鶴有時常伴水。好雲無事不離山」意謂父子不離。

理事無礙法界，現象與本體先後呈現。定心在兩個境界變換尚有前後之分。這個變換是有「過程」的，這即是說定心並非「同時」處於涅槃佛性的定境。禪師說「夜深同看千岩雪」、「誰共澄潭照影寒」、「夜深誰共御街行」等表示正偏兼帶，卻並非觀照「同時」。若「同時」則是事事無礙法界。理事無礙法界已經是金針雙鎖鉤鎖連環的高級境界，世法佛法打成一片。

菩薩定心進入金針雙鎖講究「鉤鎖連環血脈不斷」、「捏聚時放開放開時捏聚」，禪定意識「自由自在」，正偏兼帶理事無礙法界。菩薩「見色無非觀空」，菩薩定心或「涅槃」或「世界」（佛性），故云「有時萬象有時空」（入就瑞白），世法佛法打成一片。在世法中識別「不區區的」佛性本體（此處涅槃佛性不分），正偏兼帶境界即理事無礙的禪定基礎。須知理事無礙的「理」（本體）是佛性本體，理事無礙法界有現象呈現，而現象背後的本體是佛性，佛眼觀照下，「見色無非觀空」。「要識堂堂補處尊」。菩薩的佛性與萬法的佛性本體本是「一家」互相感應。

禪師在世俗世界要在人間活動，要上堂講法，菩薩禪定意識正偏兼帶，處於理事無礙法界，若涅槃佛性渾融一體即事事無礙法界，沒有現象謂「理奪於事」。帝釋網珠體皆是佛性如來藏本體。塵塵剎剎「磕著觸著」的皆是佛性本體，如此任何珠體皆可展現一個宇宙，重重無盡，則是最玄最妙的禪定境界。

理事無礙法界尚有事法現象的呈現，理事並非同時顯現。體用理事還是「兩個」。定心進入涅槃境界時佛性如影隨形。此謂「丹霄把手共君行」，涅槃佛性父子不離。正偏兼帶理事無礙境界，一念心起即入空寂涅槃，後念心起則入楞嚴佛性建立萬象。菩薩要活動，要上堂講法，處於理事無礙法界。

理事無礙法界如同萬松老人所謂「交互明中暗」，真歇清了云：「是以金針密處不露光芒。玉線通時潛舒異彩。雖然如是。猶是交互雙明」。這裡交互雙明意謂先有現象後現本體，現象與本體並非同時呈現而有轉換過程。「須臾之頃轉色為真」（《信心銘》真歇清了注）。正偏兼帶理事無礙法界，世法佛法打成一片。

十、事事無礙法界

宏智正覺云：

妙協兼帶也。那時超宗越格。功盡智忘。密密有合體底時節。方名妙協。

定心「鉤鎖連環」進入正偏兼帶，定心兼攝涅槃與佛性。初始尚「正去偏來」。高級次第則密密有合體底時節。涅槃佛性混融一體謂「合體」，即事事無礙法界的定境。正偏兼帶是事事無礙法界的禪定基礎，是大乘「中道」的禪定基礎。萬松老人云「天童內君外臣。建立雙照時節」，又云「雙明雙暗兼到之方也」。定心兼攝涅槃與佛性，即「內君外臣」的定境。在兼帶境界才有「雙遮雙照」。正偏兼帶境界，定心「同時」含蘊涅槃與佛性（首楞嚴）。

定心往復鉤鎖連環，進入正偏兼帶乃至雙遮雙照，雙明雙暗，進一步則有「遮照同時。遮照不立。然後同時即不立。不立即同時」。「遮照同時。遮照不立」謂理事「俱時顯現」或「俱時不立」。此時體用、理事、因果不分。進入事事無礙法界，現象與本體同時呈現（「金與獅子俱時顯現」，《華嚴經》），六相義同時成立。成壞、有無、因果同時成立。事事無礙法界現象本體「互相傾奪」，現象無法呈現，塵塵剎剎顯現真心本體，此即「本體」組成的因陀羅網，每個珠體含蘊一個宇宙，重重無盡，處處真身。「同時即不立。不立即同時」難以解釋。這裡「同時」極其重要。「把住時放行放行時把住」，定境轉身如同電光石火。這只能以「一心三觀」的「空假中」三諦圓融才能解釋。即大乘中道不二法門。到此證得一切種智，即入佛位。

「正當十五日」證得「正偏兼帶」境界。若涅槃佛性混融一體則是事事無礙法界。進入事事無礙法界，即「帝釋網」。證得「中道」、「一心三觀」，即證得一切種智，最終證入妙覺佛位，佛菩薩處於那伽定。謂之「擔水劈柴無非妙道」、「行亦禪坐亦禪」，「得的人，如愚若魯，終日閒閒的」。

《楞嚴經》云：

阿難。汝豈不知今此會中。阿那律陀。無目而見。跋難陀龍。無耳而聽。殑伽神女。非鼻聞香。驕梵鉢提。異舌知味。舜若多神。無身覺觸。如來光中。映令暫現。既為風質。其體元無。諸滅盡定得寂聲聞。如此會中。摩訶迦葉。久滅意根。圓明了知。不因心念。

「雙遮雙照」、「雙明雙暗」的「雙」指「雙眼圓明」（《從容錄》），即謂涅槃定心與首楞嚴大定的定心皆具觀照功能，兩者皆為「定體」具有感知即「智」。涅槃定心「寂而常照」，《宗鏡錄》云「故知入定涅槃。俱不可測。既知身在。已滅意根。圓明了知。不妨作用」。首楞嚴佛性也具有感知，此謂「佛之知見」。萬松老人《請益錄》云：「洛浦道。單明自己。法眼未明。此人只具一隻眼。若要雙眼圓明。除是不居陰界不涉眾緣。無影林中。高懸日月。不萌枝上。暗辨春秋始得」。即謂「出世不出世。各具一隻眼」（萬松老人），出世謂首楞嚴大定，不出世謂涅槃滅盡定。證得正偏兼帶境界才能「雙眼圓明」、「雙明雙暗」、「雙遮雙照」。涅槃佛性同時觀照萬法。

「遮」謂遮詮或否定、「照」即「觀照」，即「有」或謂「幻有」。「雙遮則非空非色」。「雙照」

即「雙照真俗二諦」亦謂「即空即色」。進一步，「非空」與「非色」、「空」「色」皆是「不二關係」。「空無」指涅槃「無」境。就大乘不二法門，有無不二、非有非無不二、非非有非非無不二。有無可以「不二」也可以「二」，有時不同有時同。《宗鏡錄》云：「空有無二。為雙照之中道。非空非有無二。為雙遮之中道。」湛然圓澄云：「雙遮則非空非色。非根非塵。乃至無智無得。雙照則即色即空。不增不減。以及不滅不生。」《萬善同歸集》（永明延壽）云：「雙照即假，宛爾幻存；雙遮即空，泯然夢寂。」菩薩證得差別智，「空有門中雙遮雙照。真俗諦內不即不離。」趙州從諗「狗子佛性」公案可資參悟。到此也未到極則。「非空非有無二」則「非空」「非有」同時俱立，即是「雙遮」。進一步肯定或否定「非非有」、「非非無」，「遮照不立」即否定「雙遮雙照」並超越「雙遮雙照」，進入百丈懷海所謂「三句外」的辯證境界，是更高級的「中道不二法門」。「雙照」不否定色，而色必須與空同時俱立，此謂「即色即空」，「雙遮」否定空的同時否定色，即謂「非空非色」。西田幾多郎所謂「絕對矛盾的自我同一」只是「中道不二法門」的低級次第。百丈懷海說「三句外」是「言語道斷，心行處滅」，乃是大乘中道不二法門的超越境界。這裡無法詳細解說。

「色」謂現象。「空」謂本體。「雙遮雙照」要以中道不二法門來理解。菩薩見色即觀空，色即是空。同時，色非色非空，是謂「雙遮」。理事無礙正偏兼帶境界，菩薩「見色無非觀空」。在正偏兼帶的境界，「夜深同看千岩雪」、「誰共澄潭照影寒」。與「涅槃本體」「同看」的即是佛性本體（父子不離）。定心同時含攝涅槃與首楞嚴佛性，這即是「雙遮雙照」（「明暗雙雙的時節」）。《碧巖錄》說要「絕機絕解」才能理解「誰共澄潭照影寒」。

正偏兼帶理事無礙的境界「世法佛法打成一片」。「圓湛虛凝道體也。展縮殺活妙用也。善遊刃能操守。如珠走盤如盤走珠。無頃刻落虛。亦不分世法佛法。直下打成一片」（圓悟克勤）。「捏聚時放開，放開時捏聚」，定心「內君外臣」才能「丹霄把手共君行」。

《請益錄》萬松老人云：

直須當存而正泯。在卷而亦舒。鉤鎖連環。謂之血脈不斷。然後雙遮雙照。更有遮照同時。遮照不立。直得帝網交羅重重無盡。始是圓頓一乘。更須知有遮照同時。遮照不立。然後同時即不立。不立即同時。放收諸門，更須知有向上一竅在。

佛教的心指意識卻非指連續的意識流，而是獨立的「斷點」。念念不相續，前念中念後念，念念際斷。「一念」可「一念萬年」、「一念千里」。「一心三觀」表明「真假空」在一心中同時成立。「同時」乃是事事無礙法界的要害。

湛然圓澄云：

以自在故。於一空中。雙遮則非空非色。非根非塵。乃至無智無得。雙照則即色即空。不增不減。以及不滅不生。誠能如是。何苦厄之不度。

天如惟則云：

且以空假中三觀論之。空觀觀真諦。假觀觀俗諦。中道觀中諦。而中道有雙遮空假雙照空假之二義也。遮照相即。一心三觀。

「寂而常照照而常寂」。涅槃生般若智慧可以觀照「真諦」，佛性觀照俗諦即森羅萬象宛爾幻存。所謂「菩薩見色無非觀空」。涅槃佛性各有佛智。「雙照」也謂「雙眼圓明」，禪定意識金針雙鎖的目的是保持定心與涅槃同質化。那麼回到「洞口」時與涅槃境界必有差別，必然是「兩個」，經過「回爐烹煉」才能「子歸就父」，而且要「重重烹煉」。涅槃只是「禪定境界」，須知「寶殿無人空侍立」，「子歸就父」剎那間定心與涅槃同質而成為涅槃定心。然而馬上轉身退位，佛性定心進入涅槃「空王殿」，所共者也就是「涅槃境界」。涅槃境界正念相續，寂而常照（妙覺）故謂「寂照」。涅槃具有般若智慧，禪師謂之「眼」，與佛性的觀照合稱「雙眼圓明」。明暗雙雙或謂雙明雙暗的時節，此時定心進入「雙遮雙照」、雙明雙暗的境界，才有「夜深同看千岩雪」。金針雙鎖偈曰：「金針雙鎖備。挾路隱全該。寶印當風妙。重重錦縫開」。鼓山元賢注云：「正必挾偏。偏必挾正。其一雖隱而弗顯。其實偏正無不全該也。」曹洞宗宗旨：「正雖正卻偏，偏雖偏卻圓」。正偏兼帶理事無礙即「雙明雙暗」，正偏兼帶的最高級境界是事事無礙法界。涅槃佛性一體不分，定心同時處於涅槃佛性兩個境界。

《宗鏡錄》永明延壽云：

今此空有無礙即是非空非有無礙。舉一全收。若以真同俗。唯一幻有。若融俗同真。唯一真空。空有無二。為雙照之中道。非空非有無二。為雙遮之中道。遮照一時。存泯無礙。故云離相離性。無障無礙。無分別法門。以幻有為相。真空為性。又空有皆相。非空非有為性。又別顯為相。總融為性。今互奪雙融。並皆離也。

雙遮非空非有，雙照即空即有。空有無二，意謂無即不無，有即非有。定心往復鉤鎖連環進入正偏兼帶境界，定心融攝涅槃與佛性。「高低一顧萬象齊彰」即理事無礙法界。久行菩薩處於正偏兼帶境界。進一步則到理事無礙法界。理事無礙法界尚有現象，若涅槃佛性彼此不分圓融一體，即涅槃佛性混融一體，則證入事事無礙法界。到此即是大乘中道不二法門的極則。到此證得「一心三觀」，以及「一切種智」。

「一心」無非「一念」，「一念萬年」、「一念千里」表明一念沒有時空限制。禪者念念際斷，前念中念後念並無關係。「一念」是禪宗重要概念。天台宗講：「一心三觀」謂「空假中」。「心」非連續意識流而「念念際斷」，故謂「空假中」在一念中同時成立。若一念心起，有無俱立，六相義同時成立，「三世古今始終不離於當念，十方剎海自他不隔於毫端」則是事事無礙法界。

事事無礙法界，即中道不二法門，證一切種智。簡單地說，即「一心三觀」同時成立。「涅槃佛性混融一體」，理事混融不分彼此。「上古今來成一體」、「徹底光明成一段」、「萬象明明無理事」即形容事事無礙法界。

正偏兼帶即「雙遮雙照」的基礎。涅槃佛性混居一身，定心處於「難解難分」的境界，然而既謂「雙」則還是「兩個」。「遮」即「遮詮」，是「否定」。雙遮即「非色非空」。「照」謂佛眼觀照的結果，是「有」或謂肯定。「雙照」即「雙照」空假二諦而即空即色。「雙遮空假、雙照空假」也謂之「雙遮雙照」、「雙明雙暗」。定心在「內君外臣」的情形下才能「雙照」。此時涅槃佛性「混居一身」，般若觀照「真諦」則萬法皆空，佛性觀照森羅萬象的「俗諦」即「有」。「雙眼圓明」即觀察「真空妙有」二諦則有無同時成立，即謂「二諦圓融」。

《宗鏡錄》永明延壽云：

如《永嘉集》云。以奢摩他故。雖寂而常照。以毗婆舍那故。雖照而常寂。以優畢叉故非照而非寂。照而常寂故說俗而即真。寂而常照故說真而即俗。**非寂而非照故，杜口於毗耶。斯則不唯言語道斷。亦乃心行處滅。**真諦非有世諦非無。二諦相成不墮邪見。是以俗諦不得不有。有常自空。真諦不得不空。空恆徹有。今時學者多迷空有二門。盡成偏見。唯尚一切不立拂跡歸空。於相違差別義中全無智眼。既不辯惑。何以釋疑。故云涅槃心易曉。差別智難明。**若能空有門中雙遮雙照。真俗諦內不即不離。**

《楞嚴經》道：「淨極光通達。寂照含虛空。卻來觀世間。猶如夢中事。」涅槃定境「正念」相續。涅槃寂而常照照而常寂。「照」即謂「觀照」或「照用」。涅槃具般若智慧，「般若無知無所不知」（《顯宗記》）。佛性具「佛智」而「六根互用」，故云「雙眼圓明」。這是正偏兼帶的境界具備的。涅槃佛性一體兩面，可分可不分，有時「一刀兩斷」，有時「父子不離」，兩者是辯證關係。「欲知兩段原是一空」（《信心銘》）。涅槃佛性，非一非二非同非異，時分時不分，有時是一有時是二，對此要下工夫看時節才能理解。須知此一念是「真如自性起念」（六祖），菩薩念念際斷。馬祖道一云：「前念後念中念。念念不相待。念念寂滅。喚作海印三昧。攝一切法。」《彌蘭陀王答問經》（即《那先比丘經》）中佛陀說，「（死亡）和再生是同時發生的」。這是大乘中道不二法門的要害。這裡「同時」（「一念」）是重要的奧秘。涅槃佛性混居一身正偏兼帶時才能「雙眼圓明」、「雙遮雙照」。

《指月錄》云：

正偏兼協。故云共功。猶之事理無礙也。功功猶之事事無礙也。

《宗鏡錄》云：

若觀此一念無明之心。非空非假。一切諸法亦非空非假。而能知心空假。即照一切法空假。是即一心三觀。圓照三諦之理。不斷癡愛起諸明脫。若水澄清珠相自現。此即觀行即也。三明證成者若證一心三觀。即是一心三智五眼也。若得六根清淨名相似證。即十信位也。若發真無漏名分證真實。即此是初住也。經云。一念知一切法是道場。成就一切智故。《大品經》云。有菩薩從初發心即坐道場。當知是菩薩為如佛也。《智度論》云。三智其實一心中得佛。欲分別為人說。令易解故。所以次第說耳。又總明三種三觀。一者別相三觀。二者通相三觀。三者一心三觀。一別相三觀者。歷別觀三諦。若從假入空。但得觀真。尚不得觀俗。豈得觀中道也。若從空入假。但得觀俗。尚未得觀中道。若入中道正觀。方得雙照二諦。

此三觀者。是不思議境。若闕一觀境智不成。故云不思議備收一切法。一切雖多十法界收盡。既其鎔融。一則具十成百法界。一界又具十如。一如又具三種世間。謂五陰眾生國土。千如則有三千世間。名不思議假。此假即空即中。若無中攝理不遍。若無十界收事不盡。若無十如因果不具。若無三種世間依正不足。故知實相悉總諸法。重重無盡。融融無礙。猶如帝網。名不思議境也。凡聖同有此理。故云已之三千遍彼三千。彼彼三千互遍亦爾。故得依正終日炳然無所分別。法界洞朗為顯此境。故云觀不思議境也。如三觀頌云。空觀如性不可得。假觀相含法界邊，中道體等理無二。即一而三常宛然。又空觀了諸法無自性故。二假觀。此空處具諸法故。三中道。空假無別體故。唯一真心故。以空是心之性。即是真空非是但空。以假是心之相。即是妙假非是偏假。性相分三而非三。真心冥一而非一。非一而三觀宛然。非三而一心不動。又即一而三相不同。如鏡體一有光明影像差別之相。即三而一體無異。如影像光明俱同一鏡。又古釋三觀義云。一念心起。起無起相。徹底唯空。三際寂然。了不可得。無見聞覺知相。無眼耳鼻舌身意相。空觀也。一念心起。有三千世間相。國土世間一千。山河大地日月星辰是也。五陰世間一千。染淨一切色心是也。眾生世間一千。六凡四聖假質是也【假觀】。一念心起。三千性相一時起。一念心滅。三千性相一時滅也。念外無一毫法可得。法外無一毫念可得也。此心性圓明。一而能多。小而能大。染而能淨。因而能果。有而能無。故一一色。一一香。一一念介爾有心。即具三千也。一處見多。多處見一。一念即多劫。多劫即一念。重重互現。喻天帝珠網。此假觀也【此句錯，應刪除】。一念心起。起而無起。三際寂然。無起而起。三千性相。非空非假。雙照空假。此中道也。

中峰明本云：

內無自己外無他。一個渾淪花木瓜。

《虛堂集》林泉老人云：

師云。凡所有相皆是虛妄。若見諸相非相即見如來。況如來者無所從來亦無所去故名如來。若向這裡覷得破認得真。事理圓融遮照無礙。體用互興正偏兼帶。無一法而不周。無一法而不遍。豈非應用無虧者邪。

楚石梵琦云：

師云。**寶印當空妙。重重錦縫開。不費纖毫力。提掇鳳山來。**放行則萬象回春。把住則千峰寒色。且道把住好放行好。試出來道看。

菩薩經過金針往復鉤鎖連環的修煉進入「正偏兼帶理事無礙」的境界。到此「雙眼圓明」，進一步「遮照同時，遮照不立。不立即同時，同時即不立」，此即有無、華嚴六相義「同時」成立，即到事事無礙法界。《宗鏡錄》云：「成不礙壞。壞不礙成。顯不礙隱。隱不礙顯。故云無礙。正成時即壞等。故云同時。」表明「六相義」、「有無」在「一念」裡同時成立。

大定定心金針往復，有時鶴沖霄漢進入涅槃理地，有時入廛垂手和光混俗，佛性（「定心」）建立世界。菩薩佛眼可見萬象森羅。金針雙鎖到「綿綿密密」的時節不再往復，涅槃佛性非彼非此混融一體。此時「有無」同時成立，「非有非無、非非有非非無」同時成立（尚有百丈懷海所說「透出三句外」之境）。所謂「四句百非」、「六相義」同時成立。台教「一心三觀」即建立在這樣的禪定實證上。空觀即涅槃寂滅，假觀即佛性所生的現象界，中道即「中道不二」的兼帶境界。事事無礙法界是「中道」非假觀（《宗鏡錄》有誤）。我們將「一心三觀」、「空不空佛性」、「四句百非」、「中道義」、「六相義」等歸結齊觀，證此即證入「一切種智」。菩薩定心經過「如來逆流」而來故具佛智。只有理解定心處於「正偏兼帶」的極則，即涅槃佛性渾然一體證得事事無礙法界。到此證得「一心三觀」即中道以及事事無礙法界，即證一切種智。只有大乘中道不二法門才能闡釋事事無礙法界。

《楞嚴經》所說，首楞嚴大定定心具備「六根互用」的功能。在意根久滅的情形下可以知覺我們的現象界。所謂「見色也頭頭彌勒。聞聲也處處觀音。文殊於無差別智。示有差別身。普賢於有差別境。入無差別定」（宏智正覺）。菩薩雖然可以知覺現象，卻與凡夫不同。在意根久滅的情形下，「如印印空如鏡對像」，慧能祖師說：「善知識，真如自性起念，六根雖有見聞覺知，不染萬境，而真性常自在。故經云：能善分別諸法相，於第一義而不動。」這裡慧能所說的六根已非凡夫的六根，而是《楞嚴經》所說「識陰盡」以後「六根互用」的六根，而菩薩所感應的也不是凡夫所謂的「六塵」。三祖《信心銘》裡面所說「六塵不惡還同正覺」的「六塵」。六祖云：「何名無念？若見一切法，心不染著，是為無念。」菩薩雖見萬象，卻「心外無法滿目青山」。見相不生癡愛業，現象後面的佛性本體與菩薩心內佛性是「一家人」（分身萬象中），故云「身先在裡」。菩薩的「觀照」與凡夫「見處不同」。菩薩證得首楞嚴大定，得「金剛正眼」即佛眼，也可謂般若直觀。菩薩意根早滅，定心具備特殊的「六根六識」。佛智可感應萬法的事相與本體。

六相頌（汾陽善昭《古尊宿》）云：

見是阿那律。分明無一物。大地及山河。演出波羅蜜。聞是跋難陀。聲通總莫過。遠近一齊了。更不念摩訶。香是殑伽女。慈悲心遍普。淨穢盡能知。即此我人母。味是憍梵缽。甜苦尋常說。入口辨辛酸。恰似當天月。觸是瞬若多。善惡總能和。屠割無嗔喜。只個是彌陀。意是大迦葉。毗盧俱一法。幽室顯然分。

《從容錄》萬松老人云：

佛與曹山主賓和合。出世不出世。雙眼圓明。終日在途中。不離家舍。終日在家舍。不離途中。還會麼。雲生洞口還歸洞。密密金刀剪不開。

「雲生洞口還歸洞」，以「洞」比喻涅槃，「洞」恆時存在。而佛性（「雲」）「出岫」顯現山河大地。「雲歸洞」以洞為家。「雲生洞口還歸洞，密密金刀剪不開」。臨濟義玄云「在家舍不離途中，在途中不離家舍」，以家舍喻涅槃，說到底定心不離家舍（涅槃）。佛性出世建立世界，其實父子體用雙彰，如同鏡面與鏡體，鏡面呈現森羅萬象卻不能離開鏡體。從這個角度說，「佛出世不出世」並無兩般。曹洞宗謂「正雖正卻偏」，形容正位常說「玉兔懷胎」，即表明正位含蘊「偏」，正偏有顯有隱，卻「偏正全該」。宏智正覺云：「正非孤立。風前月樹猿啼。偏豈單行。煙外滄洲鷺宿。」佛性出世建立世界呈現萬法，其體（涅槃）作為「明鏡背面」恆時在場，鼓山元賢注解「金針雙鎖偈」云：「正必挾偏。偏必挾正。其一雖隱而弗顯。其實偏正無不全該也。」此乃「正雖正卻偏，偏雖偏卻圓」的要旨。曹洞宗謂：「正則龍銜異寶，偏則鶴處銀籠」（真歇清了）。純熟後定境「內君外臣」，定心進入雙遮雙照境界。佛性（首楞嚴）與涅槃本來同質，在定心「回爐重烹煉」下保持與涅槃同質。兩個定境極為相似，經過修煉兩個定境「絲毫不隔」（斷橋妙倫），謂之「渾淪無縫隙」。

曹洞宗正偏五位「兼中至」境界，金針往復有不同階次。金針往復若「乍出乍入」則是初學者境界。若能「鉤鎖連環」（「首尾相接」）即到「作家」的境界。更高級的境界是「正偏兼帶」，乃至「雙遮雙照」、「雙明雙暗」、「明暗雙雙」。《從容錄》云：「二尊宿一收一放。開拓家風。天童內君外臣。建立雙照時節。」此處「內君外臣，雙照時節」即正偏兼帶的境界。內君外臣同居一身，菩薩處於「前釋迦後彌勒」（「前三三後三三」）的佛真法身。到此境界「兩鏡相照中無影像」，這也稱為「雙收雙放」。捏聚形容清淨涅槃，定心經過「轉識成智」的過程，故此具有佛智。宏智正覺謂之「具眼」。進入涅槃不見一色。涅槃謂之「前三三」，首楞嚴大定則是「後三三」。意謂佛性出世建立世界，「三三」類比人的六識六塵。陳睦州說：「盞子落地。楪子成八片」，八片指擬人的「八識」。表明放開時可見「六塵」，此為「六塵不惡」的「塵」。菩薩意根已滅，所感知的「現象」並非俗諦的「六塵」。翠巖宗云：如何是功位齊施。巖云：「出門不踏來時路。滿目飛塵絕點埃。」可見此「塵」非俗諦之「塵埃」。「六塵不惡，無非正覺」。

禪師常常稱呼涅槃為「死」、「地獄」、「黃泉」等。禪師對定心在不同定境變換的情形，有謂「舒卷」、「收放」、「把住放行」。禪師常以「若不同床睡，焉知被底穿」、「鴛鴦」、「父子」、「難兄難弟」、「道伴」、「寒山拾得」、「知音」來比喻「金針雙鎖玉線貫通」的涅槃佛性之關係。

菩薩定心「金針往復來」（自得慧暉）。進入首楞嚴大定，佛性「建立世界」顯現森羅萬象。佛性分身萬象而身先在裡，菩薩定心與萬象的本體互相感應，只如兩鏡相照。菩薩見色無非觀空，卻有「見色者」存在。這是理事無礙法界。在事事無礙法界，根本沒有觀察者或觀察「對象」。成佛者融合於這個境界，成為因陀羅網無窮珠網的一粒明珠，如同百千明鏡互相鑒照，禪者如同無窮維的宇宙裡的一個粒子。這個境界無法表述。禪師形容說「為虛空描眉目」。禪師說：「驢覷井井覷驢」乃至「井覷井」。「正偏兼帶」是佛菩薩的「日用境界」。當然禪師從來都是「繞路說禪」，禪師每每以比喻、寓言來表達禪理。對於事事無礙法界，禪師謂之「只能旁敲無法正指」。禪師常利用漢語多義性而一語雙關。

經過長期修煉，定心往復變換，「一腳門裡一腳門外」，如此進入雙遮雙照理事無礙法界。這裡須知「轉處實能幽」，雙遮雙照的竅要在「轉處」。禪師常說「前釋迦後彌勒」。經過長期修煉，涅槃佛性「渾淪無縫罅」，「古之今之兩段雖殊。畢竟絲毫不隔」，宏智正覺云：「同中有異異中同。徹底渾淪無縫罅。」涅槃佛性雖兩段不同卻絲毫不隔，進入「前釋迦後彌勒」的「佛真法身」，具有雙遮雙照、明暗雙雙、雙眼圓明的功用。

宏智正覺云：

一不是二不成。介然獨立。法爾雙行。同中有異異中同。徹底渾淪無縫罅。所以黃龍新和尚道。鷺依雪巢。同中有異。烏投黑馬。異中有同。

「一不是二不成」，「一」謂涅槃，「二」指佛性，定心非一非二，「腳踏兩隻船」。涅槃佛性本質相同，「同中有異異中同。徹底渾淪無縫罅」。

正偏兼帶即能雙遮雙照或雙明雙暗，意謂菩薩「雙眼圓明」，同時觀照真俗二諦，如以「有無」來說，世間現象以俗諦觀照是「有」而以真諦觀照則是「無」。「高低一顧萬象齊彰」，「高低」表明「雙眼圓明」。「更須知有遮照同時。遮照不立。然後同時即不立。不立卻同時。」到此「有無俱立」，一念中有無同時成立，六相義同時成立，即進入事事無礙法界，「萬象明明無理事」。

浮山法遠云：

上堂。諸佛出世。建立化門。不離三身智眼。亦如摩醯首羅三目。何故。一隻水泄不通。緇素難辨【涅槃】。一隻大地全開。十方通暢【世界】。一隻高低一顧。萬類齊瞻【理事無礙】。雖然。若是本分衲僧。陌路相逢。別具通天正眼始得。所以道。三世諸佛不知有。狸奴白牯卻知有。

慈受懷深云：

若論此事。如摩醯首羅三目。又如圓伊三點。一隻眼纖毫不掛。一隻眼萬象頓彰。一隻眼真俗混同【理事無礙】。衲僧家。到者裡。更須別具一隻正眼。始得。還相委悉麼。銅頭鐵額莫商量。

宏智正覺云：

有一人能正規矩。內則嚴淨【涅槃】。有一人能轉機輪。外則妙應【佛性】。有一人退一步。與屋裡人同。進一步與外頭人合。方體得知有卻不知有。功就之功。諸人還會麼。向去莫教迷一色。卻來須識借功人。

菩薩入廛垂手，「真如自性起念」。首楞嚴海印三昧建立世界。涅槃生成首楞嚴大定，佛性建立世界即三界，「三界」也是精神性的，三界唯心萬法唯識，禪師在心內建立世界，陳睦州解釋「捏聚放開」云：「盞子落地七八片」暗喻七八識。這裡的七識八識當然不同於凡夫的七識八識。《楞嚴經》說佛性具備的知覺系統。例如舜若多神、阿那律多、爍伽羅眼之類。其實即是「佛眼」，即佛性具備的特殊知覺。經歷金針雙鎖的修證即到正偏兼帶理事無礙的境界。定心不來不去，不放開不捏聚，即正偏兼帶理事無礙境界。

「空」並不是「空無」之義而是意謂「本體」的「如」。《心經》裡講「色不異空，空不異色，色即是空，空即是色」，這裡「色」指事物，指事物的「有」。《心經》前面講得很清楚，「觀自在菩薩，行深般若波羅蜜多時，照見五蘊皆空」，就是講菩薩處於深度禪定狀態得到的「空觀」，「照見五蘊皆空」的「空」則是「本體」之義。「真空不空妙有不有」，真空體即涅槃定心。萬法妙有卻是「幻有」。菩薩的佛性定心在深度禪定狀態觀照世間萬法。《大涅槃經》裡反覆描述佛陀以「佛眼」觀照所見「三界皆空」。同樣也是釋迦在「入滅」前出入四禪二十八反的境界得到的「佛之知見」。從佛性本體的視角來觀照宇宙和世間事物，這些事物並非如同人們以「眼耳鼻舌身意」感受到的「真實存在」，因此在佛教哲學中認為這些事物或現象（「色」）都是「空」，這些事物的存在只能稱為「妙有」。實際上，佛陀釋迦在悟道成佛之後，他的「大定定心」即佛性本體，他可以用「佛眼」或者說般若智慧觀照世界從而得到「佛之知見」。這是通過般若直觀得到的，因而也是語言文字所無法描述解釋的。從知識論的角度來說，現當代有的學者不理解佛教的理論，如般若空觀從根本上來說並不是來自人們世俗世界的「知識」（來自眼耳鼻舌身意），而是來自深度禪定（三摩地）狀態的般若直觀，依賴於所謂「出世間的現量」或稱為「瑜伽現量」的特殊「知識」。這種知識不是來自經驗世界，而是「超驗的」知識，可以說是「超現實經驗的來自直觀內證」的知識。佛教理論奠基於佛教特殊的深奧的「直觀邏輯」。現在有的學者努力將佛教理論與現當代的哲學理論例如海德格存在論進行比較格義，可以說沒有任何意義。這兩種學說完全建立在不同的「公理系統」上，並不具備可以進行比較的基礎。筆者這樣講，乃是因為現當代西方哲學完全建立在「邏各斯」為中心的概念、邏輯的演繹、推理、歸納等西方式的思維方式上，其世界觀乃是「主客對立」的二元模式。而佛教的知識、概念、邏輯完全是特殊的、根本有別於西方的思維和辯證方式。般若直觀乃是消泯了主客能所對立的一種特殊的禪定體驗。從知識論來講，佛教的知識來自般若直觀，是徹底超驗的知識系統，與西方的哲學思想毫無共同之處。

十一、一心三觀　大乘中道

佛性出世，定心往復鉤鎖連環，純熟後證得「正偏兼帶」。涅槃佛性混居一身。到此「雙眼圓明」。若定心不來不去進入理事無礙法界。尚有事法現象。《心經》「色不異空空不異色」即謂這個境界。其間尚有理事雙泯、止觀雙泯等「理事互相侵奪」的情形。正偏兼帶的極則，涅槃與佛性綿密無間不分彼此，定心同時含蘊涅槃佛性，佛性涅槃非彼非此，即證入事事無礙法界。即是帝釋網的境界。事事無礙法界，現象與佛性本體同時呈現。「萬法皆真重重無盡」。

事事無礙法界謂「一心三觀」，空假中在一念中同時成立。《宗鏡錄》云：「一心三觀者。知一念心不可得不可說。而能圓觀三諦也」。一心三觀即一念三觀。須知「心」即「一念」。此念一念萬年，一念千里，「三世古今始終不離於當念，十方剎海自他不隔於毫端」。此念是「心體」，是「前後際斷」的精神性獨立存在。涅槃佛性綿密不分混融一體則進入事事無礙法界。此禪定境界，萬松老人云：「然後雙遮雙照。更有遮照同時。遮照不立。直得帝網交羅重重無盡。始是圓頓一乘。」這就是事事無礙法界的禪定境界。到此須知，「雙遮雙照」的同時否定「雙遮雙照」，否定的同時又肯定「雙遮雙照」。此即大乘中道不二法門。一心三觀有無俱立。一切矛盾對立者「同時成立」而又「同時否定」。萬松老人說「遮照同時。遮照不立。不立卻同時。同時即不立」，乃是關於事事無礙法界的重要闡述。這是學佛者要認真了解的「中道邏輯」。當今世界上無人真正理解「不二法門」，西田幾多郎的「絕對矛盾的自我同一」也未到「中道不二法門」。這在事事無礙一心三觀的境界方可理解。

定心在正偏兼帶「內君外臣」的情形下才能「雙照」。此時涅槃與佛性「混居一身」。涅槃般若智慧觀照「真諦」即萬法皆空，佛性建立世界觀照森羅萬象即「俗諦」之現象界。「雙眼圓明」即可觀察「真空妙有」。「雙遮真俗」也謂「真俗圓融」。菩薩雙眼圓明。「誰共澄潭照影寒」，形容定心好似「兩個」，其實涅槃佛性「父子不離」。大定定心不離涅槃，「在家舍不離途中，在途中不離家舍」（臨濟義玄）。「恆納虛空時含法界」（無明慧經）。定心「一腳門裡一腳門外」（宏智正覺）。在正偏兼帶的情形下，才有所謂「夜深同看千岩雪」、「誰共澄潭照影寒」，即「雙明雙暗」的時節。正偏兼帶才可「同看」。大定定心剎那成為涅槃滅盡定的禪定意識。而須臾轉身化為佛性，此謂「就地轉身」，定心絕不執著停留。點到即轉身，如此可謂「鉤鎖連環」。萬松老人云：「正當石女機停時。已早木人路轉。正當夜色向午處。已早月影移央。」這裡「石女」、「木人」皆比喻定心。定心父子不離，故云「同看千岩雪」，子（佛性）與涅槃滅盡定的禪定意識轉化卻立刻轉身。因為定心不能居留涅槃。定心「鉤鎖連環首尾相接」，純熟後即是正偏兼帶的定境。

禪師以「澄潭」、「清波」、「空王殿」、「琉璃殿」、「威音那畔」、「夜明簾外」等等形容涅槃。定心進入涅槃境界為了「同質化」，故謂「子歸就父」。佛性出離涅槃，有時「分身兩下看」，有時涅槃佛性混融一體。金針雙鎖鉤鎖連環後證得「正偏兼帶」。如果定境「綿密無間」、「金針不動」、「不來不去」，則「不捏聚不放開」（明覺性聰），成為「踞地獅子」。此即理事無礙法界。若涅槃佛性「非彼非此」混融一體，即到「帝網交羅重重無盡」的事事無礙法界。定心「同時」含攝涅槃佛性。「一心三觀」在一念中同時成立。「體用何妨分不分」、「萬象明明無理事」，即帝釋網，即到中道之「不二法門」。證得一心三觀謂證得一切種智。

十二、《華嚴經》十玄門　金獅子

法藏之《金獅子章》云：

金與獅子，同時成立，圓滿具足。各同時具各相應門。

意謂金與獅子，現象與「物料」即本體同時成立，此即事事無礙法界。

《萬善同歸集》永明延壽云：

若論理事，幽旨難明。細而推之，非一非異。是以性實之理，相虛之事，力用交徹，舒卷同時。體全遍而不差，跡能所而似別。事因理立，不隱理而成事。理因事彰，不壞事而顯理。相資則各立，相攝則俱空。隱顯則互興，無閡則齊現。相非相奪，則非有非空，相即相成，則非常非斷。若離事而推理，墮聲聞之愚；若離理而行事，同凡夫之執。當知離理無事，全水是波；離事無理，全波是水。理即非事，動濕不同；事即非理，能所各異。非理非事，真俗俱亡【雙遮，非空非有】；而理而事，二諦恆立【雙照，即空即有】。雙照即假，宛爾幻存；雙遮即空，泯然夢寂。非空非假，中道常明。

雙照真俗二諦，無即不無，有即非有。有無雙照，妙悟蕭然。

《宗鏡錄》卷第十三云：

夫前已明一心理事無礙。今約周遍含容觀中事事無礙者。如法界觀序云。使觀全事之理隨事而一一可見。全理之事隨理而一一可融。然後一多無礙大小相含。則能施為隱顯神用不測矣。乃至欲使學人冥此境於自心。心慧既明。自見無盡之義。此周遍含容觀亦具十門。一理如事門。謂事法既虛相無不盡。理性真實體無不現。此則事無別事。即全理為事。是故菩薩雖復看事即是觀理。然說此事為不即理。

釋云。由此真理全為事故。如事顯現。如事差別。大小一多變易無量。又此真理即與一切千差萬別之事。俱時歷然顯現。如耳目所對之境。亦如芥瓶。亦如真金。為佛菩薩比丘及六道眾生形象之時。與諸像一時顯現。無分毫之隱。亦無分毫不像。今理性亦爾。無分毫隱。亦無分毫不事。不同真空但觀理奪事門中唯是空理現也。故菩薩雖復看事即是觀理。然說此事為不即理者。以事虛無體而不壞相。所以觀眾生見諸佛。觀生死見涅槃。以全理之事恆常顯現。是以事既全理。故不即理。若也即理是不全矣。如金鑄十法界像。一一像全體是金不可更言即金也。二事如理門。謂諸事法與理非異故。事隨理而圓遍。遂令一塵普遍法界。法界全體遍諸法時。此一微塵亦如理性全在一切法中。如一微塵。一切事法亦爾。

這裡「俱時」即「同時」之義。如同金獅子，金（本體）與獅子（現象）同時顯現。此即形容事事無礙法界（《華嚴經．金獅子章》）。凡夫見到金獅子，一念間只能看「獅子」，在另一念裡知道「質料」是金，事事無礙法界則在一念裡「同時」感應到現象與本體。

《宗鏡錄》永明延壽云：

華嚴四觀者。此約一心真如法界。就理事行布圓融成四種法界。對此法界為四種觀門。此四觀門法本如是。故依法而觀。故名為觀。一事觀。謂迷悟因果染淨歷然。二理觀。謂我法俱空平等一相。三理事無礙觀。謂彼此相遍隱顯成奪同時無礙。四事事無礙觀。謂觀事法以理融故。相即相入重重無盡。若依此一心無礙之觀。念念即是華嚴法界。念念即是毗盧遮那法界。

所謂「觀事法以理融故。相即相入重重無盡」，「事法以理融」即謂理能奪事，事法不顯。事事無礙法界，塵塵剎剎皆為本體。

關於《金獅子章》【十玄門第七】，讀者要注意幾個要點：

一、金與獅子，同時成立，圓滿具足，名同時具足相應門。

二、金與獅子，相容成立，一多無礙；於中理事各各不同，或一或多，各住自位，名一多相容不同門。

三、若看獅子，唯獅子無金，即獅子顯金隱。若看金，唯金無獅子，即金顯獅子隱。若兩處看，俱隱俱顯。隱則秘密，顯則顯著，名秘密隱顯俱成門。

四、金與獅子，或隱或顯，或一或多，定純定雜，有力無力，即此即彼，主伴交輝，理事齊現，皆悉相容，不礙安立，微細成辦，名微細相容安立門。

五、獅子眼耳支節，一一毛處，各有金獅子；一一毛處獅子，同時頓入一毛中。一一毛中，皆有無邊獅子；又復一一毛，帶此無邊獅子，還入一毛中。如是重重無盡，猶如天帝網珠，名因陀羅網境界門。

這裡「金」謂本體，獅子謂「現象」。事事無礙法界謂「理事齊現」、「若兩處看，俱隱俱顯」、「金與獅子，同時成立」。要害在於「同時」。本體與現象同時顯現。這是菩薩高級階次的境界。「物我元無異，森羅鏡像同」，進入事事無礙法界，菩薩不能以「觀察者」來觀照，菩薩與百千明鏡相互鑒照，這裡不存在客觀的觀察對象也不存在觀察者。

十三、一心三觀

天如惟則云：

且以空假中三觀論之。空觀觀真諦。假觀觀俗諦。中道觀中諦。而中道有雙遮空假雙照空假之二義也。遮照相須。一心三觀。

《宗鏡錄》云：

華嚴四觀者。此約一心真如法界。就理事行布圓融成四種法界。對此法界為四種觀門。此四觀門法本如是。故依法而觀。故名為觀。一事觀。謂迷悟因果染淨歷然。二理觀。謂我法俱空平等一相。三理事無礙觀。謂彼此相遍隱顯成奪同時無礙。四事事無礙觀。謂觀事法以理融故。相即相入重重無盡。若依此一心無礙之觀。念念即是華嚴法界。念念即是毗盧遮那法界。

總乎三智。若其假方便以致殊。會歸一道寂然而雙照。**三觀之名出自《瓔珞經》**。云從假入空名二諦觀。從空入假名平等觀。雙照二諦心心寂滅。自然流入薩婆若海也。天台疏問曰。三觀俱照二諦。有何等殊。答曰。前觀雖照二諦破用不等。次觀亦照二諦破用平等。既不見中道。但是異時平等。第三觀者。得見中道雙照二諦。即是一時平等也。

今明一心三觀者。一明所觀不思議之境者。即是一念無明心。因緣所生十法界以為境也。此心神微妙。一念具一切三世諸心諸法。譬眠法覆心。一念之內夢見一切諸心諸事。若正眠夢之時謂經無量。如《法華經》。說夢見初發心乃至成佛無量諸事。比其覺時。反觀只是一念眠心也。心譬自性清淨心。眠法覆心譬於無明。無量夢事譬恆沙無知覆一切恆沙佛法。夢事不實善惡憂喜。譬見思惑覆真空也。若不細尋夢譬。不思議之疑終無決理。故諸《大乘經》多說十喻。但諸法師不圓取譬。意止偏得虛偽空邊。不見譬無量無明法性邊也。故三諦之境義不成也。二明能觀者。若觀此一念無明之心。非空非假。一切諸法亦非空非假。而能知心空假。即照一切法空假。是即一心三觀。圓照三諦之理。不斷癡愛起諸明脫。若水澄清珠相自現。此即觀行即也。三明證成者若證一心三觀。即是一心三智五眼也。

若入中道正觀。方得雙照二諦。三通相三觀者。則異於此。從假入空。非但知俗假是空。真諦中道亦通是空也。若從空入假。非但知俗假是假。真空中道亦通是假。若入中道正觀非但知中道是中。俗真通是中也。是則一空一切空。無假無中而不空。一假一切假。無中無空而不假。一中一切中。無假無空而不中。但以一觀當名。解心無不通也。三一心三觀者。知一念心不可得不可說。而能圓觀三諦也。即《淨名經》云。一念知一切法是道場。成就一切智故。是以在境。為一諦而三諦。在心為一觀而三觀。在果為一智而三智。如一圓珠。珠相喻有。珠徹淨喻空。圓明喻中。三無前後。此喻一諦而三諦。若以明鏡照之。珠上三義一時頓現。即喻一觀而三觀。若就鏡中道珠。珠之與鏡非一非異。則喻心境二而不二。為真覺也。妙觀者。觀一念心為所緣境。返觀此心。從何處來。去至何所。淨若虛空名空觀。觀境歷歷分明名假觀。雖歷歷分明而性常自空。而境觀歷然名中道。即三而一。即一而三。語默行住。不生不滅。不常不斷。不一不異。不來不去。不有不無。不住不著。不垢不淨。不愛不取。不虛不實。不縛不脫。皆不生不滅之異名。義無別也。即空不住空。即假不住假。即中不住中。是名中。何以故。為即空。空有何可住。即假幻化影。復何可住。二邊既無可住。豈有中可住。故曰三諦無住是名為中。當須如此。空中無空只勿空。假中無假只勿假。中中無中只勿中。當如是照。照中無照只勿照。若見如是理。即見萬物而自虛也。此三觀者。是不思議境。若闕一觀境智不成。故云不思議備收一切法。一切雖多十法界收盡。既其鎔融。一則具十成百法界。一界又具十如。一如又具三種世間。謂五陰眾生國土。千如則有三千世間。名不思議假。此假即空即中。若無中攝理不遍。若無十界收事不盡。若無十如因果不具。若無三種世間依正不足。故知實相悉總諸法。重重無盡。融融無礙。猶如帝網。名不思議境也。

佛教以帝釋網喻事事無礙法界。假觀指佛性生成的現象界虛幻不實，空觀謂菩薩「見色觀空」。中道即「謂雙遮空假雙照空假」。反觀一心即空即假而能「圓觀三諦」。「一心」猶如珠體，「如一圓珠。珠相喻有。珠徹淨喻空。圓明喻中。三無前後。此喻一諦而三諦。若以明鏡照之。珠上三義一時頓現。即喻一觀而三觀。」到此境界，有無，非有非無，非非有非非無同時成立。六相義同時成立。菩薩「念念際斷」，「一念心起」進入事事無礙，「事事無礙觀。謂觀事法以理融故。相即相入重重無盡。」這是理事無礙與事事無礙在定境上的重要區別。事事無礙法界「觀事法以理融」，故「因緣所生法。即空即假即中」。本體融攝事法故並無現象顯現。帝釋網的珠體即佛性本體，每個珠體呈現一個宇宙，重重無有盡，處處現真身。「若依此一心無礙之觀。念念即是華嚴法界。念念即是毗盧遮那法界。」事事無礙的禪定境界，止觀同於一念。萬松老人說「更有遮照同時。遮照不立。不立卻同時。同時即不立」，一念間非空非色即空即色，禪師說「正倒時便起，正起時便倒」即謂「鉤鎖連環」。「雖一念心而有三相」即一念三觀。「以境發於觀則一觀而三觀。如摩醯首羅面上三目。雖是三目而是一面。」證得一念三觀的中道，即證得一切種智。

《宗鏡錄》云：

三觀者。一從假入空名二諦觀。二從空入假名平等觀。三二觀為方便道得入中道。雙照二諦心心寂滅。自然流入薩婆若海。名中道第一義諦觀。今宗鏡所明。唯論一心圓頓之旨。圓頓止觀相者。以止緣於諦。則一諦而三諦。以諦繫於止。則一止而三止。譬如三相在一念心。雖一念心而有三相。止諦亦如是。所止之法雖一而三。能止之心雖三而一也。以觀觀於境則一境而三境。以境發於觀則一觀而三觀。如摩醯首羅面上三目。雖是三目而是一面。觀境亦如是。觀三即一。發一則三。不可思議不權不實。不優不劣。不前不後。不併不別。不大不小。故中論云。因緣所生法。即空即假即中【一念三觀】。又三止三觀為因。所得三智三眼為果。三智者。一切智道種智一切種智。三眼者。慧眼法眼佛眼。若一心眼智者。眼即是智。智即是眼。眼故論見。智故論知。知即是見。見即是知。

佛眼具五眼。佛智具三智。王三昧一切三昧悉入其中。首楞嚴定。攝一切定。如來雖具五眼。實不分張。只約一眼。備有五用。能照五境。所以者何。佛眼亦能照色。如人所見。亦過人所見名肉眼。亦能照細色。如天所見。亦過天所見名天眼。達細色空。如二乘所見名慧眼。照達假名不謬。如菩薩所見名法眼。於諸法中皆見實相名佛眼。當知佛眼圓照無遺。故經云。五眼具足成菩提。永與三界作父母。而獨稱佛眼者。而眾流入海失本名字。非無四用也。佛智照空。如二乘所見名一切智。佛智照假。如菩薩所見名道種智。佛智照空假中皆見實相。名一切種智。故言三智一心中得。故知一心三止所成三眼。見不思議三諦。此見從止得。故受眼名。一心三觀所成三智。知不思議三境。此智從觀得。故受智名。境之與諦左右異耳。見之與知眼目殊稱。不應別說。

古代華嚴宗、天台宗多有修行人以為事事無礙法界是禪定極則，而未能理解禪宗證入涅槃後契合「絕對本體」的根本宗旨。《宗鏡錄》試圖混融各家理論。永明和尚集合十多人寫作，後遭法湧改竄，經高僧改正，不免掛一漏萬。其論述一心三觀有前後矛盾之處，例如「古釋」有誤。「誤排」可能較大。

菩薩境界，涅槃佛性可分可不分。體用（理事）何妨分不分。這要理解禪宗的中道不二法門，這是極其深刻的中道不二哲學。西田幾多郎所說「絕對矛盾的自我同一」，未能徹底闡明中道不二法門，尚有語言無法表達的更深層次的邏輯。禪宗的不二法門乃是有條件的絕對矛盾的同一。有無並非有是有，無是無。而在一定條件下，有即是無，無即是有。我們在後面要看百丈懷海對「四句百非」的解釋。

《華嚴經》云：

全理成事，事能奪理，故即一切法。全事即理，理能奪事，故離一切相。理事無礙，故二無所著；名真如相回向。以真得所如，則無不如者，縛脫兩亡，名無縛解脫回向。

【公案】《空谷集》第五十六則曹山出世

舉僧問曹山。佛未出世時如何（誰申此問）。山云。曹山不如（比不得類不齊）。僧云。出世後如何（雲門有棒）。山云。不如曹山（一場醜拙）。天童拈云。佛與曹山（天童不如）。主賓互換（不如天童）。出世不出世（直須擘破）。各具一隻眼（方得圓全）。未有長行而不住（幸有一陰地）。長住而不行（何勞不為人）。還會麼（以己方人）。幽洞豈拘關鎖意（一腳門裡一腳門外）。縱橫不涉兩頭機（出不隨應。入不居空）。

師云。南泉道。向空劫以前承當。佛未出世會取。萬松道。向住劫以後承當。佛已出世會取。也不如《華嚴經》。十方諸佛勸不動地菩薩道。此諸法法性。若佛出世。若不出世。常住不異。教中喚作法爾不窮因。無始不窮初。曹山不如。則自攜瓶去沽村酒。不如曹山。則卻著衫來作主人。天童拈處不礙裂開。萬松著語何妨捏聚道，佛與曹山主賓和合。出世不出世。雙眼圓明。終日在途中不離家舍。終日在家舍不離途中。還會麼。雲生洞口還歸洞。密密金刀剪不開。

【按】形容正偏兼帶：佛與曹山主賓和合。出世不出世。雙眼圓明。不出世指涅槃，出世指佛性。涅槃本體與佛性本體兩個「定體」皆具「佛眼」故「雙眼圓明」。凡聖分離卻正偏兼帶，涅槃佛性非一非二。「雲生洞口還歸洞，密密金刀剪不開」。臨濟義玄云「在家舍不離途中，在途中不離家舍」。「雲歸洞」以洞為家，以家舍喻涅槃，即定心不離家舍（涅槃），偏正不曾離本位。「度關玉線兩歧分」卻父子不離。佛性出世建立世界，實則「佛出世不出世」並無兩般。曹洞宗謂「正雖正卻偏」，形容正位常說「玉兔懷胎」，即表明正位含蘊「偏」，正偏有顯有隱卻「偏正全該」。宏智正覺云：「正非孤立。風前月樹猿啼。偏豈單行。煙外滄洲鷺宿。」佛性出世建立世界呈現萬法，其體（涅槃）作為「明鏡背面」恆時在場。「佛真法身」乃是涅槃佛性合體而成。鼓山元賢注「金針雙鎖偈」：「正必挾偏。偏必挾正。其一雖隱而弗顯。其實偏正無不全該也。」

「歷歷機前雙照眼。堂堂象外萬年身」（宏智正覺），意謂雙眼圓明。林泉老人云：「既具正知正見。雙眼圓明。六根解脫」。萬松老人云：「洛浦道。單明自己。法眼未明。此人只具一隻眼。若要雙眼圓明。除是不居陰界不涉眾緣。」（《從容錄》）「佛與曹山主賓和合。出世不出世。雙眼圓明。終日在途中。不離家舍。終日在家舍。不離途中。」（《請益錄》）此處引述臨濟義玄大師語錄。「恆納虛空」也。涅槃具般若智慧可以觀照「真諦」，佛性觀照俗諦即森羅萬象虛幻存在。《萬善同歸集》（永明延壽）云：「雙照即假，宛爾幻存；雙遮即空，泯然夢寂」。雙照則即空即色，雙遮則非色非空。涅槃佛性各有佛智。「雙照」也謂之「雙眼圓明」，禪師謂「前三三後三三」。禪定意識金針雙鎖的目的是保持定心與涅槃同質化。那麼回到「洞口」時與涅槃境界必有差別，必然是「兩個」，經過「回爐烹煉」才能

「子歸就父」，而且要「重重烹煉」。涅槃只是「禪定境界」，須知「寶殿無人空侍立」，「子歸就父」剎那間定心與涅槃同質。馬上轉身退位回到佛性，定心進入涅槃「空王殿」，所共者也就是「涅槃正位」。「雲生洞口還歸洞」，以「洞」比喻涅槃，「洞」恆時存在。而佛性「無心出岫」顯現山河大地。涅槃境界正念相續，寂而常照（妙覺）故謂「寂照」。涅槃具有般若智慧，禪師謂之「眼」，與佛性的觀照合稱「雙眼圓明」。「天童內君外臣。建立雙照時節。」此即正偏兼帶的高級境界。明暗雙雙或謂雙明雙暗的時節，金針雙鎖偈曰：「金針雙鎖備。挾路隱全該。寶印當風妙。重重錦縫開。」鼓山元賢注云：「正必挾偏。偏必挾正。其一雖隱而弗顯。其實偏正無不全該也。」曹洞宗的宗旨：「正雖正卻偏，偏雖偏卻圓」。正偏兼帶即「雙明雙暗」，《碧巖錄》云「夜深同看千岩雪」。禪師說「前釋迦後彌勒」（自得慧暉），定心兼攝涅槃與佛性。此即佛真法身。若涅槃佛性混融一體。定心同時兼融涅槃佛性，則是事事無礙法界。禪師在正偏兼帶境界修煉，佛性保持與涅槃同質。到此境界禪者往往不分如來彌勒。禪者最後證入妙覺佛位即那伽定。肉體死後定心最終契合精神性宇宙本體。禪宗的菩薩完成這個過程，最終「證入本體」。

入就瑞白云：

威音那畔，魔佛潛蹤，今世門頭，有無並立，前三三後三三，

「威音那畔」謂涅槃，「今世門頭」謂佛性。此即「前釋迦後彌勒」。

《寶鏡三昧注》鼓山元賢（《洞上古轍》）云：

如是之法。本非正非偏。強而名之。則亦正亦偏。此正偏之法。本非分非合。強而言之。則亦分亦合。

浮山法遠云：

上堂。諸佛出世。建立化門。不離三身智眼。亦如摩醯首羅三目。何故。一隻水泄不通。緇素難辨【涅槃】。一隻大地全開。十方通暢【世界】。一隻高低一顧。萬類齊瞻。雖然。若是本分衲僧。陌路相逢。別具通天正眼始得。所以道。三世諸佛不知有。狸奴白牯卻知有。且道狸奴白牯知有個什麼事。要會麼。深秋簾幕千家雨。落日樓台一笛風。

「化門」指「世界」，菩薩金針往復，定心進入涅槃則「水泄不通。緇素難辨」。進入首楞嚴大定，佛性出世建立世界。「高低一顧。萬類齊瞻」意謂理事無礙法界，「三世諸佛」指涅槃，「狸奴白牯」指異類行的菩薩，「陌路相逢。別具通天正眼始得」，意謂涅槃佛性彼此不分，則是事事無礙法界。

自得慧暉云：

因僧問。記得明安大師道。莫守寒岩異草青。坐卻白雲終不妙。賓主難分一段事。君臣合道萬年笑。此意作麼生。師曰。穩坐位中不是。落在功中不是。僧曰賓主難分時如何。師曰老僧眉毛宛如上坐。僧曰君臣合道時如何。師曰。內外本混然。正偏何不二。僧曰畢竟相去多少。師曰。清光隨處香。幽鳥喚春忙。師乃有偈曰。一回得妙。二度忘妙。

君臣道合即正偏兼帶，「內外」、「正偏」指謂涅槃與佛性。兩者非一非二非同非異。「一回得妙。二度忘妙」，一回得見紛紜萬象謂得妙，一回理事混融不見事法謂忘妙。須知正偏只是「如是之法。本非正非偏。強而名之。則亦正亦偏。此正偏之法。本非分非合。強而言之。則亦分亦合」。正偏之分只是「強而名之」，「本非分非合。強而言之。則亦分亦合。」「須知兩段原是一空」，自得慧暉云「內外本混然。正偏何不二」，意謂涅槃佛性混居一身，前釋迦後彌勒，佛真法身。涅槃佛性合作生成萬法，故謂「清光隨處香。幽鳥喚春忙」。

大陽警玄云：

僧問。如何是透法身句曰。大洋海底紅塵起。須彌頂上水橫流。

佛性出世謂「透法身」。經過定心往復鉤鎖連環，證得正偏兼帶。「大洋海底紅塵起」，「海底」謂涅槃，「紅塵起」謂佛性。即謂正偏兼帶。「須彌頂上水橫流」同義，謂「前釋迦後彌勒」。

曹源道生云：

僧云。如何是事事無礙法界。師云。荒田不揀拈來草。生殺縱橫得自由。

宏智正覺云：

天共白雲曉。水和明月秋（莫逆之友。休分彼此）。

此謂涅槃佛性正偏兼帶。

笑隱大欣云：

金針密密玉纖纖。華鈿雲鬟翠欲添。三界漂流深似海。與誰把手夜明簾。

宏智正覺云：

混融明暗無分處。誰辨個中偏正方。所以道。正位雖正卻偏。偏位雖偏卻圓。正恁麼時。作麼生辨。良久云。歷歷機前雙照眼。堂堂象外萬年身。

此喻涅槃。涅槃佛性混融，一體兩面雙眼圓明，故雙照真俗二諦。

明覺性聰云：

人天瞻仰法中王。君臣道合融三際。賓主歷然肅萬方。賓主歷然即不問。君臣道合事如何。師云。混元一氣象。景福萬年春。

圓悟克勤云：

無禪之禪。謂之真禪。如兔子懷胎。絕卻功勳。喚什麼作道。頂門上照耀。無道之道。謂之真道。似蚌含明月。到個裡實際理地既明。金剛正體全現。然後山是山水是水。僧是僧俗是俗。萬法縱然初無向背。

「實際理地既明」謂涅槃，「金剛正體全現」謂佛性，正偏兼帶，然後定心不動，進入理事無礙法界，「山是山水是水。僧是僧俗是俗」。

應庵曇華云：

> 雖示世人有去有來。**極其本體不動不變。所以羅籠不肯住**。呼喚不回頭。佛祖不安排。至今無處所。塵塵剎剎普現威光。物物頭頭全彰勝相。殊勝中殊勝。奇特中奇特。他方此界全心淨土。人間天上同一真境。

涅槃是禪定境界。涅槃心是禪定意識。捏聚即意謂進入涅槃定境。涅槃心具有類似六識的作用。禪師喻為：前三三。放開則謂進入首楞嚴大定，佛性具有特殊「六根互用」的見聞覺知。在正偏兼帶境界，「內君外臣」、「一腳門裡一腳門外」、「兩女合成一媳婦」，「腳踩兩頭船」。定境難解難分渾融一團，君臣道合父子不離。涅槃佛性混居一身。故禪師謂：雙遮雙照，雙眼圓明。前三三後三三，前釋迦後彌勒，誰共澄潭照影寒，夜深同看千岩雪，金剛腦後鐵崑崙，腦後長腮莫與來往，等等。若涅槃佛性混融一體，宏智正覺云「徹底光明成一段」，則進入事事無礙法界。

五位要訣（山堂德淳）云：

> 機絲不掛。個中雙鎖金針。文彩縱橫。裡許暗穿玉線。雙明唱起。交鋒處知有天然。兼帶忽來。枯木上須能作主。不存正位。那守大功。及盡今時。寧容尊貴。截斷情塵見網。掣開金鎖玄關。妙協全開。歷歷類中混跡。平懷常實。明明炭裡藏身。卷舒不落功勳。來去了無變

易。欲使異苗蕃茂。貴在深固靈根。若非柴石野人。爭見新豐曲子。

「機絲不掛」形容涅槃一無所有，卻生成佛性本體，佛性顯現世界文彩縱橫。文彩縱橫形容「全體即用枯木生花」所呈現的現象界。這是佛性本體直接顯現的宇宙。佛性與清淨涅槃同質，清淨涅槃通過佛性全機大用。此謂「全體作用攝用歸體」（萬松老人）。金針雙鎖乃至鉤鎖連環證入正偏兼帶，到此演化出兩個境界：理事無礙法界，事事無礙法界。從定心往復到金針雙鎖玉線貫通，再到「鉤鎖連環首尾相接」，即所謂「捏聚時放開，放開時捏聚」。然後「正當十五日」證得「正偏兼帶」，涅槃佛性混居一身，是謂「前釋迦後彌勒」的「佛真法身」，若定心不來不去則到理事無礙法界，若涅槃佛性混融一體不分彼此，則到事事無礙法界。佛真法身（涅槃佛性）共同作用生成世界。

開福道寧云：

琉璃殿上古佛舒光。明月堂前曇華布影。不用南詬彌勒。何須東覓文殊。華藏門開任君瞻仰。或舒或卷。塵塵普現色身。或放或收。處處毗盧境界。不舒不卷。寂爾無根。不放不收。是真常住。

「琉璃殿上古佛舒光。明月堂前曇華布影」兩句謂正偏兼帶，「華藏門開」謂事事無礙法界，「不舒不卷」謂理事無礙法界。

《碧巖錄》圓悟克勤云：

曹洞下有出世不出世，有垂手不垂手。若不出世目視雲霄，若出世便灰頭土面。目視雲霄即是萬仞峰頭，有時萬仞峰頭即是灰頭土面。其實入廛垂手，與孤峰獨立一般。歸源了性與差別智無異，切忌作兩橛會。所以道：垂手還同萬仞崖，直是無爾湊泊處，正偏何必在安排。

圓悟克勤表明，佛性出世不出世，涅槃佛性非異非一，可分可不分。「垂手還同萬仞崖」表明入廛垂手（「灰頭土面」）的佛性與「孤峰獨立」的涅槃「無異」。我們要從「中道不二法門」來理解，菩薩「出世」為了「自利利他」，我們解釋「自利」為了保持定心與涅槃同質化，「利他」是菩薩普度眾生的誓願。「不作兩橛會」，意謂「雙收雙放」，「鉤鎖連環首尾相接」。

佛眼「備有五用。能照五境」。能見眾生肉眼所見也超越凡夫肉眼。菩薩理事無礙法界，理事交互顯現。長靈守卓禪師說：「菩薩開眼見個什麼，脫殼烏龜飛上天」，即形容菩薩入世處於正偏兼帶理事無礙的境界。有時理事相奪，有時理事俱泯。如果法界量滅，理事俱時顯現，則是事事無礙法界。萬松老人《請益錄》云：「風穴拈云。若立一塵。家國興盛。故天童拈起拄杖卓一下云。官不容針。私通車馬。古人以向上路為本分事。以建化門頭曲為今時。慈覺道。有為雖偽。棄之則功行不成。無為雖真。趣之則聖果難克。」表明菩薩入廛垂手的必要性。

雲門文偃說：「庵內人不知庵外事」。「庵內」指謂涅槃。首楞嚴大定的定心即是佛性，佛性不能被根塵污染。在理事無礙法界，禪師儘管已經泯滅根本無明的妄念，為了在人間進行普度眾生的菩薩道，必須借助「故我」的肉體與「五根」感知外界，「故我」的眼睛所見與眾生無異。菩薩定心具備特殊的「六根」來「感知」世界的一切，「故我眼睛」代表眾生所見，與佛眼所見是否重合，是否「見山還是山」還要修煉。「世法佛法打成一片」，否則菩薩無法與「凡夫」交流，那就談不上普度眾生。對凡夫而言，萬法（現象）乃是真心佛性被根塵污染後形成阿賴耶識所呈現的。菩薩借助故我的肉體在「世俗世界」行菩薩道。進入理事無礙法界，「事法」（現象）與佛性本體「空有迭彰理事無礙」（天如惟則）。理事無礙法界萬法是虛幻的，是菩薩故我的「五根」現量觀照所驗證的，與菩薩定心「特殊感知」重合的世界。菩薩進入「理事無礙法界」才能「世法佛法打成一片」。在此境界菩薩能夠親證自己的「佛性」與萬法的本體互相感應。菩薩正是在理事無礙法界驗證「佛性」具有宇宙本體作用。在一切現象後皆可感應「佛性本體」。是謂郁郁黃花無非般若，青青翠竹盡是法身。

圓悟克勤云：

僧問。如何是理法界。師云。不動一絲毫。進云。如何是事法界。師云。縱橫十字。進云。如何是理事無礙法界。師云。銅頭鐵額鐵額銅頭。

圓悟克勤頌理事無礙法界云：「銅頭鐵額」，意味正偏兼帶理事無礙。此與事事無礙法界不同。理事無礙法界現象呈現。圓悟克勤說：「猶有無風匝匝波」，波即佛性所生的現象界，捏聚則涅槃寂滅不見一法。正偏兼帶理事無礙乃是對佛菩薩而言，這是菩薩「心內」的世界。理事無礙法界，現象須臾即逝而呈現本體。《信心銘注》（真歇清了）說：「須臾之頃返色歸真」。宏智正覺云「得用隨宜即便休」。這表明菩薩雖然可見現象，須臾之頃現象背後的本體呈現出來。

菩薩轉回人間要利用「故我」的肉體與人間交流處事。這時六塵對於菩薩而言非阿賴耶識所生。即在正偏兼帶境界中，菩薩利用「故我」的肉體在人間行菩薩道。他的「前五根」可以作用。例如菩薩《楞嚴經》所謂爍迦羅眼，故云「滿目飛塵絕點埃」。大定定心作為新主人公可以操控菩薩的活動。菩薩驗證定心所生現象與「娘生眼」所見現象是否相同。大定定心（金剛心，首楞嚴大定的定心）具有特殊知覺系統，見《楞嚴經》「舜若多神無身覺觸」，大定定心的特殊知覺，禪師以「頂門開正眼」（佛眼）等表示。這裡讀者須知，大定定心是無形無相的精神性存在，佛眼所謂的「見色」，由於大定定心所具有的特殊感應功能。菩薩當體即空，作為觀察者的佛性與萬法的本體本是「一家」，故此菩薩在審視大千世界時與現象的本體「相應」。這是大定定心的作用。

菩薩的大定定心與萬法的本體互相感應，本體（理）與事法（現象）圓融無礙，故云「理事無礙」。理是理事是事，理事不同卻圓融無礙。禪師在修證的過程中要證入首楞嚴大定，然後轉身回途成為菩薩。進入正偏兼帶理事無礙法界「凡聖混居」。正偏兼帶下菩薩可以「佛眼」現量觀照，故萬法當體即空（雲門文偃），觸事而真（僧肇）。《心經》云「色不異空空不異色」。萬法皆「空」，塵塵剎剎皆是法身，處處顯現佛性真身。而以佛眼看來，山河大地依然如故，山是山水是水。這即是「理事無礙法界」。理事圓融或隱或顯而無礙。《心經》云：「色不異空空不異色」，即是理事無礙法界。

宏智正覺云：

如何是不來不去底人。師云。坐卻你舌頭。方見我鼻孔【理事無礙】。進云。謝師答話。師乃云。歷代祖機如掣電擊鈍器不開。三世佛辯似懸河灌漏糊不滿。還知有省力為人處麼。天寒日短。兩人共一碗。

金針雙鎖的極則是正偏兼帶，兼帶有兩個次第。「不來不去底人」是正偏兼帶理事無礙法界。若涅槃佛性混融一體，理事體用不分則是事事無礙法界。

十四、雙眼圓明：雙明雙暗　雙遮雙照

定心在這邊那畔優游，妙體居無定所。捏聚、把定意謂進入涅槃，放行或放開則意謂進入首楞嚴大定，即佛性生成世界的現象界。若「捏聚時放開，放開時捏聚」或「把定時放行，放行時把定」，即「鉤鎖連環」的「回互」境界。萬松老人云：「直須當存而正泯。在卷而亦舒。鉤鎖連環。謂之血脈不斷」。這意謂證到「鉤鎖連環」。「直得針線貫通。毫芒綿密。機絲不掛。文彩縱橫。正當石女機停時。已早木人路轉。正當夜色向午處。已早月影移央。」此即萬松老人所云「鉤鎖連環」。「放開時捏聚，捏聚時放開」、「倒下時起立，起立時倒下」、「把住時放行，放行時把住」、「起倒同時」即「鉤鎖連環血脈不斷」。定境「原地轉身」。經過長期修煉證到正偏兼帶。然後「雙眼圓明」達到「明暗雙雙」，亦謂「雙明雙暗」、「雙遮雙照」的境界。即雪竇重顯所言「明暗雙雙的時節」（《碧巖錄》）。正偏兼帶，可謂「雙眼圓明」。雙明雙暗、明暗雙雙，這是中道不二法門的境界。「雙收雙放」意謂鉤鎖連環首尾相接。

金針往復若「乍出乍入」乃是初學者。進入「鉤鎖連環」即到「作家」的境界。而更高級的境界是「雙遮雙照」、「雙明雙暗」、「明暗雙雙」。《從容錄》云：「二尊宿一收一放。開拓家風。天童內君外臣。建立雙照時節。」此處「內君外臣，雙照時節」即正偏兼帶的高級境界。即謂明暗雙雙或謂雙明雙暗的時節，若定心不來不去則是理事無礙法界。若內君外臣，涅槃佛性混同一體，進入事事無礙法界。菩薩「恆納虛空時含法界」（無明慧經）。涅槃佛性父子不離。定心進入涅槃即謂「丹霄把手共君行」，大定定心「一腳門裡一腳門外」故有「雙遮雙照」的時節。這意謂定心處於涅槃與佛性之間。涅槃佛性本來

同質，此時混融同居，然而既謂「雙」則還是「兩個」。

萬松老人云「起倒同時」，「更有遮照同時。遮照不立。不立卻同時。同時即不立。」「遮照不立」即止觀俱泯。「不立卻同時」意謂「遮照不立」與「遮照同時」非一非二。到此即是事事無礙法界。即中道不二境界，已證「一切種智」。這裡理事無礙法界的區分在「同時」。「有無」同時成立，六相義同時成立。菩薩具有佛智。涅槃佛性的定境「綿密不分」，禪師說：「上古今來成一體」、「徹底光明成一段」、涅槃佛性「渾然一體」正是「佛真法身」。

《從容錄》萬松老人云：

更須知有洞上宗風正倒時便起。正起時便倒底時節。然後起倒同時。起倒不立。

正偏兼帶兩個境界，理事無礙定心不動，事事無礙則同時涵容涅槃與佛性。「然後起倒同時。起倒不立。」正是不二法門。「一心三觀」的中道不二法門是禪定實踐的理論。空與不空同時成立，有無、非有非無、非非有非非無同時成立，即謂中道。華嚴宗以事事無礙為極則，禪宗「一真法界」的涵蓋四法界。

楚石梵琦云：

師乃云。三世諸佛。橫說豎說。不曾道著一字。六代祖師。全提半提。不曾接得一人。雖然不接一人。各各眼橫鼻直。雖然不道一字。言言玉轉珠回。雙放雙收。同生同死。全明全暗。有殺有活。

黃龍死心云：

水中燒火。特地人疑。山上使帆。會者應稀。二理雙忘。頓入幽微。一瓶一鉢。章江興歸。是也還是。非也還非。白雲綻處。明月光輝。雙放雙收人不會。滿山松竹泄天機。

百愚淨斯云：

舉香嚴上堂。因僧問不慕諸聖不重己靈因緣。乃云。諸方多作得失理論。那知古人機輪互換鼓吹並行。如虎有角同生同死。如龍無角雙放雙收。

松源崇岳云：

雙放雙收。眼睛難瞞。赤手全提。誰是知己。是以同聲相應。同氣相求。全體與麼來。全體如是住。雖然如是。且道風恬浪靜一句作麼生。

大慧宗杲云：

抬搦由來作者知。個中一字兩頭垂。同生同死何時曉。雙放雙收舉世疑。照膽蟾光沉碧漢。拍天滄海浸須彌。聞韶忘味有餘樂。方識詩人句外奇。

「個中一字兩頭垂」謂正偏兼帶。「雙放雙收」即謂「鉤鎖連環首尾相接」。「捏聚時放開，放開時捏聚」，所謂「機輪互換鼓吹並行」。

無異元來云：

靜則寒冰凝結。動則白浪滔天。直下了無動靜。紅爐片雪如綿。

「靜則寒冰凝結。動則白浪滔天」頌正偏兼帶。若金針不來不去，即是理事無礙法界，「紅爐片雪如綿」。

【公案】

五祖演問僧曰。倩女離魂那個是真底（王宙欲娶倩娘為妻。倩父母不許。倩遂臥病在家。王宙將欲遠行。月下見倩來。同舟而去。三年後遂生一子。倩遂歸父母家。才到門。家中有一倩娘。出來相見。兩人遂合成一身）。頌曰。

普融藏主云：

二女合為一媳婦。機輪截斷難回互。從來往返絕蹤由。行人莫問來時路。

【按】此謂涅槃佛性混居一身，正偏兼帶也。

正堂辯云：

兩女合為一媳婦。古寺基前幢子竪。彷彿上有陀羅尼。多少行人盡驚怖。

【按】「古寺基前幢子竪。彷彿上有陀羅尼」正是正偏兼帶的意象。

晦堂祖心云：

上堂。見見之時。見非是見。見猶離見。見不能及。還有轉身處也無。若能轉得。目前無闍梨。座上無老僧。若也轉不得。莫將閒學解。埋沒祖師心。

「目前無闍梨。座上無老僧」。菩薩理事無礙境界，見色無非觀空。

十五、中道　一心三觀　一切種智

《注心賦》永明延壽云：

第三理事無礙門者。亦有二種。一由習前理事融通交徹令無。二雙現前故。遂使止觀同於一念頓照也。第四理事雙絕門者。由理事雙現。互相形奪故。遂使兩相俱盡。非理非事。寂然而絕。是故令止觀雙泯。迥然無寄也。

止觀同於一念，或者止觀雙泯理事俱泯，見華嚴三昧，到此接近事事無礙法界。若遮照同時，同時即不立，不立卻同時，即事事無礙法界。「止觀同於一念」即「遮照同時」，「止觀雙泯」即「遮照不立」，此謂「雙明雙暗」的理事無礙法界。若「遮照同時，同時又不立，不立卻同時」則到事事無礙法界（見萬松老人）。事事無礙法界，非理非事，一念間有無同時成立，六相義同時成立。

宏智正覺「普眼菩薩章」云：

誰從普眼道場來。天帝堂前珠網開。徹底光明成一段。個中清淨絕纖埃。交羅理事真空觀。照破根塵不夜台。恰恰相應爾時節。陶家壁上起梭雷。

宏智正覺頌事事無礙法界，先說「徹底光明成一段。個中清淨絕纖埃」，意謂涅槃佛性混融一體，「恰恰相應爾時節。陶家壁上起梭雷」意謂證得佛位，證得事事無礙法界即證一心三觀，即一切種智，也即成佛。

雪岩祖欽云：

如來秘密寶藏。佛祖向上牢關。透得一個無字。百匝千重。一時了畢。譬如一燈洞耀。百千明鏡交輝。卻須當軒撲滅。明暗俱忘。道有道無。臨機在我。我相亦空。萬象森羅。同成正覺。

「如帝釋殿天珠網覆，珠既明徹，互相影現，所現之影還能影現，如是重重不可窮盡」。形容事事無礙法界，帝釋網。「當軒撲滅明暗俱忘」即雙收雙放。

宏智正覺云：

十五日已前。頭上不著七寶冠。十五日已後。腳下掣斷五色線。頭上不著七寶冠。正坐不見坐。腳下掣斷五色線。正去不見去。正當十五日。覷破兩頭。直得君臣道合。父子氣和。

「君臣道合。父子氣和」即謂證得正偏兼帶，涅槃佛性混居一身。若涅槃佛性混融一體綿密不分則進入「事事無礙法界」。到此「惑障清淨種智圓滿」。

《略釋新華嚴經》（李長者）云：

是故普賢云。如是華藏莊嚴世界海。以普賢是差別智上行。

事事無礙法界，皆由普賢願力起，以普賢是差別智上行。整個《華嚴經》大典，全經形容事事無礙法界，皆因事事無礙法界之重要。在成佛之路上，禪師先證入涅槃後轉身退位證得佛性，然後入廛垂手經歷紅塵世界。定心從往復來往至金針雙鎖玉線貫通，再到鉤鎖連環首尾相接。然後證得正偏兼帶，由此證得理事無礙法界、事事無礙法界。祖師禪要證得一心三觀，中道，即一切種智。此即祖師禪的修證，祖師禪證入涅槃，鶴不停機轉身退位證得佛性。佛性出世行如來逆流，菩薩入廛垂手普度眾生，最後證入究竟涅槃。

法界三觀六義頌（真淨克文）云：

色空無礙如意自在。萬象森羅影現中外。
出沒去來此土他界。心印廓然融通廣大。
理事無礙如意自在。倒把須彌卓向緲芥。
清淨法身圓滿土塊。一點鏡燈十方海會。
事事無礙如意自在。不動道場十方世界。
東湧西沒千差萬怪。火裡蝍蟟吞卻螃蟹。
事事無礙如意自在。手把豬頭口誦淨戒。
趁出淫坊未還酒債。十字街頭解開布袋。
事事無礙如意自在。拈起一毛重重法界。
一念遍入無邊剎海。只在目前或顯或晦。

事事不知空色誰會。理事既休鐵船下海。石火電光咄哉不快。橫按鏌邪魔軍膽碎。

真淨克文云：「事事無礙如意自在。拈起一毛重重法界。一念遍入無邊剎海。只在目前或顯或晦。」從空間來講，「一毛」含蘊重重法界；從時間來講，「一念」即是十世古今。唐代李通玄云：「十世古今，始終不離當念。無邊剎海，自他不隔毫端。」李長者即是從時空的角度來解釋事事無礙法界。李長者是真淨克文禪師頌的最好注腳。佛智觀照大千世界，根本沒有時間、空間的概念。「當念」即是十世古今，也是「無邊剎海」。定心同時處於兩個境界：「一腳門裡一腳門外」，如此才能「寂照同時」。「事事無礙如意自在。不動道場十方世界。東湧西沒千差萬怪。火裡蝍蟟吞卻螃蟹。」這裡描述的是禪師感受的境界，「不動道場十方世界」即謂佛性定心不來不去卻能縱橫「十方世界」，而這卻是「千差萬怪」的虛幻世界。「火裡蝍蟟吞卻螃蟹」則試圖以怪異的景象來表明「法界量滅」以後，事物的「現象」與本體同時呈現，理事混融一體無別。一法即一切法。在佛智觀照下這個大千世界萬法平等，萬法一如沒有差別。蝍蟟、螃蟹、老虎、豬頭「法法平等」，故而真淨克文又云：「事事無礙如意自在。手把豬頭口誦淨戒。趁出淫坊未還酒債。十字街頭解開布袋。」這既要表明豬頭與白菜無有差別。淫坊與僧寮亦無差別。「解開布袋」即「放開」。第三句意蘊更為深刻：「事事無礙如意自在。拈起一毛重重法界。一念遍入無邊剎海。只在目前或顯或晦。」這是以宇宙本體的角度與佛的智慧來洞察其本身所顯現生成的「大千世界」，在泯滅無明妄念的情形下，佛智所「知見」的一切事物的外相有無皆可，塵塵剎剎皆是現象與佛性本體的同時顯現，對菩薩來說，無論感應的是本體還是現象都「無差別」。這即是「一心三觀」。到此可證「一切種智」。因為只有「中道」才具「一切種智」。事事無礙法界即是「中道」的定境。真淨克文禪師關於事事無礙的頌偈，表明我們凡夫所見的經驗世界被徹底顛覆，一切現象被「空」掉，本體現象同時顯現，時空概念完全消融，事事無礙法界就是這樣的「無法無天」的境界。

理事既休即理事俱泯，到此法界量滅，中道圓成。真淨克文禪師所頌，前面描述「理事無礙」，後面形容事事無礙，無法正指只能「旁敲」。我們須注意對「時空」以及「色相」的消解。更要注意「中道圓成」。「中道」對一切現象與對立概念的顛覆。「手把豬頭口誦淨戒」、「趁出淫坊未還酒債」皆有「同時」的含義。真淨克文禪師的意旨當然不是要學佛者破壞戒律，而是表達在「事事無礙法界」裡，萬法一如萬法平等，「豬頭」與「蘿蔔」有何差別？「淫坊」與「僧寮」有何不同？這是「一即一切，一切即一」的境界。我們要注意，事事無礙法界與「一心三觀」相即相成。中道即可謂中道、中諦，事事無礙法界即「中道」，有無、非有非無、非非有非非無皆同時成立。現象與本體「俱時顯現」。華嚴六相義同時成立。《宗鏡錄》云「正成時即壞」。涅槃佛性混融一體，此時菩薩證得「一切種智」，所證得的正是大乘「中道」佛智。

《法眼錄》頌「華嚴六相義」云：

華嚴六相義，同中還有異。異若異於同，全非諸佛意。諸佛意總別，何曾有同異？男子身中入定時，女子身中不留意。不留意絕名字，萬象明明無理事。

「異若異於同，全非諸佛意」，這是形式邏輯無法理解的，男子女子非同非異，理事不分，這個境界只有中道不二法門才能理解。「同異」不二，非同非異。

真淨克文云：

> 佛法門中有縱有奪。縱也。四五百條花柳巷。二三千所管弦樓。奪也。天上天下唯我獨尊。不縱不奪又作麼生。良久云。長把一聲歸去笛。夜深吹過汨羅灣。

「不縱不奪。不捏聚不放開」謂正偏兼帶理事無礙。釋迦以「天上天下唯我獨尊」比喻涅槃，「奪」意謂「捏聚」。「縱」意謂放開。放開則世界顯現，所謂「十字街頭解開布袋」。「長把一聲歸去笛。夜深吹過汨羅灣」謂理事無礙。

「六相義」雲峰文悅（翠巖）云：

> 成壞總別同異。帝網交參六義。拈起大地山河。透出過現未世。文殊夢裡揚眉。普賢空中彈指。三十年後自看。且恁和泥合水。

「拈起大地山河。透出過現未世」，表明事事無礙法界超越時空。禪宗沒有時空概念，丹霞子淳「一念蕭蕭不記年」（古今無間）。「成壞總別同異。帝網交參六義」，六相義表述三對矛盾範疇，在中道不二法門下，「絕對矛盾的自我同一」（西田幾多郎）在表面上可以解釋，而其內在的「不二法門」卻是語言無法解釋的。我們注意，「成壞總別同異。帝網交參六義」是同時成立的。

保寧仁勇云：

上堂。無邊剎境。自他不隔於毫端。十世古今。始終不離於當念。豎窮三際。橫遍十方。理事圓融。性相平等。宮殿樓閣。處處莊嚴。草木山川。重重顯露。鐘鳴鼓響。時時揚解脫之音。文字語言。句句盡真如之理。離彼離此。無是無非。芥子納須彌。未為分外。百川歸大海。乃是尋常。都亡大小之名。不見有無之相。是故。隱顯自在。去住無方。處凡不凡。在聖不聖。

「同時」是禪的重要概念，事事無礙法界要害在「同時」。禪師在俗諦意義上講「同時」。所謂「遮照同時，同時即不立，不立即同時」。「總別同異壞空」。講究「即總即別」。涅槃佛性就禪定境界而言是非一非二非同非異而實質相同，金針雙鎖的意義就在於佛性要保持與涅槃滅盡定同質化。但是就變化的時間過程言，涅槃佛性「同時」出於「一念」，理事無礙法界鉤鎖連環金針往復，電光石火猶是鈍，「須臾」也無法形容變換之速，中峰明本頌《信心銘》：「說甚須臾與久長」。而事事無礙法界，《宗鏡錄》云：「成不礙壞。壞不礙成。顯不礙隱。隱不礙顯。故云無礙。正成時即壞等。故云同時。」這裡「同時」意謂「一念」裡「成壞總別同異」同時成立。在事事無礙法界，所謂「成壞有無」，有即無無即有，有無成壞同時成立，「成不礙壞。壞不礙成」而且「正成時即壞」，這即是「大乘中道不二法門」，這是禪定境界的實證。「成壞總別同異」六相義同時成立。

《宗鏡錄》永明延壽云：

十帝網無礙說一心。謂一中有一切。彼一切中復有一切。重重無盡。皆以心識如來藏性。圓融無盡。以真如性畢竟無盡故。觀一切法即真如故。一切時處皆帝網故。如頌云。若人欲識真空理。身內真如還遍外。情與非情共一體。處處皆同真法界。不離幻色即見空。此即真如含一切。一念照入於多劫。一一念劫收一切。於一境內一切智。於一智中諸境界。只用一念觀諸境。一切諸境同時會。時處帝網現重重。一切智通無掛礙者。

此處「一念」即「同時」。禪師常說：「一念萬年」，理事無礙法界尚有現象「一念」天堂，「一念俗世」。禪定意識「不來不去」，「不捏聚不放開」（明覺性聰）。「石女罷金針」，此即理事無礙法界。這個過程，電光石火猶是鈍，涅槃佛性「同身共命」，「一氣連枝」，「把手丹霄」，「非此非彼」。在正偏兼帶境界，涅槃佛性混融一體的事事無礙法界，一念中理事同時成立同時顯現。禪定意識同時處於「兩個定境」，這是正偏兼帶的極則，只有中道不二法門能夠解釋。

「觀一切法即真如故」，「觀」是「感應」。事事無礙境界，觀察者不具備客觀立場，而融入「百千明鏡互相鑒照」的「一個渾淪花木瓜」的境界。

《宗鏡錄》永明延壽云：

一心三觀者。知一念心不可得不可說。而能圓觀三諦也。**即《淨名經》云**。一念知一切法是道場。成就一切智故。是以在境。為一諦而三諦。在心為一觀而三觀。在果為一智而三智。如一圓珠。珠相喻有。珠徹淨喻空。圓明喻中。三無前後。此喻一諦而三諦。若以明鏡照之。珠上三義一時頓現。即喻一觀而三觀。若就鏡中道珠。珠之與鏡非一非異。則喻心境二而不二。為真覺也。妙觀者。觀一念心為所緣境。返觀此心。從何處來。去至何所。淨若虛空名空觀。觀境歷歷分明名假觀。雖歷歷分明而性常自空。而境觀歷然名中道。即三而一。即一而三。

萬松老人云：

直須當存而正泯。在卷而亦舒。鉤鎖連環。謂之血脈不斷。然後雙遮雙照。更有遮照同時。遮照不立。直得帝網交羅重重無盡。始是圓頓一乘。更須知有洞上宗風正倒時便起。正起時便倒底時節。然後起倒同時。起倒不立。

《請益錄》萬松老人云：

更須知有遮照同時。遮照不立。然後同時即不立。不立即同時。放收諸門，更須知有向上一竅在。

以上所引述來自萬松老人的《從容錄》、《請益錄》。萬松老人在此揭示事事無礙法界的禪定奧秘。「起倒同時。起倒不立」與「正倒時便起。正起時便倒」。正偏兼帶境界涅槃佛性混居一身乃至「雙遮雙照」。「遮照同時。遮照不立。然後同時即不立。不立即同時」即事事無礙法界。《宗鏡錄》云：「成不礙壞。壞不礙成。顯不礙隱。隱不礙顯。故云無礙。正成時即壞等。故云同時。」這即揭示「寂照同時」的事事無礙法界，理事「俱時顯現」。華嚴六相義同時成立。「正成時即壞等。故云同時」，這要以中道不二法門理解。

「正當十五日」證得「正偏兼帶」。涅槃佛性混居一身。定心不動，「打成一片」即謂世法佛法打成一片。即是理事無礙法界，圓悟克勤揭示的修證過程。所謂定心處於兩個境界，意謂涅槃與佛性（首楞嚴）定境混融難分，若金針雙鎖綿綿密密時，涅槃佛性混融一體，定心「同時」處於兩個定境，即事事無礙法界。「有無」在一念中同時成立。到此「體用何妨分不分」、「萬象明明無理事」（文益法眼）。涅槃佛性不分彼此，成為無比燦爛的帝釋網。此即事事無礙法界，即到大乘中道境界，即所謂「不二法門」。

「華嚴三昧」（賢首法藏）描述的定境，有「理事雙絕門者。由事理雙觀。互相形奪故。遂使兩相俱盡。非事非理。寂然雙絕。是故令止觀雙泯。迥然無寄也」。到此止觀雙泯定慧不起，故此遮照不立，而有「帝網重現門者。由於一事中具一切。復各具一切。如是重重。不可窮盡」。這裡華嚴宗祖師賢首法藏所說乃「華嚴三昧」。而首楞嚴大定含攝百千三昧，首楞嚴大定又謂「金剛三昧」、「金剛如幻三摩地」，含攝百千三昧，「華嚴三昧」也在其中。萬松老人講解禪定的活計，即金針雙鎖的奧妙處「鉤鎖連環血脈不斷」。然後證入正偏兼帶，雙遮雙照，「更有遮照同時。遮照不立。直得帝網交羅重重無盡」的事事無礙法界。事事無礙法界證到大乘中道極則，「一心三觀」而證得一切種智。

《萬善同歸集》永明延壽云：

雙照真俗二諦。無即不無。有即非有。有無雙照。妙悟蕭然。由理事雙現。互相形奪故。遂使兩相俱盡。非理非事。寂然而絕。是故令止觀雙泯。

理事同時顯現：「隱顯則互興，無閡則齊現」，這表明理事可以齊現而無礙。

《碧巖錄》圓悟克勤云：

事事無礙法界，明一事遍入一切事，一切事遍攝一切事，同時交參無礙故。所以道：一塵才舉大地全收，一一塵含無邊法界。一塵既爾諸塵亦然。網珠者，乃天帝釋善法堂前，以摩尼珠為網，凡一珠中映現百千珠，而百千珠俱現一珠中，交映重重，主伴無盡，此用明事事無礙法界也。昔賢首國師，立為鏡燈諭，圓列十鏡，中設一燈，若看東鏡，則九鏡鏡燈歷然齊現，若看南鏡則鏡鏡如然，所以世尊初成正覺，不離菩提道場，而遍升忉利諸天，乃至於一切處，七處九會，說《華嚴經》。雪竇以帝網珠，垂示事事無礙法界，然六相義甚明白，即總即別，即同即異，即成即壞，舉一相則六相俱該。

「即」指兩個概念非一非二相倚相成。「舉一相則六相俱該」意謂舉一相則六相該括，「即」有同時成立之義，屬於中道「不二法門」。此處「雪竇以帝網珠，垂示事事無礙法界，然六相義甚明白，即總即別，即同即異，即成即壞，舉一相則六相俱該」，乃是對於中道不二法門的描述。

正偏兼帶的初級次第即理事無礙法界，世法佛法打成一片。理即佛性本體。高低一顧萬象齊彰。金針往復鉤鎖連環至於綿密無間，涅槃佛性無此無彼混融一體。即事事無礙法界，曹洞宗謂「功功」，「雪月混時功功不共」（真歇清了）。事事無礙境界現象本體同時顯現，六相義同時成立。佛性本體如同寶珠，形成帝釋網。這是「為虛空描眉目」，這也是佛菩薩境界。《楞嚴經》「世界如來。互相涉入。得無掛礙」。即謂涅槃佛性混融一體。這裡，世界謂佛性，如來謂涅槃。事事無礙法界即到正偏兼帶的極則。

禪師所說「同時」意謂「一念」。「遮照同時，同時即不立，不立卻同時」。「總別同異壞空」。講究「即總即別」。涅槃佛性就禪定境界而言是非一非二非同非異而實質相同，金針雙鎖的意義就在於佛性要保持與涅槃滅盡定同質化。但是就變化的過程來說，金針往復鉤鎖連環，電光石火猶是鈍，理事無礙境界，定心在涅槃與佛性之間變換尚有過程。事事無礙法界關鍵在「同時」，即在「一念」裡同時成立。六相義所謂「成壞總別同異」同時成立。成壞意謂「有無」，有無成壞同時成立，「正成時即壞」。這是禪定的實證結論。「成壞總別同異」六相義「一念」同時成立，此即事事無礙法界的境界。

正偏兼帶極則境界進入「功功」（曹洞宗功勳五位），父子綿密無間非此非彼，「混然無諱處」，涅槃佛性不分彼此進入「事事無礙法界」。涅槃與佛性融合一體，體用不分全體作用。「理事相奪」而「事奪於理」。帝釋網的珠體即佛性本體。帝釋網境界沒有現象，也沒有觀察者，到此菩薩也只能「融入」此境界，大定定心只能作為一面明鏡融入「千百明鏡互相鑒照」的境界，到此「井覷驢驢覷井井覷井」，這個境界無內無外混沌一團。所謂「超現象界」（方東美）的說法是不對的。事事無礙法界沒有觀察者與觀察對象。

菩薩進入「事事無礙法界」。到此「法界量滅」，一切大小、上下、形象、色彩、時間等事物的時空屬性全部消融。禪宗也只好以種種「非世間」的形象來形容「虛空」。菩薩定心到此境界只是千百明鏡之一、只是塵塵剎剎之一，也是「真身」之一。「事事無礙法界」的禪定境界乃是涅槃佛性混融一體的境界。涅槃佛性「上古今來成一體」，即「惑障清淨，種智圓滿」。到此證得一心三觀即中道，即一切種智。

十六、公案解釋

【公案】《從容錄》第七十則壽聖鉤錐

舉壽聖云。月半前用鉤（新松恨不長千尺）【佛智】。月半後用錐（惡竹須應斬萬竿）【菩薩之無明】。僧便問。正當月半時如何（「無」雲生嶺上。「有」月落波心）【兼帶】。聖云。泥牛踏破澄潭月（也不消得）【混融】。天童拈云。兩頭得用。壽聖作家（去則鉤你。來則錐你）。直下忘功。是誰體得（放下鉤錐。懸崖撒手）。放行也互換尊賓（天眼龍睛。神出鬼沒）。把定也不留朕跡（清光應更多）。還有體得底麼（未有工夫）。玉女夜拋梭（暗通一線）【涅槃】。織錦於西舍（文彩已彰）【兼帶】。

師云。壽聖話頭。未詳所出。石門聰云。十五日以前諸佛生。十五日以後諸佛滅。十五日以前諸佛生。你不得離我這裡。若離我這裡。我有鉤鉤你。十五日以後諸佛滅。你不得住我這裡。若住我這裡。我有錐錐你。且道正當十五日。用鉤即是。用錐即是。遂有頌云。正當十五日。錐鉤一時息。更擬問如何。回頭日又出。大慧杲曰。恢張三玄三要。扶豎臨濟正宗。須是恁麼人始得。雖然如是。雲門即不然。十五日以前。諸佛本不曾生。十五日以後。諸佛本不曾滅。十五日以前。你若離我這裡。我也不用鉤鉤你。一任橫擔拄杖。緊悄草鞋。十五日以後。你若住我這裡。我也不用錐錐你。一任拗折拄杖。高掛缽囊。且道正當十五日。合作麼生。乃云十五日前後。鉤錐徒爾為。今朝十五日。正好用鉤錐。且作麼生用。路逢死蛇莫打殺。無底籃子盛將歸【正偏兼帶】。萬松道。大騁神通。不勞心力。天台智者舉《涅槃經》。如白月以前。種智將圓。黑月以後。惑障欲盡。是故如來仲春月半。中夜涅槃。經中三兩段義。頗似衲僧說話。蓋類此也。梵語盧舍那。此云滿淨。謂種智圓滿。惑障清淨。種智圓滿。鉤在不疑之地。惑障清淨。今年錐也無。所以天童道。兩頭得用。壽聖作家。推惡離己。直下忘功。是誰體得。天童不免。放行也。互換尊賓。有去有住。有鉤有錐。把定也。不留眹跡。月落潭空。無下手處。大慧向諸師放行處把定。大家把定處放行。終是撞頭磕額。賴有末後句。卻與天童同參。且道同參底事作麼生。石女夜裁無縫錦。死蛇多出放生籃【正偏兼帶】。

【按】無縫錦謂涅槃，放生籃謂佛性。

【按】「路逢死蛇莫打殺」謂涅槃。「無底籃子盛將歸」謂佛性。兩句並論謂正偏兼帶。若涅槃佛性混融一體，即事事無礙境界，一心三觀、中道。

【按】「月半前用鉤（新松恨不長千尺）【菩薩佛智】。月半後用錐（惡竹須應斬萬竿）【菩薩枝末無明】。僧便問。正當月半時如何（無雲生嶺上。有月落波心）。聖云。泥牛踏破澄潭月（也不消得）。天童拈云。兩頭得用。壽聖作家。」

佛性出世定心往復，定心向涅槃優游，即是菩薩泯滅「所知障」的時節。故謂「月半後用錐（惡竹須應斬萬竿）」，謂消除菩薩的枝末無明。萬松老人評語利用杜詩形容此境可謂絕妙。

「惡竹須應斬萬竿」即謂消除菩薩的妄念。

「斫卻月中桂，清光應更多」形容消除菩薩境界的妄識。禪師用功使得定心進入無漏涅槃。

「月半前用鉤（新松恨不長千尺）」比喻運功助長菩薩佛智，謂「新松恨不長千尺」。

「正當月半時如何（無雲生嶺上。有月落波心）」此謂正偏兼帶境界：「『無』雲生嶺上，『有』月落波心」。

「泥牛踏破澄潭月」謂「水波混融」，即謂涅槃佛性混居一身。「前釋迦後彌勒」，即佛真法身。

「正當十五日。錐鉤一時息」形容正偏兼帶。這是「鉤鎖連環」下證到的境界。

正偏兼帶境界，若定心不來不去，證得理事無礙法界。若涅槃佛性混融不分，禪者進入「事事無礙法界」。到此「惑障清淨種智圓滿」證得一切種智，妙覺。

圓悟克勤謂「正當十五日。化為萬斛明珠。撒在大千沙界。處處盡放光明。各各急著眼看」，形容事事無礙法界如同帝釋網，珠體燦爛重重無盡。此頌正偏兼帶的極則：事事無礙法界。即到一心三觀，中道，一切種智，妙覺。

圓悟克勤云：

放行處把住。把住處放行。雖是為人鉗錘。爭奈傷風犯手。若是崇寧則不然。十五日已前不得住我者裡。若住我者裡。我放火燒你。十五日已後你不得離我者裡。你若離我者裡。我放火燒你。正當十五日。化為萬斛明珠。撒在大千沙界。處處盡放光明。

【按】「正當十五日。化為萬斛明珠」，形容事事無礙，此頌涅槃佛性混融一體，即事事無礙法界。圓悟克勤上根利智，證得「正偏兼帶」即到事事無礙法界。

宏智正覺云：

上堂。云。十五日已前。有口說不得。十五日已後。無心卻自然。正當十五日。一句作麼生道。良久云。雲籠無縫襖。花笑不萌枝。

「雲籠無縫襖。花笑不萌枝」，比喻正偏兼帶。「雲」喻佛性，「無縫襖」喻涅槃。「雲籠無縫襖」比喻正偏兼帶。「花笑不萌枝」同義。「不萌枝」喻涅槃，「花」喻佛性。正偏兼帶，涅槃佛性混居一身，「前釋迦後彌勒」即「佛真法身」。

佛鑒慧勤云：

十五日以前。常在途中。不離家舍。十五日以後。常在家舍。不離途中。正當十五日。跛跛挈挈。百醜千拙。張都料。李作頭。鑿竅底鑿竅。著楔底著楔。雙徑來來去去人。長安夜夜家家月。

臨濟義玄法語：「常在途中。不離家舍。常在家舍。不離途中。」形容正偏兼帶。「正當十五日。跛跛挈挈。百醜千拙。張都料。李作頭。鑿竅底鑿竅。著楔底著楔。雙徑來來去去人。長安夜夜家家月。」形容正偏兼帶。「來來去去人」謂「佛性」，「長安夜夜家家月」謂涅槃，正偏兼帶之意。「跛跛挈挈。百醜千拙」形容正偏兼帶，「凡聖同居龍蛇混雜」豈非「百醜千拙」。

十七、法界量滅 中道圓成

真淨克文（《古尊宿》）云：

法界者。一切眾生身心之本體也。乃拈拄杖云。不是法界。是諸人無始已來靈明廓徹。廣大虛寂之妙體。故此土他界。天堂地獄。六凡四聖。情與無情。同一無異。無壞無雜。猶帝網之明珠。互相融通。更相涉入。可謂無邊剎境。自他不隔於毫端。十世古今。始終不離於拄杖頭上。

《楞嚴經》云：「世界如來互相涉入」，世界表徵佛性，如來謂涅槃。事事無礙法界，涅槃佛性混融一體互相涉入，故謂「體用何妨分不分」。「萬象明明無理事」，一切事物混融一體，「同一無異。無壞無雜」，渾淪一團而已。

大慧宗杲語要摘錄云：

所以云：菩薩住是不思議，於中思議不可盡。入此不可思議處，思與非思皆寂滅。然亦不得住在寂滅處，若住在寂滅處，則被法界量之所管攝，教中謂之法塵煩惱。滅卻法界量，種種殊勝一時蕩盡了。方始好看庭前柏樹子，麻三斤，乾矢橛。狗子無佛性，一口吸盡西江水，東山水上行之類。忽然一句下透得，方始謂之法界無量回向。如實而見，如實而行，如實而用，便能於一毛端，現寶王剎，坐微塵裡，轉大法輪，成就種種法，破壞種種法，一切由我。

《華嚴經》云：

法界性德，中道圓成，唯一真心，則法界量滅，所謂空覺極圓，名法界無量回向。此十回向依前十行，念念證真，心心寂滅，妙契中道，故云：回向。

然雖三觀歷然，中道理顯，猶存歷別，未極一心之源，故為差別因；必須泯前修相，妙證寂滅一心平等法界，方得圓滿菩提。

法界量，按照《宗鏡錄》說即是「事法界」即現象界。法界量滅即謂事物的屬性消融，有無、六相義同時成立。此處「中道圓成」極為重要，事事無礙法界「妙契中道」。可謂之「中道境界」的極則。所得即是一切種智。「中道」即「非正非偏」的境界，「有無、非有非無、非非有非非無」同時成立。我們說「同時」成立，此即「中道」。一心三觀的「中道」並非理論思辨而是禪定的實證境界。天台宗提出「一心三觀」所對應的禪定境界；空觀即涅槃滅盡定，不起一念空無一物。假觀即首楞嚴大定，佛性出世建立世界。就是凡夫所見的現象世界。中道即定心同時含攝涅槃與佛性的境界。若涅槃佛性混融一體是事事無礙法界。此非佛境界極則。「妙證寂滅一心平等法界，方得圓滿菩提」，菩薩經歷「妙覺逆流」而來，具備佛智。「猶存歷別」表明未證「差別智」。事事無礙法界非是菩薩極則。還要證得圓滿的「一真法界」。

佛性出世定心往復，乃至「金針雙鎖鉤鎖連環」，定心處於「自由自在」的境界。玄沙師備禪師謂之「羅籠不肯住。呼喚不回頭。佛祖不安排。至今無處所」，所謂「瞻之在前忽焉在後」，正偏兼帶境界。若「內君外臣」則雙遮雙照，「一腳門裡一腳門外」。理事無礙法界，定心不來不去。在雙遮雙照遮照同時的時節（「明暗雙雙的時節」），禪師處於「正偏兼帶理事無礙」，非空非假，雙照空假。若再進一步，遮照同時，同時不立，萬松老人提示「更須知有遮照同時。遮照不立。然後同時即不立。不立卻同時。放收諸門，更須知有向上一竅在」，如此才是事事無礙法界。涅槃佛性混融一體。定心同時處於兩個境界，故此說「有」說「無」都可以，事事無礙法界裡「有無」同時成立，這是普通人無法理解的。又，「一心三觀」與佛性的說法有關。空佛性即空觀（空如來藏，指涅槃），不空佛性即假觀（指佛性，生成現象界），空不空佛性（空不空如來藏）即中道。此時「空」與「不空」同時成立。佛教「不二法門」完全建立在禪定境界上。此中道即「空不空如來藏」。這個境界難以言說，諸大禪師都表示事事無礙法界「只能旁敲無法正指」。大禪師都是「繞路說禪」。我們在此闡釋「鉤鎖連環」與「正偏兼帶」、「中道」、「空不空佛性」以及理事無礙、事事無礙的關係。雖然繁瑣反覆，筆者只能「饒舌」而已。

菩薩禪定境界中，「有時萬象有時空」。這是正偏兼帶理事無礙法界。對菩薩來說「須臾之頃返色歸真」（真歇清了《信心銘注》），「理事相侵相奪」，尚不能「同時呈現」。「菩薩當體即空」（雲門文偃）即菩薩觀色即空，當體即空，「色空不二」。這不是理論而是定境的實證。禪定意識有時進入涅槃（「丹鳳沖霄羚羊掛角」），有時進入首楞嚴（「枯木生花」）。在「金針往復」的境界下，禪定意識這邊那畔優游無間。佛性具有佛智「返照」，故此了知一切。此時世法佛法打成一片，即理事無礙法界也。

而金針綿密時涅槃本體與佛性本體混融不分，理事混融。這樣菩薩就進入「事事無礙法界」。宏智正覺說：「不動步遊彌勒樓閣。不反聞入觀音普門。」到此「有即是無，無即是有」。

《新華嚴經論》卷第一長者李通玄云：

以釋天之寶網。影十剎以重重。取離垢之摩尼。明十身而隱隱。無邊剎境。自他不隔於毫端。十世古今。始終不移於當念。

真歇清了云：

枯木岩前花自笑。直得髑髏吟處韻韻難齊。雪月混時功功不共。

此處說「雪月混時功功不共」，則謂雪月混時，涅槃佛性混融無別，即是功功，曹洞宗「功勳五位」之最高境界。

自得慧暉云：

理事混然。體用融爾。**文殊昨夜入無差之峨嵋**。普賢今朝出有差之五台。帝釋天宮珠網重重。釋迦猊座華藏堂堂。良久曰。且道是誰境界。

正偏兼帶境界，金針雙鎖鉤鎖連環到綿密無間時，涅槃本體與佛性本體圓融一體，進入事事無礙法界。人們以帝釋網形容這個境界，帝釋網的每個寶珠都是佛性本體，故此含蘊無數的宇宙，重重無盡處處真身。這是彌勒樓閣重重無盡的境界。理事無礙尚有理事之分，尚有現象，而事事無礙則是「現象本體同時顯現」，《心經》講「色不異空空不異色」謂理事無礙法界，「色即是空空即是色」則形容事事無礙法界。菩薩進入「事事無礙法界」，到此「法界量滅」，「中道圓成」，這即是大乘中道的極則。即所謂「一心三觀」的中道。有無是非同時成立。到此即證一切種智。

法界量滅，意謂現象界事物的一切屬性消融，到此「法界量滅」，一切大小、上下、形象、色彩、時間等事物的時空屬性全部消融。菩薩到此境界也只是千百明鏡之一，這裡沒有主客、能所之分，沒有客觀的觀察者。十界（四聖六凡）乃至事法界、理法界、理事無礙法界甚至生死涅槃都幻滅了。只是「一真法界」。故此「生死涅槃。皆是可壞之相。故皆壞之」。到此，「一色一香，無非中道，一塵一毛，皆等法界。」「現象」可有可無，因為「有無」在一念中同時成立，此一念，是謂「無邊剎海自他不隔於毫端，三世古今始終不離於當念」。無限時空攝於一念。世俗的時空觀念也不存在。禪宗也只好以種種「非世間」的形象來形容這個「虛空」。

十八、事事無礙法界

禪師的「一念」即「同時」。禪定意識能夠同時處於「兩個境界」，事事無礙法界是菩薩證入的高級禪定境界。到此即證大乘中道，一切種智。向上則證那伽定，所謂「得的人，終日閒閒的」、「如愚若魯」。

真淨克文禪師云：

凡夫色礙。二乘空礙。菩薩色空無礙。目前萬象森羅。理事融通自在。僧堂又添暖火。十方高人共會。不必更分彼此，同是一真法界。喝一喝。

《宗鏡錄》永明延壽云：

華嚴四觀者。此約一心真如法界。就理事行布圓融成四種法界。對此法界為四種觀門。此四觀門法本如是。故依法而觀。故名為觀。一事觀。謂迷悟因果染淨歷然。二理觀。謂我法俱空平等一相。三理事無礙觀。謂彼此相遍隱顯成奪同時無礙。四事事無礙觀。謂觀事法以理融故。相即相入重重無盡。若依此一心無礙之觀。念念即是華嚴法界。念念即是毗盧遮那法界。經云。若與如是觀行相應。於諸法中不生二解。一切佛法疾得現前。台教三觀者。三觀義云。夫三寸之管氣序不衰。一尺之表朝陽可測。是知得其道者。豈遠乎哉。三觀詣理之妙門。今明此義。故惜為喻也。仰佛法遐蹤。神功浩曠。求玆非遠。寄以一心。體之有原。總乎三智。若其假方便以致殊。會歸一道寂然而雙照。三觀之名出自《瓔珞經》。云從假入空名二諦觀。從空入假名平等觀。雙照二諦心心寂滅。自然流入薩婆若海也。天台疏問曰。三觀俱照二諦。有何等殊。答曰。前觀雖照二諦破用不等。次觀亦照二諦破用平等。既不見中道。但是異時平等。第三觀者。得見中道雙照二諦。即是一時平等也。若修觀心。還用前二觀雙亡雙照之方便也。雙亡方便者。初觀知俗非俗。即是俗空。次觀知真非真即是真空。非真非俗即是中道。因是二空觀入中道第一義諦觀。今明一心三觀者。一明所觀不思議之境者。即是一念無明心。因緣所生十法界以為境也。此心神微妙。一念具一切三世諸心諸法。譬眠法覆心。一念之內夢見一切諸心諸事。若正眠夢之時謂經無量。如《法華經》。說夢見初發心乃至成佛無量諸事。比其覺時。反觀只是一念眠心也。心譬自性清淨心。眠法覆心譬於無明。無量夢事譬恆沙無知覆一切恆沙佛法。夢事不實善惡憂喜。譬見思惑覆真空也。若不細尋夢譬。不思議之疑終無決理。故諸《大乘經》多說十喻。但諸法師不圓取譬。意止偏得虛偽空邊。不見譬無量無明法性邊也。故三諦之境義不成也。二明能觀者。若觀此一念無明之心。非空非假。一切諸法亦非空非假。而能知心空假。即照一切法空假。是即一心三觀。圓照三諦之理。不斷癡愛起諸明脫。若水澄清珠相自現。此即觀行即也。三明證成者若證一心三觀。即是一心三智五眼也。若得六根清淨名相似證。即十信位也。若發真無漏名分證真實。即此是初住也。經云。一念知一切法是道場。成就一切智故。

《大品經》云。有菩薩從初發心即坐道場。當知是菩薩為如佛也。《智度論》云。三智其實為人說。令易解故。所以次第說耳。又總明三種三觀。一者別相三觀。二者通相三觀。三者一心三觀。一別相三觀者。歷別觀三諦。若從假入空。但得觀真。尚不得觀俗。豈得觀中道也。若從空入假。但得觀俗。尚未得觀中道。若入中道正觀。方得雙照二諦。三通相三觀者。則異於此。從假入空。非但知俗假是空。真諦中道亦通是空也。若從空入假。非但知俗假是假。真空中道亦通是假。若入中道正觀非但知中道是中。俗真通是中也。是則一空一切空。無假無中。而不空。一假一切假。無中無空。而不假。一中一切中。無假無空。而不中。但以一觀當名。解心無不通也。三一心三觀者。知一念心不可得不可說。而能圓觀三諦也。即《淨名經》云。一念知一切法是道場。成就一切智故。是以在境。為一諦而三諦。在心為一觀而三觀。在果為一智而三智。如一圓珠。珠相喻有。珠徹淨喻空。圓明喻中。三無前後。此喻一諦而三諦。若以明鏡照之。珠上三義一時頓現。即喻一觀而三觀。若就鏡中道珠。珠之與鏡非一非異。則喻心境二而不二。為真覺也。妙觀者。

觀一念心為所緣境。返觀此心。從何處來。去至何所。淨若虛空名空觀。觀境歷歷分明名假觀。雖歷歷分明而性常自空。而境觀歷然名中道。即三而一。即一而三。語默行住。不生不滅。不常不斷。不一不異。不來不去。不有不無。不住不著。不垢不淨。不愛不取。不虛不實。不縛不脫。皆不生不滅之異名。義無別也。即空不住空。即假不住假。即中不住中。是名中。何以故。為即空。空有何可住。即假幻化影。復何可住。二邊既無可住。豈有中可住。故曰三諦無住是名為中。當須如此。空中無空只勿空。假中無假只勿假。中中無中只勿中。當如是照。照中無照只勿照。若見如是理。即見萬物而自虛也。此三觀者。是不思議境。若闕一觀境智不成。故云不思議備收一切法。

一切雖多十法界收盡。既其鎔融。一則具十成百法界。一界又具十如。一如又具三種世間。謂五陰眾生國土。千如則有三千世間。名不思議假。此假即空即中。若無中攝理不遍。若無十界收事不盡。若無十如因果不具。若無三種世間依正不足。故知實相悉總諸法。重重無盡。融融無礙。猶如帝網。名不思議境也。凡聖同有此理。故云己之三千遍彼三千。彼彼三千互遍亦爾。故得依正終日炳然無所分別。法界洞朗為顯此境。故云觀不思議境也。如三觀頌云。空觀如性不可得。假觀相含法界。邊中道體等理無二。即一而三常宛然。又空觀了諸法無自性故。二假觀。此空處具諸法故。三中道。空假無別體故。唯一真心故。以空是心之性。即是真空非是但空。以假是心之相。即是妙假非是偏假。

性相分三而非三。真心冥一而非一。非一而三觀宛然。非三而一心不動。又即一而三相不同。如鏡體一有光明影像差別之相。即三而一體無異。如影像光明俱同一鏡。又古釋三觀義云。一念心起。起無起相。徹底唯空。三際寂然。了不可得。無見聞覺知相。無眼耳鼻舌身意相。空觀也。一念心起。有三千世間相。國土世間一千。山河大地日月星辰是也。五陰世間一千。染淨一切色心是也。眾生世間一千。六凡四聖假質【觀】是也。一念心起。三千性相一時起。一念心滅。三千性相一時滅也。念外無一毫法可得。法外無一毫念可得也。此心

> 性圓明。一而能多。小而能大。染而能淨。因而能果。有而能無。故一一色。一一香。一念介爾有心。即具三千也。一處見多。多處見一。一念即多劫。多劫即一念。重重互現。喻天帝珠網。此假觀也【錯誤】。一念心起。起而無起。三際寂然。無起而起。三千性相。非空非假。雙照空假。此中道也。說即有三名字照時不作三一解。只念念見自心性。任運非三非一。

此處《宗鏡錄》引述「古釋」，與前述「三觀」矛盾。前述「觀境歷歷分明名假觀」正確。其引述「古釋」傳抄有誤。古釋說「喻天帝珠網。此假觀也」應該刪除。珠網喻事事無礙。假觀指由佛性生成現象界。事事無礙絕非「假觀」而是「中道」。

有無，非有非無，非非有非非無同時成立。六相義同時成立。一心三觀即「一念三觀」。菩薩「念念際斷」，一念即有三觀。故說「一念心起」云云。進入事事無礙法界，「一念心起。起而無起。三際寂然。無起而起。三千性相。非空非假。雙照空假。此中道也。」

注意「起而無起」、「無起而起」與禪師說「正倒時便起，正起時便倒」的含義相同。證入正偏兼帶境界，涅槃佛性混融一體不分彼此，即證得事事無礙法界。這是中道不二法門境界。即「一心三觀」。

到此境界，止觀同於一念，一念心起而無起，無起而起。進一步，萬松老人說「更有遮照同時。遮照不立。不立卻同時。同時卻不立」。即是事事無礙的禪定境界。到此證得「中道」，證得一切種智。

《宗鏡錄》永明延壽云：

三觀者。一從假入空名二諦觀。二從空入假名平等觀。三二觀為方便道得入中道。雙照二諦心心寂滅。自然流入薩婆若海。名中道第一義諦觀。今宗鏡所明。唯論一心圓頓之旨。圓頓止觀相者。以止緣於諦。則一諦而三諦。以諦繫於止。則一止而三止。譬如三相在一念心。雖一念心而有三相。止諦亦如是。所止之法雖一而三。能止之心雖三而一也。以觀觀於境則一境而三境。以境發於觀則一觀而三觀。如摩醯首羅面上三目。雖是三目而是一面。觀境亦如是。觀三即一。發一則三不可思議不權不實。不優不劣。不前不後。不併不別。不大不小。故中論云。因緣所生法。即空即假即中。

凡是真空。必不異色。以是法無我理。非斷滅故。是故空即是色。若離事求空理。即成斷滅。今即事。明無我無性真空之理。離事何有理乎。以真如不守自性。隨緣成諸事法。則舉空全色。舉理全事。又真如正隨緣時不失自性。則舉色全空。舉事全理。三。空色無礙者謂。色，舉體全是盡色之空。故色盡而空現。空，舉體不異全盡空之色。即空即色而空不隱。是故看色無不見空。觀空莫非見色。無障無礙。為一味法也。如舉眾波全是一水。舉一水全是眾波。波水不礙同時。而水體挺然全露。如即空即色而空不隱。《寶藏論》云。空可空。非真空。色可色。非真色。真色無形。真空無名。無名名之父。無色色之母。為萬物之根源。作天地之太祖。

「空色無礙者謂。色舉體全是盡色之空。故色盡而空現。空舉體不異全盡空之色。即空即色而空不隱。」色盡而空現，即空即色而空不隱。現象呈現轉瞬即逝，謂「色盡」則本體顯現，故謂見色即觀空。

又，真如正隨緣時不失自性。則舉色全空。舉事全理。「波水不礙同時」表明現象本體同時呈現。

十九、一真法界　事事無礙法界

為霖道霈云：

師云。教中道。真如淨境界。一泯未嘗存。能隨染淨緣。遂成十法界。如是則迷悟聖凡。去來生死。如夢如幻。如影如響。何者緣生之法。若言其有。性畢竟空。若言其無。煥然顯現。有不得無不得。增不得減不得。不可得中。一真法界。挺然獨露。更何有迷悟聖凡。去來生死之可言耶。永嘉云。了了見無一物。亦無人亦無佛。大千沙界海中漚。一切聖賢如電拂。

南堂了庵云：

一真法界。含吐十虛。洞然明白。不隔毫釐。即虛即實。即白即黑。性相平等。體用俱寂。寂而常照。以觀其徼。照而常寂。以觀其妙。行住坐臥。不離是中。是謂無用之用。熾然作用無功之功。大哉聖功。爾道人果入此三昧於一切法乃得自在。

天如惟則云：

一真法界。無邊世界以俱收。十種玄門。無量法門而總攝。即事即理。即性即相。即俗即真。即因即果。即主即伴。即聖即凡。即正即依。即多即一。如帝網珠重重顯現。如香水海處處含容。非神通使然。乃法爾如是。迷之者觸途成滯。悟之者當處全彰。這個是華嚴圓頓稱性之談也。

湛然圓澄云：

一真法界本無方。南北東西個裡圓。舉意已知千里隔。若欲凝然墮聖顏。

《宗鏡錄》永明延壽云：

又依華嚴宗。一心隨理事立四種法界。一理法界者。界是性義。無盡事法同一性故。二事法界者。界是分義。一一義別有分劑故。三理事無礙法界者具性分義圓融無礙。四事事無礙法界者。一切分劑事法一一如性。融通重重無盡故。以此十法界因理事四法界性相。即入真俗融通掛出無窮。成重重無盡法界。然是全一心之法界。全法界之一心。隨有力無力而立一立多。因相資相攝而或隱或顯。如一空遍森羅之物像。似一水收萬疊之波瀾。入宗鏡中坦然顯現。又有所入能入二種法界。如《清涼疏》云。先明所入總唯一真無礙法界。語其性相不出事理。隨其義別略有五門。一有為法界。二無為法界。三俱是。四俱非。五無障礙然五各二門。初有為二者。一本識能持諸法種子。名為法界。如論云。無始時來界等此約因義。而其界體不約法身。二三世之法差別邊際。名為法界不思議品云。一切諸佛知過去一切法界。悉無有餘等。此即分劑之義。二無為法界二者。一性淨門。在凡位中性恆淨故。真空一味法無差別故。二離垢門。謂由對治方顯淨故。隨行淺深分十種故。三亦有為亦無為法界二者。一隨相門。謂受想行蘊及五種色併八無為。此十六法唯意所知。十八界中名為法界。二無礙門。謂一心法界具含二門。一心真如門。二心生滅門。雖此二門皆各總攝一切諸法。然其二位恆不相雜。其猶攝水之波非靜攝波之水非動。故《回向品》云。於有為界示無為法。而不滅壞有為之相於無為界示有為法。而不分別無為之性。此明事理無礙。四非有為非無為法界二門者一形奪門。謂緣無不理之緣故非有為。理無不緣之理故非無為。法體平等形奪雙泯。

任何凡夫的「六根」產生的「現象」都是「塵」「境」，真如本體境界容不得任何「根塵污染」，也不存在六根六識所造成的「萬法」。真如本體境界裡（「一真法界」）絕對不存在另外一個「現象界」，這是我們一定要明白的。菩薩在真如本體境界所感知體悟的絕對不是我們通常理解的「現象界」。真如本體「本身境界」與禪師以佛智觀照萬法所得出的「如來知見」是兩回事。

筆者在此引述圓悟克勤禪師法語來說明涅槃境界：

只如今燈燭交光。坐立儼然。高者是天。厚者是地。山是山水是水。有是有無是無。長是長短是短。正當恁麼時。與威音王已前空劫那畔。是同是別。若向個裡倜儻分明。目前無法。胸中無心。上不見諸聖。下不見凡夫。外不見一切境界。內不見眼耳鼻舌身意。便能通同一切。

華嚴宗說四法界，禪宗講究「一真法界」。「打成一片」即「一真法界」。

宗寶道獨云：

> 詳夫。佛祖之道。原以直指人心見性成佛為標題。以悟為則。夫云人心即是。即不煩手腳矣。但以悟不悟差別耳。若悟。則凡夫與佛祖契同。即凡心而見佛性。誠無轉折。不悟。則業識茫茫。無本可據。即是生死苦海。實不從他有。本法不曾動著一毫。是以。空劫今時。打成一片。眾生諸佛。豈有二耶。詰本窮源。只是一心而已。惟此一心。更無毫釐可得。明云。銀蟾初出海。何處不分明。高峰頌云。銀蟾出海照無私。處處分明是阿誰。覿面不須重問訊。隨教日炙與風吹。直下曉得。又何消說。如或未然。切莫瞞卻自己。昔湛堂語大慧云。杲上座。我者裡禪。你都會得。叫你說也說得。叫你答話也答得。叫你拈古作頌也拈頌得。只是欠者一解在。你若不得者一解。在我方丈裡。有禪。才出去。便沒了。惺惺時有禪。睡著便沒了。如何抵敵得生死。大慧云。正是某甲疑處。你看。古人多少實落。渠當時未見圓悟。諸方那一個不肯他。只是自不肯甘心。諸上座。各各求個自己甘心。生死到來。方有把柄。為甚如此。為他得底人。二六時中。總沒有空過底時節。當時香林在雲門十八年。門每日喚他。一日省得了。門云。我從今後。不喚你也。他後來卻云。我四十年。方才打成一片。

《最上乘論》（三祖弘忍）云：

問曰：諸行人求真常寂者，只樂世間無常粗善，不樂第一義諦真常妙善；其理未見，只欲發心緣義，遂思覺心起，則是漏心；只欲亡心，則是無明昏住。又不當理，只欲不止，心不緣義，即惡取空，雖受人身，行畜生行；爾時無有定慧方便，而不能解了，明見佛性。只是行人沉沒之處，若為超得到無餘涅槃，願示真心。答曰：會是信心具足，志願成就，緩緩靜心，更重教汝；好自閒靜身心，一切無所攀緣，端坐正念，善調氣息；懲其心不在內、不在外、不在中間，好好如如，穩看看熟，則了見此心識流動，猶如水流，陽燄曄曄不住。既見此識時唯是不內不外，緩緩如如，穩看看熟，則反覆銷融，虛凝湛住。其此流動之識，颯然自滅。滅此識者，乃是滅十地菩薩眾中障惑。此識滅已，其心即虛，凝寂淡泊，皎潔泰然；吾更不能說其形狀。

宏智正覺云：

師云。諸仁者。心心不觸。處處相逢。只此間是文殊家風。只者個是普賢身相。不動步遊彌勒樓閣。不反聞入觀音普門。

涅槃佛性混融一體進入事事無礙法界，故此宏智正覺云「不動步遊彌勒樓閣」。

丹霞子淳云：

水澄月滿道人愁。妙盡無依類莫收。劫外正偏兼帶路。不萌枝上辨春秋。

正偏兼帶的境界，雲門「高低一顧萬象齊彰」，即是理事無礙法界。定心有時處於涅槃寂滅，有時處於首楞嚴大定則「森羅萬象」，「捏聚放開全在我」，若正偏兼帶，一念兼攝涅槃佛性，涅槃佛性混融一體，即到事事無礙法界。宏智正覺云：「同中有異異中同。徹底渾淪無縫罅。」

《華嚴經合論．華嚴世界品》李長者云：

明此教法一念三世故。一念者為無念也。無念即無三世古今等法。以明法身無念一切眾生妄念三世多劫之法不離無念之中。以是義故。此華藏世界。所有莊嚴境界。能現諸佛業。眾生三世所行行業因果。總現其中。或過去業。現未來中。或未來業。現過去中。或過去未來業。現現在中。或現在業。現過去未來中。如百千明鏡俱懸。四面前後。影像互相徹故。為法界之體性無時故。

如善財入彌勒樓閣。以三昧力。具見眾莊嚴。從三昧起忽然不見。一相都無。善財白言此莊嚴何處去。彌勒答言從來處去。曰從何處來。曰從菩薩智慧神通來。依菩薩智慧神力而住。無有去處。亦無住處。非集非常。遠離一切。又如幻師作諸幻事。無所從來。無所至去。雖無來去。以幻力故分明可見。彼莊嚴事亦復如是。無所從來。亦無所去。雖無來去。然以慣習不可思議幻智力故。及往昔大願力故。如是顯現。華藏世界亦復如是。以如來大願智力法性自體空無性力。隱現自在。若隨法性萬相都無。隨願智力。眾相隨現。隱現隨緣。都無作者。但以理智法爾自具不思議功不思議變。無能作者。自在隱現。凡夫執著。用作無明。執障既無。智用自在。順法身。萬象俱寂。隨智用。萬象俱生。隨大悲。常居生死。但隨理智。生死恆真。以此三事。隱顯萬端。不離一真之智。化儀百變。

「華嚴三昧」賢首法藏云：

經云。聖說法。聖默然者。是其事也。此雖理事無礙。二行俱起。猶非究竟。十者。自有眾生。尋教得真。會理教無礙。常觀理而不礙持教。恆誦習而不礙觀空。此則理事俱融。合成一觀。方為究竟也。

理事俱融合成一觀，理事同時成立，涅槃佛性混融一體即事事無礙法界。

無異元來云：

小參。**一大圓覺**。為我伽藍。又當知。**以我伽藍**。**為一大圓覺**。互攝互融。無二無別。然後應事接物。始無障礙。夫善住持者。先得根本不動智。然後得差別智。根本不動智中容不得絲毫動念處。差別智者。應事接物。頭頭合轍。若有絲毫念慮可動。未免有生滅去來之相。不名智也。得此智者。以理應事。事事全理。如其不然。不名住持。

證得差別智者，在眾生世間應事接物，頭頭合轍，以理應事，事事全理，此即當體即空。理事無礙法界，定心在般若觀照下，萬法皆空，雲門文偃大師云：「菩薩當體即空」。真歇清了禪師說「當體即無相」（《信心銘注》），理事無礙法界，圓悟克勤答云：「銅頭鐵額」，意味正偏兼帶。此與事事無礙法界不同。

《華嚴經．普賢行願品》圭峰宗密云：

又法界寂然名止。寂而常照名觀。觀窮數極。妙符乎寂。則定慧不二。又即體之用曰智。即用之體曰理。即體用無二。是以文殊三事融通隱隱。即普賢三事涉入重重。此二不一不異。方名普賢帝網之行。

事事無礙法界，「普賢帝網之行」須「定慧不二」、「體用無二」。

《注心賦》永明延壽云：

事理交徹而兩亡。性相融通而無盡。若秦鏡之互照。猶帝珠之相含。重重交光。歷歷齊現。故得圓至功於頃刻。見佛境於塵毛。諸佛心內眾生。心心作佛。眾生心中諸佛。念念證真。

圓悟克勤云：

進云。如何是事事無礙法界。師云。重重無有盡。處處現真身。

圓悟克勤禪師在此處對「事事無礙法界」的解釋：「重重無有盡。處處現真身」。他又解釋：「一塵才舉大地全收。一毛頭師子百億毛頭一時現。直得一為無量無量為一。小中現大大中現小。寬同法界細入鄰虛。無處不周無處不備」，由此我們可以理解，只有在禪師的禪定狀態裡「法界量滅」，不再有大小內外這些「束縛」，才能大小相融內外不分，一為無量無量為一。當代人對這個境界的解釋流於因襲附會人云亦云，沒有人能夠解釋為什麼「大小相融」？為什麼一塵一剎能夠包容一個宇宙？事事無礙法界在於

「處處現真身」，即萬法在般若觀照下只見其含蘊的佛性真心而消融了事法的外相，也消融了萬法的「法界量」，佛性如同帝釋網的「寶珠」，森羅萬象含蘊的「真身」如同無窮無盡的宇宙本體交相輝映，各個展現為一個星漢燦爛的宇宙，而這又是無窮維的空間，塵塵剎剎均是如此輝煌燦爛的宇宙，其間無窮無盡，大小相攝相融，這是何等美妙的圖景！我們說這樣的宇宙是一個「詩意結構」。

《宗鏡錄》永明延壽云：

華嚴錦冠云。含眾妙而有餘者。謂一切事。皆不改本相。不離本位。法法皆能為大為小。為一為多。為主為伴。即此即彼。即隱即顯。即延即促。互相攝入。重重無盡。如帝網天珠。以要言之。隨一一事。念念皆具十玄之義。同時具足。無有前後。如海一滴。即具百川。滴滴皆爾。故名為妙。

宗寶道獨云：

若悟。則凡夫與佛祖契同。即凡心而見佛性。誠無轉折。不悟。則業識茫茫。無本可據。即是生死苦海。實不從他有。本法不曾動著一毫。是以。空劫今時。打成一片。眾生諸佛。豈有二耶。詰本窮源。只是一心而已。

「空劫」謂涅槃，「今時」謂佛性。「空劫今時，打成一片」即涅槃佛性混融一體。即事事無礙法界，佛之境界。

希叟紹曇云：

入荒田不揀。信手拈來草。緯地與經天。頭頭俱是妙。打成一片見全功。碧眼黃頭俱靠倒。豈不見。長慶棱道者。坐破蒲團。一個兩個。三個四五六七個。（拍膝云）家風狼藉知多少。

「入荒田不揀。信手拈來草」謂事事無礙法界，謂「打成一片見全功」。

華嚴宗把「自性清淨心」視為本體，「真心」隨緣不變而成一切法，華嚴、天台、禪宗皆謂「性宗」。性即謂「本體」。「心」、「一心」、「佛心」皆指「自性清淨心」，「清淨心」為本體。真如（涅槃）不守自性，隨緣而生（佛性）萬法。千差萬別的萬象乃是佛性「隨緣而生」。「因緣所生法。我說即是空」，此空非頑空，正是佛性本體。

二十、中道不二法門

大乘中道辯證法完全不同於西方思想的「思維模式」，不同於西方以「邏各斯」為中心基於「概念」「邏輯」進行推演歸納的思維方式。中道不二辯證法裡沒有截然對立的「真假」「有無」一類的概念，大乘中道不二學說是辯證的思維模式，是人類思維的高級形式。在中道學說中要討論「有無」就必須談論「有無相即」或「即有即無」的觀念。例如中道學說的「有」與「非有」相即相成，而且必須與「非非有」共同形成「勝義有」的概念。這裡簡單的絕對的「有」被一個複雜的非絕對的「概念集合」所代替。在大乘中道學說中，一切二元對立的簡單概念都變成複雜的相即相成的概念，由此也就演繹成「中道」的概念。在此不討論西田幾多郎「絕對無」場景概念這也稱為「不二法門」（《維摩詰經》）。

筆者要特別指出，大乘般若中道學說的「有無」說到「有無，非有非無，非非有非非無」也沒有說到極則處，還要繼續進行描述和理解，必須到達「心行處滅，言語道斷」的境界。這就超越了任何人類語言所能表述形容的，故此是任何語言都無法形容的境界。中道的「空」具可說和不可說兩方面。語言能夠解釋的「空」即是俗諦的「空」，而「空」還含有語言不能解釋的即真諦的意蘊。因此我們必須從「真俗二諦」來思考解釋「空」。大乘中道真諦（「第一義」）的「有」和「無」並不是西方思想中「存在」與「非存在」。《楞伽經》中說「第一義者，聖智內證，非言語法」，因此「第一義」（真諦）的「有」（勝義有或畢竟空）的含義包含語言可以描述的部分，以及語言無法描述的「無言」的部分。「無」也是如此。龍樹說「諸法實相者，心行言語斷，無生亦無滅，寂滅如涅槃」（《中道頌》）。這裡的「諸法實相」也就是「空」，是佛家在般若直觀下得到的「實相」，即涅槃本體。這是根本無法言說，無法解釋的。龍樹的弟子提婆發展了中道學說，他提出「真有」「假有」之說，他說：「諸世間可說，解釋假非真；離世俗名言，乃是真非假」。這就印證所謂「有無」、「真假」的實質是人類語言無法完全表達的。

在大乘中道學說看來，只有否定了形式邏輯的「有無」概念，我們才能進入中道學說的「有無之境」。在大乘中道學說裡，任何事物都是「即有即無」，包括一切道理都是「即真即假」。龍樹說：「若人見有無，見自性他性，如是則不見，佛法真實義。」他又說：「定有則著常，定無則著斷，是故有智者，不應著有無。」這樣龍樹就徹底否定了形式邏輯的「有無觀」。比較典型的例子是對於佛陀滅度之後是否活著（有）還是死了（無）的問題，龍樹解答說：「如來滅度後，不言有與無，亦不言有無，非有及非無。」這就解釋了大乘中道學說認為如果只談「有無」或「非有非無」，都會落入偏有或偏無的極端，而違反了中道的教義。我們可以理解「空」絕不是「一切皆無」的意思，而是以「空」將「有無」辯證地統一起來。因此佛家常以「真空妙有」來解釋「空」。

「遮」即遮詮，否定的意思。「照」是大定定心「感知」所得的「妙有」，是「有」、「存在」的意思（《禪門師資承襲圖》）。圭峰宗密說：「若云知見覺明，靈鑒光明，朗朗昭昭，惺惺寂寂等，皆是表詮。若無知見等體，顯何法為性，說何法不生滅等，必須認得見今了然而知，即是心性，方說此知不生不滅等。」「遮照同時」「遮照不立」即中道。超越的中道乃是「言語道斷」的「三句外」（百丈懷海）。萬松老人云：「更須知有遮照同時。遮照不立。然後同時即不立。不立即同時。」他說「向上一竅」乃是「三句外」的境界。

印度佛教認為先要證入涅槃，然後起如幻智，以海印三昧建立世界到達「有」。龍樹菩薩說：「般若將入畢竟空，絕諸戲論；方便將出畢竟空，嚴土化生」。證入畢竟空即涅槃滅盡定。按照印度佛法，奢摩他是止觀的止，禪宗謂涅槃或「真空」。三摩缽提是觀照，觀照「現象」即佛性建立世界，或謂「有」，幻有。禪那指謂「中道」。我們在本書裡只說首楞嚴大定，簡稱大定。首楞嚴大定含蘊百千三昧。例如海印三昧幻化世界。禪定有種種定境。中國天台宗修習「一心三觀」即「空假中三觀」。禪宗證入事事無礙法界，即證入「一心三觀」。禪宗修證符合《楞嚴經》「如來逆流」。禪師先證涅槃後「由空入假」。從涅槃轉身退位證得首楞嚴佛性，佛性出世建立世界。由此大定定心在涅槃佛性兩邊優游，「金針往復來」乃至「鉤鎖連環血脈不斷」，最後進入最玄最妙的「正偏兼帶」境界。這是「一心三觀」的禪定基礎。正偏兼帶乃是「事事無礙法界」的基礎。「前釋迦後彌勒」的佛真法身，涅槃佛性混融一體，即到事事無礙法界。「一心三觀」尚未到達極則，尚有「心行處滅，言語道斷」的境界。

這裡，我們根據禪宗大師所講的「法語」來闡述禪宗辯證法。禪宗大師例如百丈懷海禪師將中道思想的雙遣雙非的辯證法「有無，非有非無，非非有非非無」總結為「三句論」。不但徹底否定了形式邏輯的「有無」概念，並且非常明確地提倡「透過三句外」。即是說進入「言語道斷」的超越「一心三觀」境界。我們解釋過，這裡不嫌重複參閱百丈禪師講的「中道」（《指月錄》）：

但割斷兩頭句。割斷有句不有句。割斷無句不無句。兩頭跡不現。兩頭捉汝不著。量數管汝不得。不是欠少。不是具足。非凡非聖。非明非暗。不是有知。不是無知。不是繫縛。不是解脫。不是一切名目。

不一不異。不斷不常。不來不去。是生語句。是出轍語句。不明不暗。不佛不眾生。總與麼也。
只如今鑒覺。但不依住一切有無諸法世間出世間法。亦不作不住知解。亦不依住無知解。自心是佛。
如云說佛性有。則增益謗。說佛性無。則損減謗。說佛性亦有亦無。則相違謗。說佛性非有非無。則戲論謗。始欲不說。眾生無解脫之期。始欲說之。眾生又隨語生解。益少損多。故云我寧不說法。疾入於涅槃。
但割斷兩頭句。量數管不著。不佛不眾生。不親不疏。不高不下。不平不等。不去不來。但不著文字。隔渠兩頭。捉汝不得。免苦樂相形。免明暗相酬。實理真實亦不真實。虛妄亦不虛妄。不是量數物。
如今鑒覺是自己佛。是初善。不守住如今鑒覺。是中善。亦不作不守住知解。是後善。如前屬然燈後佛。只是不凡亦不聖。
執有即屬常見外道。執無即屬斷見外道。執亦有亦無。即屬邊見外道。執非有非無。即屬空見外道。亦云愚癡外道。只如今但莫作佛見涅槃等見。都無一切有無等見。亦無無見。名正見。無一切聞。亦無無聞。名正聞。

百丈懷海禪師在法語中反覆宣講「割斷兩頭」，他說：「執有即屬常見外道。執無即屬斷見外道。執亦有亦無。即屬邊見外道。執非有非無。即屬空見外道。亦云愚癡外道。只如今但莫作佛見涅槃等見。都無一切有無等見。亦無無見。名正見。無一切聞。亦無無聞。名正聞」，他說的「截斷兩頭」既是「八不中道」的擴大，也就是廣義的「不二法門」。他進一步明確說明「量數管不著」（法界量滅），於是將這樣的「八不中道」的對象範疇推廣到任何「互相矛盾的哲學範疇」。

百丈懷海禪師在法語中強調「透過三句外」，我們參看百丈懷海禪師如下法語：

> 只如今鑒覺。但不被一切有無諸法管。透三句及一切逆順境得過。聞百千萬億佛出世間。如不聞相似。亦不依住不聞。亦不作不依住知解。說他這個人退。不得量數。管他不著。是佛常住世間。
>
> 但是一句各有三句外。個個透過三句外。但是一切照用任聽縱橫。但是一切舉動施為語默啼笑。盡是佛慧。

百丈懷海禪師不但主張「割斷兩頭」，他還再三強調「透過三句外」，說明只有「透過三句外」，才能達到「佛慧」。「透出三句外」就是「言語道斷」的境界，就是維摩詰「默」的意境。實際上，禪宗不二法門的最高級階段是人類語言無法描繪的，這是禪者「自證」的「心靈自由境界」。

我們來分析百丈懷海禪師的一段語錄：

只如今鑒覺。但於清濁兩流。凡聖等法。色聲香味觸法。世間出世間法。都不得有纖毫愛取。既不愛取。依住不愛取將為是。是初善。是住調伏心。是聲聞人。是戀筏不捨人。是二乘道。是禪那果。既不愛取。亦不依住不愛取。是中善。是半字教。猶是無色界。免墮二乘道。免墮魔民道。猶是禪那病。是菩薩縛。既不依住不愛取。亦不作不依住知解。是後善。

這裡，百丈懷海的「三句」可以分析解說如下：

「有」：「不愛取」，依住（執著）此念，是「初善」。
「非有」：「不愛取」亦不依住（執著）此念（「不愛取」），是中善。
「非非有」：既不依住「不愛取」，亦不作不依住知解（超越「不依住『不愛取』」的執著），是後善。

此處「有」也可以是「無」。我們在此解釋禪宗中道辯證法的使用。由此一段語錄的解說，我們看到禪宗大師的辯證法思想是非常深刻銳利的。中道不二法門還有「了義」無法以語言表達，故謂「言語道斷、心行處滅」。

圭峰宗密列舉了三種知，即：量知、寂知與真知，圭峰宗密所說的量知包含了三種類型，即：比量、現量和佛言量（聖言量、聖教量），圭峰宗密的寂知與真知則成為學人通向如來藏本體的途徑。我們以講解「空」為例，來解釋圭峰宗密的「佛智」。

空者，空卻諸相，猶是遮譴之言，唯寂是實性，不變動義，不同空無也。知是當體表顯義，不同分別也，唯此方為真心本體。故始自發心，乃至成佛，唯寂唯知，不變不斷，但隨地位，名義稍殊。謂約了悟時，名為理智；約發心修行時，名為止觀；約任運成行，多為定慧；約煩惱都盡，功行圓滿，成佛之時，名為菩提涅槃。

空與妙有對立而統一。「真空」謂涅槃，不是「空無」而是宇宙本體。妙有不空，謂「幻有」，即佛性所生世界。龍樹云：「因緣所生法。我說即是空。亦名為假名。亦名中道義。」此處「空」謂本體。所謂「因緣所生法」無非佛性本體生成，故謂「菩薩見色無非觀空」。

恕中無慍云：「生佛未具以前。有一段奇特大事。成住壞空。該攝他不得。心思意想。捉摸他不得。」此謂絕對本體，「成住壞空。該攝他不得」，究竟涅槃有客觀存在的性質。

二十一、禪宗一行三昧與「一心三觀」

在《壇經》裡河北智隍問慧能，慧能解釋說：

若欲成就種智須達一相三昧，一行三昧，若於一切處不住相，於彼相中不生情愛，亦無取捨，不念利益成壞等事，安閒恬靜虛融淡泊，此名一相三昧。若於一切處，行住坐臥，純一直心，不動道場，真成淨土，此名一行三昧。

六祖慧能所說的「無念」、「無相」、「無住」均是對於菩薩的大定意識而言，對應「空假中」三觀。有如下的對應關係：

無念即「止觀」的「止」，即「奢摩他」。對應空如來藏（涅槃）。
無相即「三摩鉢提」。假義。對應不空如來藏（佛性。首楞嚴大定）。
無住即般若中道，不住兩邊。對應空不空如來藏（正偏兼帶）。

慧能所講其實就是「空假中」三觀。天台宗智顗大師所提出的「一心三觀」，在禪宗修證裡也是必要的，因為這是佛智共同境界。「空如來藏」指涅槃。

憨山德清和尚《楞嚴懸鏡》云：

今先略示觀門。一奢摩他空觀。二三摩缽提不空觀。三禪那中道觀。奢摩他名空觀者。謂了一真法界。如來藏心。本無生滅。亦無諸相。蓋因一念不覺而有無明。因此無明。生起三細六粗。四大六根。種種諸法。而此諸法唯心所現。本無所有。但是一心。心體圓明。離一切相。如珠中色。本來不有。以即空故。故曰色即是空。以色非色故。色不異空。故名真空。作是觀者。名真空觀。三摩缽提名不空觀者。謂了根身器界。一切諸法。既是一心。心體圓明。清淨本然。周遍法界。隨緣顯現。此則諸法當體虛假。如幻不實。如珠中色。分明顯現。全珠即色。以即色故。故曰空即是色。以空非空故。空不異色。故名不空。作是觀者。名不空觀。禪那名中道觀者。謂依此寂滅一心。照明諸法。諸法法爾。當體寂滅。寂故名空。照故不空。如珠與色。非色非珠。名空不空。非寂非照。如如平等。唯一心源。湛然不動。離即離非。是即非即。言語道斷。心行處滅。心心無間。任運流入薩婆若海。作是觀者。名中道觀。

中國禪宗所修習的「一行三昧」即是首楞嚴大定，三昧者即三摩地也。我們在下面引用禪宗歷史上一些大禪師對於禪宗修習禪定的分析以及評判，來印證中國禪宗所修行的乃是「最上乘禪」。注意，古代有時將「涅槃」與「首楞嚴」（佛性）混為一談。中國禪宗將兩者分開，稱為「父子」。涅槃謂體，佛性謂用。涅槃生成佛性。禪者將兩者或分（「一刀兩斷」）或不分，這要看時節。

《禪源諸詮集都序》華嚴五祖圭峰宗密云：

禪是天竺之語。具云禪那。中華翻為思惟修。亦名靜慮。皆定慧之通稱也。源者是一切眾生本覺真性。亦名佛性。亦名心地。悟之名慧。修之名定。定慧通稱為禪那。此性是禪之本源。故云禪源。亦名禪那理行者。此之本源是禪理。忘情契之是禪行。故云理行。然今所集諸家述作。多談禪理少談禪行。故且以禪源題之。今時有但目真性為禪者。是不達理行之旨。又不辨華竺之音也。然亦非離真性別有禪體。但眾生迷真合塵。即名散亂。背塵合真。方名禪定。若直論本性。即非真非妄。無背無合。無定無亂。誰言禪乎。況此真性非唯是禪門之源。亦是萬法之源。故名法性。亦是眾生迷悟之源。故名如來藏藏識（出《楞伽經》）亦是諸佛萬德之源。故名佛性（《涅槃》等經）亦是菩薩萬行之源。故名心地（《梵網經·心地法門品》云。是諸佛之本源。是菩薩道之根本。是大眾諸佛子之根本）。萬行不出六波羅蜜。禪門但是六中之一。當其第五。豈可都目真性為一禪行哉。然禪定一行最為神妙。能發起性上無漏智慧。一切妙用萬德萬行。乃至神通光明。皆從定發。故三乘學人欲求聖道必須修禪。離此無門。離此無路。至於念佛求生淨土。亦須修十六觀禪。及念佛三昧。般舟三昧。又真性則不垢不淨。凡聖無差。禪則有淺有深。階級殊等。謂帶異計欣上厭下而修者。是外道禪。正信因果亦以欣厭而修者。是凡夫禪。悟我空偏真之理而修者。是小乘禪。悟我法二空所顯真理而修者。是大乘禪（上四類。皆有四色四空之異也）。若頓悟自心本來清淨。元無煩惱。無漏智性本自具足。此心即佛。畢竟無異。依此而修者。是最上乘禪。亦名如來清淨禪。亦名一行三昧。亦名真如三昧。此是一切三昧根本。若能念念修習。自然漸得百千三昧。達摩門下展轉相傳者。是此禪也。達摩未到。古來諸家所解。皆是前四禪八定。諸高僧修之皆得功用。南嶽天台。令依三諦之理修三止三觀。教義雖最圓妙。然其趣入門戶次第。亦只是前之諸禪行相。唯達摩所傳者。頓同佛體。

圭峰宗密的這一番話，明確說明「依此而修者。是最上乘禪。亦名如來清淨禪。亦名一行三昧。亦名真如三昧。此是一切三昧根本。若能念念修習。自然漸得百千三昧。達摩門下展轉相傳者。是此禪也」。圭峰宗密本人曾在神會的「菏澤宗」門下作禪師，後來成為「華嚴五祖」。他對禪宗修行禪定有深刻了解，他最有資格對禪宗的「所行禪」進行分析與論斷。

《楞嚴經》云：「妙湛總持不動尊。首楞嚴王世稀有。」意謂修習首楞嚴大定即可具備「三種佛智」。

《楞嚴文句》云：

又一切智名妙湛。道種智名總持。一切種智名不動。該具功德名妙湛。積具功德名總持。性具功德名不動。真諦之理名妙湛。俗諦之理名總持。中諦之理名不動。是故三身皆妙湛。三即一故。三身皆總持。一即三故。三身皆不動。非一非三而三而一故。今阿難一語便即贊盡。自非圓悟。安得有此。舊謂妙湛領顯見義。總持領陰入處界義。不動領七大義。失於妙旨甚矣。首楞嚴王。即全性成修三昧之名。

中國禪宗修習「一行三昧」，即首楞嚴大定，自然可以證得「妙湛總持不動尊」即三智。六祖《壇經》第一講不二法門，第二講一心三觀。六祖《壇經》講無念三昧、無相三昧、無住三昧，即對應一心三觀。禪宗也修證「一心三觀」。無念三昧即是奢摩他，即止觀；無相三昧是假觀；無住三昧是中道。也就是空、假、中三觀。無念三昧屬一切智，無相三昧屬道種智，無住三昧屬一切種智。證得首楞嚴後定心在這邊那畔優游，一切種智屬成佛的境界。一行三昧即首楞嚴大定，這是成佛所必須修證的大定，「禪定意識」即是如來藏佛性，即「首楞嚴定心」。禪者謂「妙體本來無處所，通身那更有蹤由」，大定定心屬於「無住三昧」。實叉難陀譯《八十華嚴經》說：「菩薩摩訶薩以諸眾生皆著於二，安住大悲，修行如是寂滅之法，得佛十力，入因陀羅網法界」。事事無礙法界屬佛菩薩境界。既證「一心三觀」，證得中道，即證一切種智，即妙覺佛位。

圓覺三觀：

一、奢摩他。梵語奢摩他，華言止。止即止寂之義，謂欲求圓覺者，以淨覺心，取淨為行。而於染淨等境，心不安緣，即是體真止，義當空觀。故經云：『由寂靜故，十方世界諸如來心，於中顯現，如鏡中像，此方便者名奢摩他。』

二、三摩缽提。梵語三摩缽提，華言等持。昏沉掉舉皆離曰等，令心專注一境曰持。謂欲求圓覺者，以淨覺心，知覺心性，及與根塵，皆因幻化而有。遂起幻修，以除諸幻，即是方便隨緣止，義當假觀。故經云：「所圓妙行，如土長苗，此方便者，名三摩缽提。」

三、禪那。梵語禪那，華言靜慮。靜即定，慮即慧也。謂欲求圓覺者，以靜覺心，不取幻化，及諸靜相，便能隨順寂滅境界，即是息二邊止，義當中道。

我們知道「凡所有相皆是虛妄」。在現量境界中世法的「所有相」盡皆銷落，只有萬法含蘊的佛性如同寶珠一樣重重無盡互相輝映，這也是一個比喻而已，實際上並無實有的「現象界」來對應「事事無礙法界」。

首楞嚴定心以「佛智」觀照眾生的經驗世界所產生的境界，這裡不存在「能觀」—「所觀」這樣的二元對立，沒有觀察者與被觀察者，我們明白首楞嚴定心即是產生顯現經驗世界的本體。經驗世界的萬象都可以被首楞嚴定心由內至外所洞察。因此禪師常說：「大地是沙門一隻眼」。我們要知道首楞嚴定心不但是宇宙本體，也是個別事物的「本體」。佛性「撒手懸崖下，分身萬象中」而「身先在裡」，菩薩觀照萬法如同「自己觀照自己」，即「十方大地是全身」。慧能《壇經》云：「心量廣大，遍周法界。用即了了分明，應用便知一切。一切即一，一即一切，去來自由，心體無滯，即是般若。」

宏智正覺云：

盤山和尚道。似地擎山不知山之孤峻。如石含玉不知玉之無瑕。若能如是。是真出家。汝等諸人。還曾恁麼履踐來麼。直饒恁麼去。猶是一切處。平常自在受用底時節。所謂塵中雖有隱身術。爭似全身入帝鄉。是須向裡許體得到。歇得盡。放得落。瀝得乾。圓陀陀明歷歷。便知道。功盡忘依者。轉身覺路玄。

《華嚴經》云：

全理成事，事能奪理，故即一切法。全事即理，理能奪事，故離一切相。理事無礙，故二無所著；名真如相回向。以真得所如，則無不如者，縛脫兩亡，名無縛解脫回向。

等覺佛即首楞嚴大定的定心，即三摩地大定的禪定意識。這個定心是精神性的實在，實體。佛性定心具有特殊的知覺系統，所謂「舜若多神無身覺觸」等，最重要的是佛性定心具有佛智。修證者進一步證得那伽定，時時處於涅槃境界，所謂「得的人，終日閒閒的」即證得妙覺佛位。

佛教各派對於佛教基本理論都存在爭議。例如佛性、佛性與阿賴耶識的關係，例如涅槃、滅盡定等等，都存在不同的說法。據《宗鏡錄》云，佛性就有十種，涅槃也有諸多不同的涅槃境界，例如有餘涅槃與無餘涅槃等，有關滅盡定的解說也不一致。《宗鏡錄》講得明白：「然證入此地。不可住於寂滅。」這即證明證入佛地，不居涅槃正位，不被死水淹殺，到此密移一步，澄源湛水尚棹孤舟，佛性出世金針往復，證得正偏兼帶。轉入事事無礙法界以後，夜明簾外轉身退位，回到人間普度眾生。此即《楞嚴經》「如來逆流」的正旨。

二十二、事事無礙法界超越「理事無礙法界」

很多學佛者都以為「萬法皆空」已經是佛菩薩境界的極則。人們試圖以俗諦的語言邏輯解釋「萬法皆空」。多數人都誤以為「空」即是「無」，實際上這是錯誤的理解。這是「斷滅空」或「頑空」，並不符合佛教對於「空」的真義。「真空妙有」意謂「真空不空，妙有不有」。「真空者」即事物的真如本體。「妙有者」即是事物的虛幻現象。雲門文偃云：「直得乾坤大地。無絲毫過患。猶是轉句。不見一色。始是半提。更須知有向上全提時節。」圓悟克勤禪師與張無盡的對話裡已經明確提到。這就是說，即使到了「不見一色萬法皆空」的境界，也還只是到達佛菩薩境界的「半提」，慧能在《壇經》裡說：「善知識，智慧觀照，內外明徹，識自本心。若識本心，即本解脫。若得解脫，即是般若三昧。般若三昧，即是無念。何名無念？若見一切法，心不染著，是為無念。用即遍一切處，亦不著一切處。但淨本心，使六識出六門，於六塵中，無染無雜，來去自由，通用無滯，即是般若三昧。」慧能所謂「不染」即形容在世俗世界佛智對「現象」可謂「見猶不見」。《宗鏡錄》云：「菩薩悉見諸法而無所見。普知一切而無所知。則般若無知無所不知矣。但不落有無之知。能所之見。非是都無知見矣。」此話與六祖所說相同。林泉老人云「如印印空如鏡對像」，菩薩見現象心無所動。

佛性出世即「現（見）性成佛」，成佛經過「金針雙鎖鉤鎖連環」的修證進入正偏兼帶的境界，菩薩的「見處」必然大變。中國禪宗接受佛教唯識論「轉識成智」的理論。佛教理論說佛具有三身四智，四智中妙觀察智可以「觀照」大千世界並且可以反身觀照「法身」。此一境界是「自心現量」的境界，這與我們凡夫所見所聞的「比量」境界大不相同。禪宗非常重視「般若智慧」。慧能專門講「我此法門，以定慧為本」。慧能明確地說明「即心名慧，即佛乃定」。因此我們要明白，佛性作為精神性的第一因宇宙本體生成變現萬法，而且具有「妙觀察智」。慧能說「自性為般若之體，般若為自性之用」，以及「自性起念」，表明般若智乃是佛性本體的「大用」。大圓鏡智也稱為「佛智」。「佛智」既能夠觀照「大千世界」的萬法，也能「反身觀照」自身。禪者的佛性佛智具有「如來知見」，正由於佛性有了這些「信息」，禪者才能「傳道講經」、接引學人乃至普度眾生。此謂「奉正令而行」。菩薩只是「傳言送語人」。

在佛菩薩境界裡沒有時間、空間、變異、冷熱、大小、高低、數量、物質、精神、主客、男女、尊卑、貧富等等人類感知現象世界所形成的「概念」和「差別」。因此這是「無差別知」的境界。這是禪宗特殊的認識論。禪宗講究「真俗二諦」，「真諦」即以真心本體的角度來觀照世界所形成的難以訴諸語言的「經驗」；俗諦乃是凡夫的「分別知」。妙觀察智具有「現量直觀」，乃是般若智的重要組成部分。這即是佛智，首楞嚴大定定心具有特殊的認知功能，禪師進入佛菩薩境界也具有這種功能。在此境界，耳可以視，鼻可以聽，耳目互換皆有大用。禪宗所謂「六根門頭放光動地」並非指禪師的六根，而是對大定定心特殊的「六根」而言。即禪師所謂「後三三」，大定定心自然不會有什麼肉體四肢，也不會有眼耳鼻舌身意肉體的六根，首楞嚴大定定心「全體是眼、全體是耳、全體是鼻、全體是身」，禪者所謂「通身是手眼」即是此意，這是我們要特別注意的。在禪宗的佛菩薩境界最奧妙之處，完全是「離言絕相」的境界，也無法用語言概念來表述。這是真正「言語道斷，心行處滅」的境界。因此，禪宗主張「不立文字」。對於這個境界，禪師只能以「旁敲側擊」的方式予以描繪。這裡我們要說明，任何「現象界」都是「塵」是「境」，「凡所有相皆是虛妄」，這是成佛禪者所要徹底杜絕的東西。成佛禪者在三摩地禪定所體悟的境界乃是「無形無相」的境界，絕對不是我們從「人境」出發可以想像的，也不是語言文字可以形容的。傅大士詩偈所頌並非「事事無礙法界」而是「理事無礙法界」。其深層意蘊表明在「萬法平等」的「無差別」的佛菩薩境界裡，在理事無礙法界，現象與本體交互顯現，現象在菩薩看來，「見色無非觀空」，一切現象轉瞬即逝。「竹影掃階塵不動」，任何事物在「心鏡」不會留下「印象」更不會引起喜怒哀樂。凡夫的煩惱說到底是「現象」所引起的。如果「如印印空如鏡對像」，「影流萬象心鏡空」（宏智正覺），則對外境不動心不起念。萬法如如性相平等。六祖云：「何名無念？若見一切法，心不染著，是為無念。」菩薩以「佛智」來觀照大千世界的「萬法」，看到的萬法「千差萬別」而「佛智」可以感應佛性本體。佛智所見即「萬法皆空」、「萬法平等」，成佛禪者的「佛智」可謂人類最深沉智慧。禪者的大定定心以「妙觀察智」觀照「內外」（實際並無內外），「眾妙之門」的「佛智」所了悟體驗的境界，當然不是我們凡夫的知見，而是超越的、沒有「現象」（塵埃）的、泯滅人我、主客、能所的「無分別見」。「萬法皆空」、「萬法平等」、「萬法一如」的「如來知見」。

禪者脫胎換骨命根斷證入清淨涅槃，泯滅自我意識無明妄識，即是轉識成智的過程。涅槃也是禪定境界，涅槃心也是禪定意識。所謂捏聚意謂進入涅槃。清淨涅槃即妙覺佛位，正位，涅槃定心轉身退位進入首楞嚴大定，妙覺逆流到等覺，也具有佛智且六根互用。《楞嚴經》謂「舜若多神無身而觸」，此謂後三三。涅槃境界不見一色，不受一塵。

禪師形容「正偏兼帶」「誰共澄潭照影寒」，「夜深同看千岩雪」。又謂：「萬里神光頂後相」，「金剛腦後鐵崑崙」，「腦後長腮莫與來往」。

圓悟克勤論事事無礙法界云：

政和間謝事復出峽南遊。時張無盡寓荊南。以道學自居少見推許。師艤舟謁之。劇談華嚴旨要曰。華嚴現量境界。理事全真初無假法。所以即一而萬。了萬為一。一復一萬復萬浩然莫窮。心佛眾生三無差別。卷舒自在無礙圓融。此雖極則終是無風匝匝之波【性海無風金波自湧】。公於是不覺促榻。師遂問曰。到此與祖師西來意為同為別。公曰。同矣。師曰且得沒交涉。公色為之慍。師曰。不見雲門道。山河大地無絲毫過患猶是轉句。直得不見一色始是半提。更須知有向上全提時節。彼德山臨濟豈非全提乎。公乃首肯。翌日復舉事法界理法界。至理事無礙法界。師又問。此可說禪乎。公曰。正好說禪也。師笑曰。不然。正是法界量裡在。蓋法界量未滅。若到事事無礙法界。法界量滅。始好說禪。如何是佛乾屎橛。如何是佛麻三斤。是故真淨偈曰。事事無礙如意自在。手把豬頭口誦淨戒。趁出淫坊未還酒債。十字街頭解開布袋。公曰。美哉之論。豈易得聞乎。於是以師禮留居碧巖。

圓悟克勤云「初無假法」，而華嚴現量境界，正是正偏兼帶理事無礙境界。這一段對話容易混淆。其實前面已經講到首楞嚴佛性：無風匝匝之波。現象呈現也。理事無礙法界猶有現象。至於「翌日」，重新談論事法界等。解釋事事無礙法界需要「法界量滅」。兩天內所談並無矛盾。理事無礙法界在正偏兼帶境界才有，菩薩「當體即空」，佛眼能見本體。也可見事物外相，猶有法界量在。「無風匝匝之波」謂「性海無風金波自湧」。波即有形的現象。到事事無礙法界，沒有現象，「法界量滅」。故謂處處現真身。

禪師形容正偏兼帶：

法眼文益云：

不移寸步越河沙，地獄天堂混一家，佛祖位中消息斷，何妨盡賞洛陽花。

無明慧經云：

威音外是一乾坤。一個人兒住一村。無上涅槃為伴侶。省煩家業不須分。

禪師云：

鴛鴦繡出從君看。不把金針度與人。

丹霞子淳云：

平生活計都消盡。錐地殊無付子孫。撒手便辭青嶂去。翛然卻返白雲村。

此頌那伽定。「平生活計都消盡。錐地殊無付子孫」，形容「恆納虛空」，常在涅槃。「撒手便辭青嶂去。翛然卻返白雲村」形容「時含法界」。青嶂比喻涅槃，白雲村比喻凡俗世界。

楚石梵琦云：

師云。寶印當空妙。重重錦縫開。不費纖毫力。提掇鳳山來。放行則萬象回春。把住則千峰寒色。且道把住好放行好。試出來道看。

「寶印當空妙。重重錦縫開」，前句謂涅槃，後句謂佛性。正偏兼帶義。

蘄州五祖法演禪師云：

師曰。我也有個老婆。還信否。士默然。師乃云我有個老婆。出世無人見。晝夜共一處。自然有方便。並錄以博聞。

汾陽無德禪師云：

問：空中鳥跡。水內魚蹤。茶中鹽味。色裡膠清。明眼衲僧。不能分別。作麼生析得晶然去。代云：可明。

「空中鳥跡。水內魚蹤。茶中鹽味。色裡膠清」都是形容「凡聖分離正偏兼帶」而難分難辨的情形。汾陽無德將此四句列舉一處，分明提示學人「可明」。其意在於說明凡聖分離正偏兼帶，但是佛性作為大定的定心，自然「晶然可明」。

《宗鏡錄》云：

《大品經》云。諸法無所有。如是有故。非有非不有。名為中道。是幻有義。真空是不空空者。謂不空與空。無障礙故。是故非空非不空。名為中道。是真空義。經云。空不空不可說。名為真空。

有對法指互為矛盾、對立的範疇，如大小、有無、陰陽、真妄、生死等等。有對法以對方存在為自己存在的必要條件，《瑜伽師地論》稱為「諸有對法同處一處不相捨離」。有對法既互相矛盾又統一為一體。西田幾多郎說「絕對矛盾的自我同一」庶幾近之。不過中道不二法門卻有語言無法描述的「邏輯」。

傅大士云：

空手把鋤頭。步行騎水牛。人從橋上過。橋流水不流。

杜順和尚云：

懷州牛吃禾，益州馬腹脹，天下覓醫人，炙豬左膊上。

這兩個著名頌偈長期被誤解為「事事無礙法界」。其實所頌的是「理事無礙法界」。「家裡人」指謂大定定境。這裡不必分涅槃本體或佛性本體。簡單地說「萬殊一體」，那麼懷州牛、益州馬以及「豬子」均可視為無差別平等的事物。若從理事無礙的角度來解說，我們要說懷州牛、益州馬以及「豬子」從外相上看雖然「不同」，但是若以佛的「差別智」觀照則是「萬法皆空」。雲門文偃說「菩薩當體即空」。簡而言之可謂「泯除現象觀本體」，現象被忽視直接感知本體，萬法皆是「本體」，此即菩薩「理事無礙法界」。

日本著名禪學者，原曹洞宗大學校長忽滑谷快天先生在其所著《中國禪學思想史》中評論傅大士詩偈說：「此偈亦一見而得其意。空手便無把，無把故無不把，此所以空手把鋤頭。步行便無騎者，無騎者故無不騎，此所以步行騎水牛……橋本不流，不流故流，水常流，流故不流。一偈皆比喻也，別無深意。」這些評論令人感歎日本學者竟然如此無知，如此俗滑地解釋公案。中國大禪師都說「只能旁敲無法正指」。而日本曹洞宗專家竟然如此解說此偈。這位學者根本不懂禪宗思想。就筆者所見，日本學者根本沒有人懂得禪宗思想。包括鈴木大拙、阿部正雄、秋月龍泯等人，他們沒有理解禪思想的根本理路。日本現代「批判佛教」一派甚至將禪宗的宇宙本體思想認為「土著思想的哲學化」，他們不理解禪宗「契入本體」解脫生死的理路，否則不會鄙夷「宇宙本體」的思想，也不會說原始佛教沒有如來藏概念。我們已經證明原始佛教經典裡，「自性清淨心」即如來藏。「佛」即是「大我」即宇宙本體。中國禪宗公開宣揚「教外別傳」，中國禪宗思想在某些方面超越佛教教義，例如「金針雙鎖正偏兼帶」的境界在原始佛教裡描述比較模糊。禪者對「如來逆流」的修證次第十分清楚。例如「事事無礙法界」是在什麼禪定境界裡得到的？佛經並無明確說明，而禪師闡釋了在正偏兼帶之極則，涅槃佛性混融一體證得事事無礙法界。到此證得一心三觀，一切種智。

偏融真圓禪師云：

因陸五台問如何是文殊智。師曰不隨心外境。曰如何是普賢行。師曰調理一切心。曰如何是毗盧法界。師曰事事無礙。陸歎曰。今而後萬殊一體。我知之矣。

菩薩觀照下萬法皆空，當體即空。此「空」即佛性本體。「洞然全是釋迦身」。在理事無礙法界，現象一閃而過，「借來聊爾了門頭」，須臾之頃轉色歸空。萬殊一體，一體萬殊。事事無礙法界只見本體，不見現象。

《華嚴經合論》（一切種智）云：

一切種智悉皆成就。總別同異成壞一時自在。皆非世情所見。是故難信也。其所信者。當信自心。無依住性。妙慧解脫。是自文殊。於心無依住中。無性妙理。有自在分別。無性可動。名不動智佛。理智無二。妙用自在。是故號曰妙德菩薩。是故一切諸佛。從此信生。故號文殊為十方諸佛之母。亦號文殊為童子菩薩。為皆以信為初生故。信心成就。十住初心便成正覺。取能行行處號曰普賢。自契相應名為正覺。自契相應名為住心。為住佛所住。是故此經宗趣。為大心眾生設如斯法。即令善財一生得佛。解云。一生者。從凡夫地。起信之後。即任法界智生。非業生也。二明此經何藏所攝者。此經明毗盧遮那法界藏所攝。以遍照法界海。一切諸法門盡含藏故。是故下文法界品中。**慈氏所居樓閣。名毗盧遮那莊嚴藏。善財入已。唯見無量諸佛。**

「一切種智悉皆成就。總別同異成壞一時自在。」這是事事無礙法界的重要特質，也是一切種智的特質。六相義同時成立，即中道不二法門。學佛者要重視。「慈氏所居樓閣名毗盧遮那莊嚴藏。善財入已。唯見無量諸佛」即事事無礙法界。慈氏樓閣，每一樓閣都有彌勒，一層套一層。樓閣重重喻事事無礙法界。

荊谿尊者湛然云：

夫三諦者，天然之性德也。中諦者統一切法，真諦者泯一切法，俗諦者立一切法。舉一即三，非前後也；含生本具，非造作之所得也。悲乎！秘藏不顯，蓋三惑之所覆也。故無明翳乎法性，塵沙障乎化導，見思阻乎空寂。然茲三惑，乃體上之虛妄也。於是大覺慈尊，喟然歎曰：「真如界內，絕生佛之假名；平等性中，無自他之形相。但以眾生妄想，不自證得，莫之能返也。」由是立乎三觀、破乎三惑、證乎三智、成乎三德。空觀者，破見思惑，證一切智，成般若德；假觀者，破塵沙惑，證道種智，成解脫德；中道者，破無明惑，證一切種智，成法身德。

《宗鏡錄》云：

三淨一心中得名大涅槃。《淨名經》云。一切眾生即大涅槃。故名不可思議四諦也。不可覆滅。此即生死之苦諦。是無作之滅諦。亦是集道也。煩惱集諦不可思議。即空即假即中。即空故名一切智。即假故名道種智。即中故名一切種智。三智一心中得。名大般若。智則求理。如是觀者。即是一心三智。即空是觀照般若。一切智。即假是方便般若。道種智。即中是實相般若。一切種智。是三智一心中得。即空即假即中。無前無後不併不別。甚深微妙最可依止是為觀心三般若。

六祖《壇經》講無念三昧屬一切智，無相三昧屬道種智，無住三昧屬一切種智。

《宗鏡錄》云：

《大品經》云。諸法無所有。如是有故。非有非不有。名為中道。是幻有義。真空是不空空者。謂不空與空。無障礙故。是故非空非不空。名為中道。是真空義。經云。空不空不可說。名為真空。

有對法，指互為矛盾關係的範疇，有對法以對方為自己存在的必要條件。《瑜伽師地論》卷五十四稱為「諸有對法同處一處不相捨離」。有對法沒有絕對的對立，雙方相即相成。相即意謂兩者互相依倚，任何矛盾的對立方，在「一念」裡同時成立，這只能以大乘中道不二法門才能解釋。大乘中道不二法門建立在「一心三觀」上。其禪定境界即是「事事無礙法界」。「不一亦不異」適用於「本體–現象」的範疇。對於任何事物來說，現象含蘊本體，本體生成現象，禪宗大師說「理事一如」就是「現象即本體，本體即現象」。「色即是空空即是色。」

天台宗一心三觀指一念裡「空、假、中」同時成立。空觀觀萬法本體是「空」即佛性；假觀觀萬法虛幻不實；中道是大乘中道不二法門。空、假、中三諦融會同時成立，智者《法華玄義》說：「即空即假即中，無異無二，故名一實諦。」

《心賦錄》永明延壽云：

照燭森羅。隨念而未曾暫歇。飛穿石壁。舉意而頃刻非遙。此真心體。寂而常照。猶如鏡光。無有斷絕。如高成和尚歌云。應眼時。若千日。萬象不能逃影質。凡夫只是未曾觀。何得退輕而自屈。應耳時。若幽谷。大小音聲無不足。十方鐘鼓一時鳴。靈光運運常相續。應意時。絕分別。照燭森羅終不歇。透過山河石壁間。要且照時常寂滅【妙覺寂照，等覺照寂】。

「心」指謂意識，然而不是凡夫的「意識流」。眾生以為意識流是不間斷的流動，而禪宗所說的「心」卻是「前後際斷」的斷點。「前念中念後念念念際斷」。每個念都是獨立的「意識體」。故此有「一念萬年」，「一念古今」，「三世古今始終不離於當念，十方剎海自他不隔於毫端」。「真淨界中才一念。閻浮早已八千年」。此即「真如自性起念」（《壇經》），意謂涅槃生成佛性而佛性呈現世界。因此，禪宗的一念沒有時間、空間。菩薩定心處於「極玄妙」的「正偏兼帶」。此時定心「鉤鎖連環血脈不斷」。定心「一腳門裡一腳門外」，「內君外臣」，「腳踏兩頭船」。正偏兼帶時「前釋迦後彌勒」無以名之，馬祖道一故云「非心非佛」。

天台德韶云「通玄峰頂。不是人間。心外無法。滿目青山」，描繪「山河與大地全是法王身」。佛性本體是「體」，變現幻化大千世界是「用」，透過現象直觀本體。表明這是理事無礙法界。滿目青山意謂滿目皆是佛性本體。菩薩所說皆是「金聲玉振」，「金」謂涅槃，「玉」謂佛性，所謂傳言送語人。定心在兩邊往復優游，如同圓環互相接續。「鉤鎖連環首尾相接」，此謂「雙收雙放」。證得正偏兼帶，則有「釋迦在前。彌勒在後」，即涅槃佛性混居一身。禪師對此有種種說法。

圓悟克勤引述三平義中禪師云：「即此見聞非見聞。無餘聲色可呈君。個中若了全無事。體用何妨分不分。個中見聞是體聲色是用。聲色是體見聞是用。分也得不分也得。所以雲門道。移燈籠向佛殿裡。拈三門向燈籠上。若以衲僧正眼覷之。猶為小事。直得納須彌於芥中。擲大千於方外。也只是個半提。所以盡乾坤大地。都無空闕處。更須知有全提時節。」

《楞嚴經．寶鏡疏》如來逆流云：

此明等覺位。以始覺等與妙覺也。蓋如來已證法性真流。復從法性之中。逆流而出。同流九界。以度眾生。如是菩薩逆生死流。順法性流。

學習事事無礙法界，必要研究《華嚴經》，一部大典專門講解事事無礙法界。《華嚴經》（金獅子章）作為導引篇章，不可不讀。

《華嚴經．金獅子章》（賢首法藏）云：

〔顯鈔〕餘處解釋中，華葉一一微塵中，皆現無邊剎海。剎海復有微塵，微塵復有剎海，重重無盡。今例之云，師子一一眼耳支節毛孔中，皆現無邊師子。師子復有眼耳支節毛孔，毛孔等中復有師子，重重無盡。

言如是重重等者，結無盡義，此非心識思量境界，不可思議。問：此門意雖無盡融通，能所各別可現，何故金師子自體與諸根為能所現耶？故十玄義引經云：「於一微塵中，各示那由他無數億諸佛，於中而說法。於一微塵中現無量佛國須彌金剛圍，世間不迫迮。」又云：「一切佛剎微塵等，爾所佛坐一毛孔，皆有無量菩薩眾，各為具說普賢行。」此等以微塵為所現，以諸佛菩薩等為能現，明因陀羅義。今於一師子同體中，各各現無邊師子，其義如何？答：此有二義，一、章意依金師子譬作是說，準下十玄義，以金為微塵，以師子為諸佛菩薩等，謂依即入圓融道理故，於師子諸根中皆現師子，且如對眼根者。問：此眼是誰眼？答：師子眼也。爾者，於此成眼根金中收師子全體，餘根亦如是。譬如人是諸根皆人，畜是諸根皆畜，何以故？緣起道理無一，一切不成故。若眼根非師子，餘根皆非師子。若爾者師子不能成就，翻此故知眼中皆攝師子，所含師子復有眼，彼眼中復有師子，無盡無盡。若如此知，即見眼無障礙法界，故以眼為門，結一乘見聞種子。以眼為門，常成正覺。餘根亦然。

盧舍那身遍義中，名分圓無礙。彼云分圓無礙者，即此遍法界盧舍那身。一一支分，一一毛孔，皆亦有自舍那全身，是故分處即是圓滿等，即此義也。言如是重重無盡者，結帝網義。

如帝網天天珠者，舉譬釋成，即此門義也。

如帝釋殿天珠網覆，珠既明徹，互相影現，所現之影還能影現，如是重重不可窮盡等。即帝網者，帝釋宮羅網也。言名因陀羅等者，結門名。

《宋高僧傳》法藏傳載：「（法藏）又為學不了者設巧便，取鑒十面，八方安排，上下各一，相去一丈餘，面面相對，中安一佛像，然一炬以照之，互影交光。學者因曉剎海涉入無盡這義。」每一明鏡有其他鏡的影，而且有其鏡中影的影。影中之影，重重複複。因陀羅也如此，珠網上的珠中現一切珠，又現一切珠中之珠，重重無盡，這也就是「無窮維」因陀羅網。

慧能在《壇經》中再三提到並講解的「一行三昧」就是禪定的最高級境界，也就是「勝王瑜伽」的最高階段——真三摩地，也就是首楞嚴大定。禪宗發展到慧能神會時代，禪定的「定慧雙修」是走在前面的修證方法。

《解深密經》講到瑜伽止觀：

如是如來求奢摩他，彼由獲得身心輕安為所依故。即於如是所善思維法內三摩地所行影像所知義之中，能正思擇，周遍尋思，周遍伺察……

《大智度論．五》云：

一切禪定攝心，皆名為三摩提（三摩地），秦言正心行處，是心從無始世界來，常曲不端，得此正心行處，心則端直，譬如蛇行常曲，入竹筒中則正。

我們講禪定要特別注意慧能在《壇經》中講的「大定」之「定」，即慧能弟子東陽玄策引述慧能的「不出不如」的大定。

《首楞嚴經》云：

佛告阿難：「有三摩提，名大佛頂首楞嚴王，具足萬行，十方如來一門超出妙莊嚴路。」

「三摩地」在我國翻譯為「三昧」。但是首楞嚴的三摩地超出這個境界，稱為首楞嚴大定。我們可以說，慧能禪定之法乃是最上乘的禪法一行三昧。

禪宗是講禪定的，沒有禪定就沒有佛教的任何理論。所有佛教的理論實際上都是佛陀在禪定狀態下「悟」出來的。這一點我們可以從佛陀入滅時在禪定狀態對「諸法皆空」的描述看得非常清楚。《大涅槃經》描述佛陀即將入滅時，佛陀即進入禪定的「終極狀態」。由釋迦牟尼在將要寂滅入涅槃之前所描述的「如來入諸禪定二十八反」，並且在禪定狀態「觀照」世界的過程，可知禪定在佛陀的世界觀及其他所創造的佛教理論中占有如何重要的地位。因此我們說禪定在佛教及禪宗中是絕對不可缺少的修煉，也可以說禪定是成佛必不可少的「功課」。慧能所謂「一行三昧」即首楞嚴大定，時刻處於禪定狀態。《壇經》裡解釋很清楚。

《宗鏡錄》云：

夫佛智慧者。即一切種智。所以《般若經》中以種智為佛。則無種不知。無種不見。斯乃以無知知一切知。以無見見一切見。如《華嚴・離世間品》十種無下劣心中云。菩薩摩訶薩又作是念。三世所有一切諸佛一切佛法一切眾生一切國土一切世間一切三世一切虛空界一切法界一切語言施設界。**一切寂滅涅槃界**。如是一切種種諸法。我當以一念相應。慧悉知悉覺悉見悉證悉修悉斷。然於其中無分別。離分別。無種種。無差別。無功德。無境界。非有非無。非一非二。以不二智知一切二。以無相智知一切相。以無分別智知一切分別。以無異智知一切異。以無差別智知一切差別。今時學者多迷空有二門。盡成偏見。唯尚一切不立拂跡歸空。於相違差別義中全無智眼。既不辯惑。何以釋疑。故云涅槃心易曉。差別智難明。若能空有門中雙遮雙照。真俗諦內不即不離。方可弘法為人紹隆覺位。

《華嚴經合論》云：

十地已前。以普賢行。成法身根本智。得出世中差別智。十一地中。以法身根本智。純成處生死中無限大用普賢門。與一切眾生妄念齊等。同想同用。隨彼解脫。

宏智正覺云：

乘時借路。撒手回途。崑崙未踏月船舷。胡地風光傳入漢。空懷過市。冷眼窺人。咭嘹舌頭。話盡平生心事。累垂鼻孔。何妨摩觸家風。身裡出門門裡身。眼中之物物中眼。見色也頭頭彌勒。聞聲也處處觀音。文殊於無差別智。示有差別身。普賢於有差別境。入無差別定。**一切處自然正受。十二時法爾禪那。迷逢達磨更誰同。白牯狸奴卻知有**。

雪岩祖欽云：

結卻布袋口。拗折拄杖頭。直得森羅萬象。轉身無路。三世諸佛。吐氣無由。集雲到此。又卻未免放開一線。何也。雨後青山翠欲流。

「結卻布袋口。拗折拄杖頭」，此謂涅槃。把住謂捏聚。放開一線謂佛性出世建立世界，故謂「雨後青山翠欲流」。佛性出世，謂之「解開布袋口」。菩薩境界定心往復優游，在涅槃與佛性之間，「無須鎖子兩頭搖」。拗折拄杖高掛缽囊，比喻「把住」，即進入涅槃「入火重烹煉」，保持與涅槃滅盡定同質而保任。橫擔拄杖緊峭草鞋，形容定心「轉必兩邊走」，定心在這邊那畔往復優游。定心時而進入涅槃。保持與「清淨涅槃同質化」。前面所說形容涅槃，後面則形容佛性出世建立世界，合併則謂正偏兼帶。

入就瑞白云：

把住則黃金失色，雲門寺裡。拗折拄杖高掛缽囊，一個個掃蹤絕跡，放行則瓦礫生輝，萬竹林中橫擔拄杖緊峭草鞋。一個個放光動地。且道放行好把住好，且待別時來，

「把住」進入涅槃不見一色，「放行」佛性出世萬象齊彰。合併即謂正偏兼帶。

無明壽昌云：

晝夜一架禪。身心總寂然。惟有虛明照。十方普現前。尚不見佛祖。說甚聖與仙。論何法與道。參其玄及禪。惟有空老子。與我大有緣。陪我行住坐。伴我共同眠。我知他去就。他識

我根源。有時激惱我。摑一金剛圈。不是拈花示。爭知有別傳。一悟其宗要。幡然出葢纏。迥超今古外。何處不安然。

此頌正偏兼帶。「惟有空老子。與我大有緣。陪我行住坐。伴我共同眠。」

佛鑒慧勤云：

拗折拄杖子。盡大地是無孔鐵錘。解開布袋頭。遍十方有通霄活路。天台．雁蕩．峨嵋．五台．羅浮．支提．祝融．五老。腳頭腳底築著磕著。東去也得。西去也得。不妨自由自在。

解開布袋頭。遍十方有通霄活路，佛性出世定心往復，無須鎖子兩頭搖。定心自由自在，這邊那畔隨流得妙。妙體無處所，遍界不曾藏。

湛然圓澄云：

龍得水時添意氣。虎逢山處長威獰。從來乾道無私曲。大地年年一度春。大眾。且道衲僧憑何節目。便乃高掛鉢囊。拗折拄杖。笑傲雲山。放心自在。還知麼。若也不知。且不得草草。須知生死是無大得大的一段大事。上至人天。下至蠢動。皆同這一著子。直須透金剛圈。吞棘栗蓬。始得恁麼。

拗折拄杖高掛鉢囊，比喻「把住」，即揑聚，進入涅槃要入火烹煉，徹底泯滅自我意識而保任。橫擔拄杖緊峭草鞋，意謂定心在這邊那畔優游，形容定心「轉必兩邊走」，無須鎖子兩頭搖。定心在這邊那畔往復優游。定心往復時而進入涅槃，時而進入首楞嚴大定。「透金剛圈」謂佛性出世。

呆庵普庄云：

布袋頭解開了。十方世界。蕩蕩無邊。衲僧家。緊峭草鞋。橫擔拄杖。東西南北。去住自由。

佛性出世後，大定定心兩邊優游。久之，「正去偏來無非兼帶」。

「心」指謂意識，然而不是凡夫的「意識流」。眾生以為意識流是不間斷的流動，而禪宗所說的「心」卻是「前後際斷」的斷點。「前念中念後念念念際斷」。每個念都是獨立的「意識體」。故此有「一念萬年」，「一念古今」，「三世古今始終不離於當念，十方刹海自他不隔於毫端」。「真淨界中才一念。閻浮早已八千年」。「真如自性起念」（《壇經》）。此意在於涅槃生成佛性，佛性呈現世界。因此，禪宗的一念沒有時間、空間。

二十三、兼中到【偏正五位】

兼中到（鼓山元賢）云：

兼中到。不落有無誰敢和。人人盡欲出常流。折合還歸炭裡坐。

兼中到。就功位俱隱時立。前兼中至。雖偏正交至。猶有偏正之跡。此則無跡可見。故曰不落有無。蓋是造道之極。及盡今時。還源合本。故曰折合還歸炭裡坐。如佛說究竟涅槃義。乃自受用三昧也。既得此三昧。雖大用繁興。總不出此。洞山臨終曰。吾閒名已謝。正明此旨。九峰虔云。塵中雖有隱形術。爭似全身入帝鄉。雲門云。直饒透得法身。放過即不可。仔細檢點將來。有什麼氣息。亦是病意。亦在此也。以全黑者。為兼中到。乃妙盡功忘。混然無跡。事理雙銷。是非不立者也。以其全用即體。故其相全黑。

禪者在世，最高級的禪定境界是「那伽定」。六祖云「繁興永處那伽定」即「恆納虛空時含法界」（無明慧經）。到此定心時時在涅槃正位。九峰道虔云「塵中雖有隱形術。爭似全身入帝鄉」可以形容那伽定，也可以形容肉體滅度後大定定心契合涅槃本體。「兼中到」的根本意旨在於禪師肉體滅度後，佛性定心融入涅槃，最終契合絕對本體進入永恆。

鼓山元賢謂：「蓋是造道之極。及盡今時。還源合本。故曰折合還歸炭裡坐。如佛說究竟涅槃義。」

注意這裡說「造道之極」，又以「究竟涅槃」謂絕對本體。「以全黑者。為兼中到。乃妙盡功忘。混然無跡。事理雙銷。是非不立者也。」「及盡今時。還源合本」形容肉體滅度後定心契合究竟涅槃。此「源」即宇宙本體。「本源」之義。筆者也使用「究竟涅槃」稱謂絕對本體。祖師禪最終歸宿不是人能夠證入的「涅槃」，而是與人無關客觀存在的究竟涅槃。禪師滅度定心融入涅槃後，「如水合水如空合空」地契合「雲外」卓立的究竟涅槃。

問如何是兼中到。《指月錄》【摘錄】云：

普賢善秀云。撥開雲外路。脫去月明前。

宏智正覺云。夜明簾外排班早。空王殿上絕知音。

「兼中到」的意旨表明肉體死後契合絕對本體即究竟涅槃。禪師滅度後經過涅槃最終契合究竟涅槃。「撥開雲外路。脫去月明前」意在「雲外路」而「契合究竟涅槃」，「脫去」即肉體滅度。「夜明簾外排班早」意謂「夜明簾外主」登基，而「空王殿上」（涅槃）依然空寂無人。禪者定心進入涅槃而不停留，向上契合究竟涅槃即絕對本體，故謂「空王殿上絕知音」。

投子義青頌云：

夫長天一色。星月何分。大地無偏。枯榮自異。是以法無異法。何迷悟而可及。心不自心。假言象而提唱。其言也。偏圓正到。兼帶協通。其法也。不落是非。豈關萬象。幽旨既融於水月。宗源派混於金河。不墮虛凝。回途復妙。頌：

兼中到。解走之人不觸道。一般拈掇與君殊。不落是非方是妙。

自得慧暉云：

兼中到。白雲斷處家山妙。撲碎驪龍明月珠。崑崙入海無消耗。

「白雲斷處」意謂禪定意識在肉體滅度後消隕。明月珠，指佛性，宏智正覺云：「夜明簾外排班早。空王殿上絕知音」，意思相同。「正法眼藏向瞎驢邊滅卻」即謂佛性契合涅槃。「撲碎驪龍明月珠。崑崙入海無消耗」，佛性隨肉體滅卻，佛性定心融入涅槃，最終定心「契如如」，即契合絕對本體進入永恆。「消耗」是「消息」義。「崑崙入海無消耗」謂「消息斷」。六祖云「來時無口」卻「楊柳為官」。意在死後契合宇宙本體，再來人間不會以「人」而是以「宇宙本體」顯現世界。青青翠竹郁郁黃花，何處不是六祖真身？

圓悟克勤云：

只如佛眼和尚。遷化向什麼處去。師云。妙喜世界藏不得。蓮華影裡現全身。進云。和尚只道得一半。師云。你全道底又作麼生。進云。煩惱海中為雨露。無明山上作雲雷。師云。天地懸隔。進云。誰人知此意。令我憶南泉。師云。且莫詐明頭。問臨濟滅卻正法眼。三聖直下便承當。盤山會裡要傳真。普化當時翻筋斗。未審此意如何。師云。跳出金剛圈。吞過栗棘蓬。進云。萬里神光頂後相。只明這一段時節去也。師云。方木逗圓孔。進云。學人是直截根源。師云。一任勃跳。師乃云。此方緣盡他方顯化。此界身歿他界出現。**大善知識以無邊虛空為正體**。以香水海不可說塵剎為化境。以日月為明燭。以形骸為逆旅。以死生為晝夜。其來也電光晃耀。其去也石火星飛。雖示世人有去有來。及其本體不動不變。

圓悟克勤指出「此方緣盡他方顯化。此界身歿他界出現」，表明成佛者進入永恆。「究竟涅槃」有很多解釋。鼓山元賢用「究竟涅槃」形容絕對本體。「故曰不落有無。蓋是造道之極。」若說涅槃是「無」的境界，「不落有無」超越涅槃則是「絕對本體」的境界。「夜明簾外主，不落偏正方」。「及盡今時。還源合本」意謂契合絕對本體。

得道菩薩「行亦禪坐亦禪」，二六時中，時時進入涅槃滅盡定，「獨坐大雄峰」，此即那伽定。和光混俗隨流得妙，定心自由自在信步來往。「恆納虛空時含法界」。故此南泉普願牧牛，全白轉黑。那伽定謂「絕學無為真道人」。

頌兼中到（鼓山元賢）云：

渾然藏理事。朕兆卒難明。威音王未曉。彌勒豈惺惺。此即兼中到也。造道之極。理事俱泯。非獨凡眼莫窺。即過去未來一切諸佛。亦不能窺。蓋還歸於混沌之竅。本不可得而明也。

主中主，夜明簾外主，此謂絕對本體。不依人而客觀存在的宇宙本體。若以道家（非道教）的理論而言，所謂「無極生太極，太極生兩儀」之「無極」也。隱山公案云「不從人天來」，意謂與人間無涉也。一切現象皆是人的「現象」。既與人間無涉，則所謂「絕對本體」寂然獨在。若天上一輪寶月。「兩個泥牛」比喻涅槃與佛性，所謂「一位才彰五位分」，此「一位」非修證可到，雖然與涅槃境界的精神性存在「同質」，而地位不同。所謂「還鄉盡是兒孫事，祖父從來不出門」。洞山良价道：「道無心合人。人無心合道。欲識個中意。一老一不老」。此道與人無涉。超越偏正、是非、陰陽、有無等人間的觀念。無意與人相涉。人要「無心」才合道。絕對本體「蕭然獨立」與人間無關。

入就瑞白云：

又來云。山河大地咸屬妙心中之物。混沌未剖向何處安身立命。此處正要居士疑著。

《請益錄》萬松老人云：

湖南長沙招賢大師。上堂云。我常向汝諸人道。三世諸佛。共盡法界眾生。是摩訶般若光。光未發時。汝等諸人向什麼處委。光未發時。尚無佛無眾生消息。何處得山河國土來。萬松嘗道。混沌未分時。還有天地人不。

露柱懷胎，正中有偏。涅槃本體生成佛性後，佛性生成世界萬象，此偶然中含蘊必然。宏智正覺云：「分與未分。玉機夜動。點與不點。金梭暗抛。」此謂「性海無風金波自湧」。涅槃本體之存在即意謂其必然地時時呈現現象。《虛堂集》云：「半夜髑髏。初驚破夢。三更露柱。偶爾放光。」露柱懷胎意謂涅槃寂滅卻孕育宇宙之本體。曹洞宗云「正雖正卻偏」。涅槃作為正位，天使其然地含蘊「佛性」，即具備「無中生有」的性相。佛性出世顯現世界。涅槃在人出現後作為人的禪定意識存在。「半夜髑髏。初驚破夢。三更露柱。偶爾放光」、「昨夜寒岩無影木，白雲深處露橫枝」，皆顯示涅槃本體之性相。

楚石梵琦云：

返本還源一句子。恰如混沌未分開。明明數一為千萬。千萬重歸一上來。

「萬法歸一」而「一歸何處」？「明明數一為千萬。千萬重歸一上來」。「一」謂本體、本源。「返本還源一句子。恰如混沌未分開」即謂究竟涅槃。

宏智正覺云：

進云。如何是兼中到。師云。寶殿無人不侍立。不種梧桐免鳳來。進云。五位已蒙師指示。向上還更有事也無。師云有。進云。如何是向上事。師云。乍可截舌。誰敢當頭。

僧問兼中到，宏智正覺說「寶殿無人不侍立。不種梧桐免鳳來」，意謂死後進入涅槃並不停留，超越涅槃與夜明簾外主契合。宏智正覺揭示死後定心不會滯留涅槃寶殿。而是昇華到絕對本體。涅槃寶殿無人滯留。禪者若以為身在涅槃，其實落在法身邊。所謂還有向上事，則超越涅槃正位。兼中到一位，最終契合主中主，夜明簾外主，即絕對本體。涅槃空王殿無人長居。滯留涅槃只是「鬼窟裡活計」，實則墮在「尊貴墮」，即落在有漏涅槃的「正位一色」境界。

鼓山元賢云：

事理全銷無可道。不是寒崖獨守空。本無變易閒名埽。

鼓山元賢云「事理全銷無可道」，人對絕對本體無話可說，到此並非獨守涅槃，而是超越涅槃契合絕對本體。絕對本體不生不滅，無始劫來本無變易。

《洞上古轍》云：

潛行密用。如愚若魯。但能相續。名主中主。

鼓山元賢此四句「明祖父之事。位極尊貴。本無作用之可見。而實為萬化之樞紐」，故曰潛行密用。「雖有照體之獨懸。而實無知覺之分別」，故曰「如愚若魯」。又此體常自如是，相續不斷，非有動靜之殊，顯晦之異，故名之為主中主。若有動靜之殊，顯晦之異，則是賓中主，非主中主也。

此體即謂絕對本體。法爾如是，大道之所在。「道」超越一切，大道畢竟是「萬化之樞紐」。「道生一，一生二」、「無極而太極，太極生兩儀」，主中主「實為萬化之樞紐」，表明宇宙萬法終極地來自大道。「主中主」非謂「人」。證入那伽定，也要保任。定心在禪師遷化後「相續」契合絕對本體。

「相續」指成佛以後「保任」。證入那伽定，即妙覺。馬祖道一云：「知色空故。生即不生。若了此意。乃可隨時著衣吃飯。長養聖胎。任運過時。更有何事。」祖師云：「任運騰騰」，洞山良价云：「潛行密用，如愚若魯」，法眼文益云「到頭霜夜月，任運落前溪」，「得的人終日閒閒的」，即證那伽定。

「恆納虛空時含法界」，恆時處於涅槃時或進入法界，時或與人交往就會進入理事無礙法界。到肉體滅度時，禪定意識要堅守牢關，死後定心進入涅槃卻不停留，最後與絕對本體契合為一。主中主蕭然獨立，與人間無關。「夜明簾外主，不涉偏正方」，不屬於「偏正五位」。曹洞宗常以「無見頂」比喻「主中主」。

學佛者必須理解禪宗的根本意旨在於最終契合宇宙本體，以解脫生死進入永恆。禪宗的宇宙本體乃是多元多層次的結構。「一有多種二無兩般」。究竟涅槃即獨立客觀存在的絕對本體；涅槃具有主客觀存在的性質。佛性本體是人的禪定意識。禪師遷化，佛性定心融入涅槃，最終契合絕對本體。

二十四、「兼中到」解析

禪宗認為宇宙本體是多元多層次的結構。禪宗說「萬法歸一」而「一有多種」（三祖）。禪師謂「這一個、那一個、更一個」。精神性宇宙本體的結構由絕對本體、涅槃本體與佛性本體組成，是謂「空界」，我們稱為「本體界」。這是與西哲完全不同的概念。西哲的本體概念只是理論意義的哲學概念，而禪宗的本體皆是禪定實踐的境界。我們先講絕對本體。曹洞宗謂之「主中主」或「夜明簾外主」。這是超越涅槃的終極意義的絕對本體。禪宗修證的要旨即死後禪者的禪定意識契合絕對本體進入永恆，這是解脫生死的法門。世界上不生不滅的只有宇宙本體。禪宗的宇宙本體是精神性的實體，是精神性世界的本體。禪師所謂「心體」、「妙體」、「定體」皆謂禪定意識即「定心」（「獨頭意識」）。絕對本體是與人無關的精神性存在。人只有在死後才能「契如如」。涅槃與絕對本體同質，人經過禪定修證能夠證入涅槃並與涅槃同質化，此謂「子歸就父」。禪者成佛後「保任」即修證「金針雙鎖」保持與涅槃同質化，在肉體死後，大定定心經由涅槃昇華而與絕對本體契合一體。這是神秀禪師所謂「身滅影不滅」的意旨。

曹洞宗「偏正五位」以清淨涅槃為「正位」，而「夜明簾外主，不落偏正方」超越涅槃。投子義青頌「兼中到」云「偏正遙絕兼中到，了然一氣大極前」，表明禪宗最後證入的「兼中到」從理論上說，即類似「無極」的客觀存在的本體。禪者最終契合「夜明簾外主」（「主中主」），契合終極的宇宙「絕對本體」。

曹洞宗「寶鏡三昧」云：「潛行密用，如愚若魯。但能相續，名主中主。」

洞山良价表明，禪者成佛後最終證入「那伽定」，即「潛行密用，如愚若魯」，所謂「終日閒閒的」，謂「得的人」境界。須知主中主（絕對本體）與人無關，乃是無人無佛無世界以前獨立存在的精神性本體。曹洞宗謂之「祖父」而「祖父從來不出門」，為霖道霈頌云「從來一雙足，曾不到人間」，表明絕對本體與人沒有直接關係。我們說絕對本體是客觀存在。絕對本體的境界「不落有無」、「不落是非」。洞山良价謂「但能相續」意謂定心證入絕對本體畢竟困難。若能相續，「名主中主」。洞山良价意思是可以「稱作主中主」。注意不是「為主中主」。禪者的根本意旨在於解脫生死輪迴，解脫之路在於「契合本體」（契如如）。證入那伽定，若能保任，不受污染。到「臘月三十」臨終時保持大定境界，進入涅槃最終契合絕對本體。

鼓山元賢謂：「理之本體。不涉於用者。名主中主。體而有用，即賓中主」。鼓山元賢說「不涉於用者」，意謂作用不顯。禪宗借用「大道」形容絕對本體。筆者私謂，相續謂保任，任運過時、如愚若魯、閒閒地，這是「得底人」非常重要的「長養聖胎」之法，在生死關頭堅守真心不泯是謂相續。曹洞宗「兼中到」即謂契合大道。我們需注意涅槃與主中主的區別。

鼓山元賢（《洞上古轍》）云：

> 四賓主者。主。即正。即體。即理。賓。即偏。即用。即事。理之本體。不涉於用者。名主中主。喻如帝王深居九重之內也。親從體發出用者。名主中賓。喻如臣相奉命而出者也【涅槃】。在用中之體。名賓中主。如鬧市裡天子也【佛性】。用與體乖。全未有主。名賓中賓。喻如化外之民。無主之客也。

「理之本體。不涉於用者」，理即是本體，「本體之本體」謂絕對本體。主中主即「夜明簾外主，不落偏正方」。主中主、主中賓指「精神性存在」。「理之本體。不涉於用者。名主中主」。洞山良价云：「如愚若魯，但能相續，名主中主」。實際上「主中主」超越妙覺。謂之「夜明簾外主」更合適。洞山良价說的「定心」若能相續則契合客觀存在的絕對本體。禪師成佛後善於保任，如愚若魯，閒閒地任運過時。尤其生死關頭堅守真心。若能如此相續度過牢關，可謂「主中主」。「理之本體」即謂絕對本體，即涅槃本體之本體。「不涉於用者」，意謂無明顯作用。「主中賓」指涅槃。「賓中主」指所謂「用中之體」。「用中之體。名賓中主」即謂佛性。

涅槃比喻為青山。佛性定心與其本質相同而有「父子」地位之差別。曹洞宗常常喻為「白雲」。等覺位首楞嚴大定。「主中賓」謂佛菩薩的涅槃意識，菩薩在人間普度眾生，也稱為將軍。「青山為體白雲為用」，若以青山比喻「涅槃」，則為「主中賓」，因為涉於用者。「主中主」與「賓中主」本質相同，同質然而地位不同也。而「賓中主」指謂如來藏佛性，也指菩薩，乃是人經過修證可到的大定定心。

為霖道霈頌「兼中到」云：

混沌之先謾強名。釋迦彌勒也難惺。夜明簾捲亡偏正。性海波澄孰濁清。法爾自來超那畔。靈然終不墮虛凝。綿綿古錦暗中織。劫外春風翦翦輕。

絕對本體超越釋迦彌勒境界，即超越涅槃境界，乃是佛智無法了知「混沌之先」，無以名之。曹洞宗謂夜明簾外主、主中主，強名謂「大道」。此頌表明禪者最後歸宿是「契合大道」即契合絕對本體。「夜明簾捲亡偏正」即「夜明簾外」的絕對本體，主中主。曹洞宗謂「夜明簾外主，不落偏正方」，「虛凝」謂涅槃。「法爾自來超那畔。靈然終不墮虛凝」表明絕對本體「超那畔」（「涅槃」），「不墮虛凝」表明禪師遷化定心超越涅槃契合絕對本體。鼓山元賢謂：「本無作用之可見。而實為萬化之樞紐。故曰潛行密用。」絕對本體表面無功用而暗中「無中生有」。表面上似乎偶然實則必然「無風起浪」，所謂「三更露柱。偶爾放光」，絕對本體在某時必然通過涅槃與佛性呈現世界，故謂「而實為萬化之樞紐」。就「兼中到」而言，讀者須知禪宗最後歸宿「靈然終不墮虛凝」，即謂不墮涅槃，而是向上契合絕對本體。此與小乘與如來禪不同。六祖云「來時無口」，又云「楊柳為官」，其意也在於契合絕對本體，「時湧無風匝匝波」，意謂重現人間山河大地。此即「綿綿古錦暗中織。劫外春風翦翦輕」。當然這不是人力所為，而是「法爾如是」。涅槃與究竟涅槃，就客觀存在言，無人無佛時乃是一體。人出現後，涅槃是絕對本體在人間的映像，絕對本體謂「究竟涅槃」。絕對本體乃至涅槃不守自性，金波自湧無中生有。宇宙間森羅萬象似乎「偶爾成文」，不過偶然性中潛伏「必然性」。本體界必要「無風起浪」。自得慧暉頌「兼中到」說「忍之乎，孰不可忍耶」，表明絕對本體必然地「無中生有」，忍無可忍地建立世界。

為霖道霈「四今時」云：

> 問。如何是盡卻究竟今時底句。答曰。炭庫放光明。薪新懸日月。頌曰。坐斷上頭無貴位。卻來岩谷掛煙蘿。沉沉古井深千丈。時湧無風匝匝波。

禪師肉體遷化後，「終歸炭裡坐」。「坐斷上頭無貴位。卻來岩谷掛煙蘿」道出禪宗宗旨在於契合絕對本體。「卻來岩谷掛煙蘿」，意謂菩薩再來人間「來時無口」。「沉沉古井深千丈。時湧無風匝匝波」，究竟涅槃不甘寂滅不守自性，「時湧無風匝匝波」即謂金波自湧無中生有地呈現現象界。

我們細讀為霖道霈的「四今時」，其中「盡卻究竟今時」，已經超越「功位俱泯」的涅槃境界。他發揮了六祖慧能在《壇經》中的說法「葉落歸根來時無口」以及「楊柳為官」等意旨，表明死後「卻來岩谷掛煙蘿」，此即禪師死後其定心契合宇宙絕對本體生成萬法。「乘願再來」而「來時無口」。「盡卻」即超越之義，表明超越人修證的「清淨涅槃」契合絕對本體。

曹洞宗偏正五位最後「兼中到」即是夜明簾外主。「終歸炭裡坐」謂契合絕對本體，「混沌之先」謂涅槃，是「釋迦彌勒」也不知道的境界。「夜明簾外主，不落偏正方」（宏智正覺），此頌絕對本體，「夜明簾捲亡偏正」即此意。「性海」謂本體界，「兼中到」喻契合絕對本體，故謂「法爾自來超那畔。靈然終不墮虛凝」。意謂超越涅槃境界而契合絕對本體，「那畔」、「虛凝」比喻涅槃。「綿綿古錦暗中織。劫外春風翦翦輕」，以及「沉沉古井深千丈。時湧無風匝匝波」等，皆謂絕對本體不甘寂寞，必然「無中生有」變造世界。為霖道霈禪師所作表明他深刻理解禪宗奧義。

二十五、大道與究竟涅槃

馬祖道一先說「即心即佛」，又說「非心非佛」，南泉普願說「不是心不是佛不是物」，最後馬祖道一說「體會大道」。馬祖道一所說的「大道」與道家的「道」在虛泛的理論意義上有相似處。禪宗的「道」卻是能夠操作的「天人合一」之道。

無異元來云：

大道之源。混沌之先。騰今耀古。徹地通天。斫卻中心樹子。看來只得一玄。諸昆仲。若論此事。要識得親生父母。若識得親生父母。莫道參學事畢。更要知毗盧有師。法身有主。

在無人無佛的空劫以前、象帝之先、威音那畔，尚無人類，作為精神性的存在，涅槃獨立存在且與絕對本體同質。絕對本體對應「道」。「道生一，一生二，二生三，三生萬物」。涅槃本體對應「一」，佛性對應「三」而直接生成萬法。這是中國古代對於「宇宙本體」的觀點，與禪宗思想融會貫通。即宇宙本體「一有多種」而非單一的、思辨的結果。禪宗的涅槃本體、佛性本體皆是「精神性實體」即禪定意識。而「道」只是古代思想家的「思想」。這樣禪宗的宇宙本體就是人可以實證並且與之契合的精神性實體。天地人出現，混沌已分，涅槃可以作為人的禪定意識存在。

南泉普願云：

師示眾云。真理一如。潛行密用。無人覺知呼為滲智。亦云無滲不可思議等。空不動性。非生死流。道是大道無礙涅槃。妙用自足。始於一切行處而得自在。故云於諸行處無所而行。亦云遍行三昧普現色身。只為無人知他用處無蹤跡。不屬見聞覺知。真理自通。妙用自足。大道無形真理無對。所以不屬見聞覺知。無粗細想。如云不聞是大涅槃。道者個物不是聞不聞。

南泉普願此處解說「真理」謂「真理一如。潛行密用」，此與洞山良价《寶鏡三昧》解釋「主中主」相同。南泉普願強調「道」與「涅槃」不同。「如云不聞是大涅槃。道者個物不是聞不聞」則清楚表明兩者區別。「道者個物」超越涅槃境界。禪宗的「大道」與道家的「道」不同，道家的「道」只是概念，禪宗的道則是實體。這裡南泉普願指明「大道」與「涅槃」之不同。洞山良价頌「主中主」也說「潛行密用」，大道無形無所不在，大道不屬「見聞覺知」。故謂「潛行」，「道是大道。無礙涅槃」，表明大道「無礙涅槃」，「道者個物不是聞不聞」強調人無法對大道「見聞覺知」。「佛出世只令人會道」，「還源歸本體解大道」。「如云不聞是大涅槃。道者個物不是聞不聞」即表明大道與涅槃不同。大道是「主中主」的境界。南泉普願說：「大道無形真理無對。所以不屬見聞覺知。無粗細想。如云不聞是大涅槃。道者個物不是聞不聞」，從南泉普願的論述可以理解，空劫前客觀存在的究竟涅槃或「大道」，南泉普願謂之「真理」。從整個語境來理解，「無人無佛無眾生」時存在的精神性宇宙本體即是大道，即客觀存在的究竟涅槃。「但能相續，名主中主」意謂定心從主觀的涅槃過渡到客觀存在的涅槃，即是主中主。涅槃分主觀存在與客觀存在。南泉普願謂「如空劫時無佛名無眾生名。與麼時正是道」，可謂無人無佛時的究竟涅槃。所以空劫時客觀存在的究竟涅槃與「大道」具有相同的意涵。

南泉普願云：

所以心智俱不是道。且大道非明暗。法離有無數。數不能及。如空劫時無佛名無眾生名。與麼時正是道。只是無人覺知見他。數不及他。喚作無名大道。早屬名句了也。所以真理一如更無思想。大道一如無師自爾。若能如如不變。故不曾迷。報化非真佛。莫認法身。凡聖果報皆是影。若認著即屬無常生滅也。粗細而論。緲毫不立。窮理盡性。一切全無。如世界未成時。洞然空廓。無佛名無眾生名。始有少分相應。直向那邊會了。卻來者裡行履。

「兼中到」意謂修證者死後定心進入涅槃然後契合主中主，即精神性的宇宙絕對本體，完成禪宗成佛的終極關懷。禪者肉體死亡後，其大定定心作為與涅槃同質的精神性存在，與絕對本體是同質的，因此融合於絕對本體「如水歸水如空歸空」，涅槃只是過渡的寶殿，「寶殿無人」不可滯留。禪者畢生的修證，全在肉體遷化時實現，最終契合絕對本體而脫離無盡的生死輪迴進入永恆。

二十六、即心即佛與不是心不是佛不是物

我們知道馬祖道一所說「即心即佛」的著名論斷，也說過「非心非佛」，馬祖道一更加明確地表明「不是心不是佛不是物」。我們在此研究一下馬祖道一的說法，這對於理解禪宗思想具有很大意義。

【公案】《頌古聯珠》

南泉曰。江西馬祖說即心即佛。王老師不恁麼道。不是心不是佛不是物。恁麼道。還有過麼。趙州禮拜而出。僧隨問州曰。上座禮拜了便出。意作麼生。曰汝卻問取和尚。僧問師曰。適來諗上座意作麼生。師曰。他卻領得老僧意旨。頌曰。

【按】「即心即佛」指佛性，「趙州禮拜而出」表徵出離涅槃佛性出世。

雪竇重顯云：

不是心兮不是物。哪吒夜入蒼龍窟。鐵鞭擊碎明月珠。從教大地如翻墨。

【按】「哪吒夜入蒼龍窟」謂涅槃，「鐵鞭擊碎明月珠。從教大地如翻墨」，形容佛性消融契入涅槃。「明月珠」即謂佛性，意謂「正法眼藏向瞎驢邊滅卻」，故謂「從教大地如翻墨」，涅槃境界黑漫漫。諸師頌「佛性出世」，此頌「佛性消融契合涅槃」。意謂禪師遷化後佛性定心不能以「禪定意識」存

在，融於涅槃後最終契合絕對本體。

圓悟克勤云：

深深深汲古今。淺淺淺渾成現。水瑩玉壺。江澄素練。跳出桃花三級浪。戴角擎頭乘快便。點額魚。馬師口下空躊躇。

【按】「水瑩玉壺。江澄素練」謂涅槃，「跳出桃花三級浪」謂佛性。兩句謂正偏兼帶。佛性出世謂「跳出桃花三級浪，戴角擎頭乘快便」。「深深深汲古今」謂涅槃，「淺淺淺渾成現」謂佛性，兩句正偏兼帶義。此謂前釋迦後彌勒，此正偏兼帶境界。無以名之，「馬師口下空躊躇」，故云「非心非佛」。

月林師觀云：

突出難辨辨得出。師子翻身師子窟。哮吼一聲天地空。驚起須彌高突兀。

【按】「突出難辨辨得出。師子翻身師子窟」謂佛性出世。「哮吼一聲天地空」，非謂「一無所有」而是「萬法皆空」，「空」謂佛性本體。「驚起須彌高突兀」謂涅槃，兩句正偏兼帶義。此頌正偏兼帶之「佛真法身」。

朴翁義銛云：

鯨飲海水盡。露出珊瑚枝。海神知貴不知價。留與人間光照夜。

【按】「鯨飲海水盡」謂涅槃，「露出珊瑚枝」謂佛性。兩句正偏兼帶義。如同「珊瑚枝枝撐著月」，即謂「前釋迦後彌勒」。「海神知貴不知價。留與人間光照夜」比喻佛性如同明珠，留在人間。「明珠」「珊瑚」出於海故謂海神。佛性喻為「珊瑚枝」，「留與人間光照夜」，是謂菩薩入廛垂手。

圓悟克勤云：

舉僧問馬祖。如何是佛。祖云。即心即佛。
無須鎖子八面玲瓏。不撥自轉南北西東。海神知貴不知價。留向人間光照夜。

【按】大定定心如珠走盤，「**海神知貴不知價。留向人間光照夜**」與前面相同。

舉僧問馬祖。如何是佛。祖云。非心非佛。
碧海珠荊山璧。耀乾坤唯別識。利刀剪卻無根樹。萬疊峰巒斂煙霧。

【按】「碧海珠荊山璧」即謂「前釋迦後彌勒」，「無根樹」謂涅槃，「萬疊峰巒」謂佛性，到此正偏兼帶凡聖混居，「利刀剪卻無根樹。萬疊峰巒斂煙霧」，意謂對此稱為涅槃不對，稱為佛性也不對，無以名之，馬祖故謂「非心非佛」。

《古尊宿》馬祖道一云：

問和尚為什麼說即心即佛。師曰。為止小兒啼。曰啼止時如何。師曰。非心非佛。曰除此二種人來。如何指示。師曰。向伊道。不是物。曰忽遇其中人來時如何。師曰。且教伊體會大道。

這裡馬祖道一明確指示，即心即佛的說法是教示初學者的說法。對中等階次的學人可以講「非心非佛」，禪師進一步說明，「佛」不是心不是物，而要體會「大道」。這個大道即在禪定修證中對於「大道」的感知。究竟涅槃與涅槃同質。感知涅槃即感知大道。禪定意識進入涅槃時定心與涅槃本體同質化，然後轉身退位證得佛性。修證者證入這個境界，可以稱為「佛」。我們看南泉普願對此的解釋。

南泉普願云：

師示眾云。**真理一如。潛行密用**。無人覺知呼為滲智。亦云無滲不可思議等。空不動性。非生死流。**道是大道無礙涅槃**。妙用自足。始於一切行處而得自在。故云於諸行處無所而行。亦云遍行三昧普現色身。**只為無人知他用處無蹤跡**。**不屬見聞覺知**。**真理自通**。**妙用自足**。**大道無形真理無對**。**所以不屬見聞覺知**。無粗細想。**如云不聞是大涅槃**。**道者個物不是聞不聞**。

南泉普願此處解說「真理」謂「**真理一如**。**潛行密用**」，此與洞山良价《寶鏡三昧》解釋「主中主」相同。南泉普願強調「道」與「涅槃」不同。「**如云不聞是大涅槃**。**道者個物不是聞不聞**」則清楚表明兩者區別。「道者個物」超越涅槃境界。禪宗的「大道」與道家的「道」不同，道家的「道」只是概念，禪宗的道則是實體。

馬祖道一的弟子南泉普願禪師對此講解如下：

故江西老宿云。不是心不是佛不是物。先祖雖說即心即佛。是一時間語。空拳黃葉止啼之說。如今多有人。喚心作佛。喚智為道。見聞覺知皆是道。若如是會者。何如演若達多迷頭認影。設使認得。亦不是汝本來頭。故大士呵迦旃延。以生滅心說實相法。皆是情見。**若言即心即佛者。如兔馬有角。非心非佛。牛羊無角。**汝心若是。佛亦何用。非他有無形相。以何是道。所以教中不許。寧作心師不師於心。心如工伎兒。意如和伎者。故云。心智俱不是道。見聞覺知皆屬因緣而有。皆是照物而有。不可常照。**所以心智俱不是道。**且大道非明暗。法離有無數。數不能及。**如空劫時無佛名無眾生名。與麼時正是道。**大道一如無師自爾。若能如如不變。故不曾迷。報化非真佛。莫認法身。凡聖果報皆是影。若認著即屬無常生滅也。粗細而論。緲毫不立。窮理盡性。一切全無。如世界未成時。洞然空廓。無佛名無眾生名。始有少分相應。直向那邊會了。卻來者裡行履。

這裡南泉普願所謂「**如空劫時無佛名無眾生名。與麼時正是道**」，即謂佛未出世的「空劫以前威音那畔」的絕對本體。

這裡南泉普願所說的「真理」即是絕對本體。「理」在禪宗即是「本體」之義。所謂「實際理地」即謂涅槃本體。南泉普願云：「如空劫時無佛名無眾生名。與麼時正是道。」這表明在沒有人類之前，所謂「空劫以前」存在著與人無關的宇宙本體。此即「大道」。大道與尋常說的涅槃不同。涅槃具有主觀存在的性質。我們說的涅槃一般指謂禪定意識。即無漏滅盡定。南泉普願所說，大道與涅槃不同，應謂客觀存在的絕對本體。我們謂之「究竟涅槃」，即意味大道。

「真如」者，如如也，小乘也稱為「如」。此處南泉普願分明指示：「所以真理一如更無思想」。此即意味絕對本體不是思想（心識）所產生變現，甚至不是人的心識能夠理解的「東西」。南泉普願教示：「喚作還源歸本體解大道」，這才是馬祖道一的本意。學人要理解禪宗的生死解脫意謂死後契合絕對本體即大道。

人類存在的時候，世界對人存在對人而有。沒有人的時候，絕對本體隨意而作，所謂「真如不守自性」，宇宙本體無風起浪。混沌初分的剎那天地人出現。禪者最後歸宿是「契合大道」即契合宇宙絕對本體，即「夜明簾外」的絕對本體。曹洞宗謂「夜明簾外主，不落偏正方」，「靈然終不墮虛凝」表明禪者肉體遷化後定心最終超越涅槃而契合絕對本體。在無人無佛的空劫以前、威音那畔，究竟涅槃作為精神性的存在，作為絕對本體客觀獨立存在。天地人出現，混沌已分，涅槃作為人的禪定意識存在。故涅槃具有主客觀存在的意涵。

無異元來云：

動境中求起處不可得。靜境中亦求起處不可得。動靜既無起處。將何為境耶。會得此意。總是一個定體。充塞彌亙。無餘蘊也。

曹洞宗以偏正五位表徵修證者的禪定境界。以黑表正，以白表偏。正位，意指妙覺法身、涅槃本體等，皆是「理地」，禪師又以「君」、「父」比喻涅槃正位即妙覺。就禪定境界而言，正位指清淨涅槃（《成唯識論》）。就正定而言即是無漏九次第定、無漏滅盡定，也稱為「涅槃正位」。而偏位指未能證入妙覺佛位（清淨涅槃）的禪定意識以及凡夫對世界的一切認識、了解皆是「偏」。我們要指出「萬法歸一」的「一」卻是「一有多種」。禪宗的「空界」即本體界並非單一的存在，而是一個多元多層次的結構。禪師說「這一個、那一個，更一個」指謂佛性、清淨涅槃以及絕對本體。絕對本體乃是客觀存在絕對宇宙本體。曹洞宗稱為「夜明簾外主」（主中主）。所謂「夜明簾外主，不涉偏正方」。正位既是指謂清淨涅槃，超越涅槃正位即客觀存在的絕對本體。絕對本體與人無關也非人力能夠「造到」（證入）。禪宗說的「性」、「自性」、「空」盡皆指謂生成萬法的宇宙本體。有時「涅槃本體」與「佛性本體」混為一談。我們對「空界」不嫌繁瑣地反復講解，實因人們對此鮮有理解。

《洞上古轍》云：

吉祥元實禪師述偈曰。一位才彰五位分。君臣協處紫雲屯。夜明簾捲無私照。金殿重重顯至尊。

所謂「一位才彰五位分」之「一位」，不涉偏正。夜明簾外主，主中主也。絕對本體與人間無涉，絕對本體與涅槃、佛性本質相同，地位不同。絕對本體是「夜明簾外主，不落偏正方」。夜明簾外主與人無關，亦非人能夠修證。

宏智正覺云：

浮山遠《九帶》，據其本人說尚有一帶，無法言說。浮山云。據圓極法門。本具十數。今此九帶。已為諸人說了也。更有一帶。諸人還見麼。若也見得親切分明。卻請出來說看。說得相應。則通前九帶。圓明道眼。

宏智正覺云：「僧云。九帶已蒙師指示。向上還有事也無。師云。恰似合面睡著。」應謂禪師滅度後，定心契合絕對本體（究竟涅槃）。

大道、無極即謂涅槃之本體，即絕對本體。所謂「理之本體」（鼓山元賢）。「無極而太極」，「太極」謂「涅槃本體」。佛性乃是定心經歷涅槃而生成，故此涅槃謂佛性之父。「真心」謂人心中的「佛性」。佛性直接生成世界。「情」謂「現象界」。在無人無佛的空劫以前、象帝之先、威音那畔，尚無人類，作為精神性的存在，寂靜涅槃客觀獨立存在，作為絕對本體。天地人出現，混沌已分，涅槃作為人的禪定意識存在。鼓山元賢謂：「理之本體。不涉於用者。名主中主」。筆者認為，「用」若僅僅對人而言，此說正確。「還鄉本是兒孫事，祖父從來不出門」。絕對本體不涉於用。我們稱絕對本體為究竟涅槃。

青州希辨云：

重重幽鎖紫煙岑。古洞龍吟霧氣深。木女唱歸紅燄裡。石人運步覓知音。

【按】青州希辨是萬松老人的祖師。「重重幽鎖紫煙岑。古洞龍吟霧氣深」，也是不見主中主的境界，只有其境不見其人。所謂「祖父從來不出門」，君主聖顏難見。「木女唱歸紅燄裡。石人運步覓知音」，此處木女比喻定心。回歸「紅燄」，石人卻去尋找「知音」。「主中主」謂「古洞龍吟」。

二十七、佛菩薩境界：那伽大定

菩薩境界尚有所知障，枝末無明，有時形容「粗中之細，人牛不見處正是月明時」。此形容菩薩處於有漏涅槃。菩薩為了保任，時時進入涅槃正位，即「金針雙鎖」。進一步菩薩證入「那伽大定」，行亦禪坐亦禪，「恆納虛空時含法界」（無明慧經）。謂之「如愚若魯」，「衲被蒙頭萬事休。此時山僧都不會」，形容禪者證入那伽定，恆時處於涅槃，妙體本來無處所，通身那更有蹤由。曹洞宗形容「全白復黑」。此時進入佛境界，妙覺佛位。「但能相續，名主中主」。最終「到頭霜夜月，任運落前溪」，和光同塵隨流得妙，肉體遷化而大定定心契合如如的宇宙絕對本體。

那伽定「恆納虛空時含法界」，定心不離涅槃「家舍」。此種情形乃「正偏兼帶」的極則。在正偏兼帶時，「龍蛇混雜凡聖同居」，涅槃佛性混居一身同生共命。正偏兼帶時涅槃佛性「同條生」，若禪師肉體遷化，佛性作為禪定意識消隕而契合涅槃，此謂「不同條死」。涅槃本體是具有主客觀意義的精神性宇宙本體，並不隨禪師死亡而消失。此即「末後句」之「同條生不同條死」。在生死大限前，「末後句」始到牢關。

《碧巖錄》云：

若是得的人，二六時中，不依倚一物。

《擊節錄》云：

不見岩頭示眾道。若是得底人。只守閒閒地。如水上按葫蘆相似。觸著便轉。按著便動。

圓悟克勤云：

看他從上得底人。口如臘月扇直得醭生。心如枯木。縱逢春夏未曾變動。不是強為任運如此。豈要爾舉古明今拋沙撒土。今夜事不獲已將錯就錯。與諸人打葛藤去也。還知此事麼。盡十方界窮虛空際。無絲毫透漏。是個金剛眼睛更無外物。所以尋常與兄弟道。爾才觀色早塞卻眼。才聽聲早塞卻耳。才嗅香早塞卻鼻。才吐氣早塞咽喉。才動轉早塞卻身。才起念早塞卻意。六根門頭淨裸裸赤灑灑。只是不肯回光返照。

若是得底人。終不言我知我會。遇飯吃飯。遇茶吃茶。終日只守閒閒地。蓋他胸中無許多波吒計較。所以道。心若無事。萬法一如。無得無失。終日只履踐此一片田地。

蓋他得底人。終日以無所得心。修無所得行。行雖與人同。而常與人異。只為此一片田地打揲得淨盡一切會同脫體無礙。豈是小了底事。直須用作事始得。

得底人。心機泯絕。照用已忘。渾無領覽。只守閒閒地。而諸天捧華無路。魔外潛覷不見。深深海底行。漏盡意解所作平常。似三家村裡無異。直下放懷。養到恁麼處。亦未肯住在。才有纖毫便覺如泰山。似礙塞人便即擺撥。雖純是理地亦無可取。若取即是見刺。所以云。道無心合人。人無心合道。豈肯自炫。我是得底人。原他深不欲人知。喚作絕學無為。與古人為儔。真道人也。

得道之士。立處既孤危峭絕。不與一法作對。行時不動纖塵。豈止入林不動草入水不動波。蓋中已虛寂外絕照功。翛然自得徹證無心。雖萬機頓赴。豈能撓其神。千難殊對。而不干其慮哉。平時只守閒閒地。如癡似兀。

《碧巖錄》云：

只如善道和尚，遭沙汰後，更不復作僧，人呼為石室行者，每踏碓忘移步。僧問臨濟：石室行者忘移步意旨如何？濟云：沒溺深坑。法眼圓成實性頌云：理極忘情謂，如何有喻齊。到頭霜夜月，任運落前溪。

沒溺深坑謂涅槃，行亦禪坐亦禪，二六時中，時時進入涅槃滅盡定。

《信心銘》三祖（真歇清了注）云：

一種平懷　泯然自盡

拈云。皮膚脫落盡。唯有一真實。輝古騰今。明如杲日。現今面前赤灑灑地。還見麼。喚作平常心。返常合道。無汝計較處。横參豎參到佛祖道不得處。如狸奴白牯李四張三。空有二邊泯然自盡。到得恁麼田地。眼如眉毛口似鼻孔。方解穩坐。諸人者如何得相應去。良久云。羌笛數聲疏雨後。冒煙吹過夕陽村。

《信心銘》三祖（真歇清了注）云：

任性合道　逍遙絕惱

拈云。大無事境界。須是大無事人方能荷擔。古人養來養去。純純地如嬰兒相似。東西不辨南北不分。六根門頭一時休歇。自然虛明自照。了了地無諸分別念想任性隨緣。佛法世法不相惱亂。根塵四大動靜語默一齊卸卻。更無絲毫繫絆。終日只守虛閒閒地。且道成得什麼邊事。良久云。到頭霜夜月。任運落前溪。

佛鑒慧懃云：

他得底人宛爾不同。十二時中只麼閒閒地。蕩蕩地。如珠在盤。觸著便轉。不留影跡。方得名為通變道人。

湛然圓澄云：

放教閒閒地。如有氣死人相似。

洞山良价《玄中銘》云：

潛行密用。如愚若魯。但能相續。名主中主。

圓悟克勤云：

大宗師為人。雖不立窠白露布。久之學徒妄認亦成窠白露布也。蓋以無窠白為窠白。無露布作露布。應須及之令盡。無令守株待兔認指為月。鑒在機先。風塵草動亦照其端倪。況應酬擾擾哉。非胸次虛靜。無一法當情。安能圓應無差先機照物耶。此皆那伽在定之效也。

「日應萬機常歷歷。那伽大定自如如」，菩薩日常日應萬機凡聖分離、內心處於那伽大定。六祖云「**若於轉處不留情。繁興永處那伽定**」。那伽定，處於無住處涅槃。涅槃寂滅如如，佛性圓應萬機。定心正偏兼帶，時時處於涅槃境界。

雪岩祖欽云：

玄路絕時分鳥道。見聞泯處涉功動。何如只麼閒閒地。月浸冰壺夜不痕。

《從容錄》云：

已白仍回黑。還君自在牛。亂山閒放去。千古更無憂。赫赫當中日。騰騰不繫舟。超然凡聖外。誰敢向前收。此正是南泉隨分納些些處。

此即那伽定。**和光混俗隨流得妙**，二六時中，時時進入涅槃滅盡定，「**恆納虛空時含法界**」。故此南泉普願牧牛，全白轉黑。

無明慧經禪師（形容那伽定，此說或謂入就瑞白頌）云：

曰。亙納虛空。時含法界。

「亙納虛空。時含法界」表明妙覺佛定心恆時不離涅槃，臨濟義玄謂「在家舍不離途中，在途中不離家舍」。《楞嚴經》云：「淨極光通達。寂照含虛空。卻來觀世間。猶如夢中事。」涅槃定境「正念」相續。涅槃寂而常照，照而常寂。「照」即「觀照」或「照用」。涅槃具有般若智慧，「般若無知無所不知」。

【公案】《請益錄》第六十則南泉水牯

舉南泉垂語云。王老師。牧一頭水牯牛（與這畜生作伴）。擬向溪東去。不免官家苗稼（動落今時）。擬向溪西去。不免官家苗稼（靜沉死水）。爭如隨分納些些（曲為今時潛通那畔）。總不見得（易分雪裡粉。難辨墨中煤）。天童拈云。南泉牧牛。可謂奇特（一生草裡走）。直得一切處關防不得（渠濃得自由）。為什麼如此（為他左方右圓）。是他隨分納些些（憂則共戚。樂則同歡）。

師云。這個公案。諸方大行。洞山道。露地白牛。牧人懶放。南泉卻自小牧水牯牛。且道他意作麼生。溈山懶安。初参百丈問。學人欲求識佛。何者即是。丈曰。大似騎牛覓牛。安曰。識後如何。丈曰。如人騎牛到家。安曰。未審始終如何保任。丈曰。如牧牛人執杖視之。不令犯他苗稼。安自此息意。安後上堂云。安在溈山三十年來。吃溈山飯。屙溈山屎。不學溈山禪。只看一頭水牯牛。若落路入草。則便牽出。若犯人苗稼。即便鞭撻。調伏既久。可憐生受人言語。如今變作個露地白牛。常在面前。終日露迥迥地。趁亦不去也。撫州石鞏惠藏禪師。一日廚中作務次。馬祖見而問曰。作什麼。鞏曰。牧牛。祖曰。作麼生牧。鞏曰。一回入草去。把鼻拽將來。祖曰。子真解牧牛。萬松嘗問糠禪。背插荊梃。何也。糠曰。《遺教經》云。譬如牧牛之人。執杖視之。勿令縱逸。犯人苗稼。萬松笑曰。癡人面前不得說夢。明言譬喻。邪執為實。清居皓昇禪師。頌牧牛圖一十二章。太白山普明禪師。頌牧牛圖十章。佛國惟白禪師。頌牧牛圖八章。昇明二師等。皆變黑為白【由正出偏】。惟佛印四章。全白復黑【那伽定】。頌曰。已白仍回黑。還君自在牛。亂山閒放去。千古更無憂。赫赫當中日。騰騰不繫舟。超然凡聖外。誰敢向前收。此正是南泉隨分納些些處。諸師以人牛不見處。正是月明時。為總不見得【菩薩尚有枝末無明】。唯佛印與南泉。以混俗和光。隨流得妙。為總不見得【那伽定，恆納虛空，參看為霖道霈四今時，盡卻大用今時，任運落前溪，如愚若魯】。雲門云。且道牛內納。牛外納。直饒你說得納處分明。我更問你覓牛在。萬松道。抵著和尚。大溈喆云。雲門止解索牛。不解穿他鼻孔。拈起拄杖云。三世諸佛。天下老和尚鼻孔。盡被山僧拄杖一時穿卻。且道山僧鼻孔在什麼處。良久云。誣人之罪。以全罪科之。萬松道。首到強如捉獲。雖然。南泉水牯牛無鼻孔。你作麼生穿。是以天童道。南泉牧牛。可謂奇特。直得一切處關防不得。勝默和尚道。在一切。同一切。一切處收不得。又道。南泉水牯牛。雙角無欄圈。且道隨分納些些了後如何。芻蕘莠稗愁耘處。蹄角皮毛趁贊時。

【按】畜生異類，謂禪定意識。此處牛，指謂禪定意識。

【按】佛眼偈（早起）云：「試將寂滅那伽定。暗寫雕蟲篆刻章」。

【按】那伽定，恆納虛空時含法界，涅槃，故云：黑。妙覺佛位，妄識消融。

【按】萬松老人指出普明等人，以佛性出世枯木生花為極則。「唯佛印與南泉。以混俗和光隨流得妙為總不見得」。此謂那伽定，妙覺佛位。得的人終日閒閒的。混俗和光隨流得妙，形容「那伽定」。即謂行亦禪坐亦禪。擔水劈柴無非妙道。二六時中，如愚若魯。衲被蒙頭萬事休，山僧此時都不會。佛菩薩保任之道。那伽定，恆納虛空時含法界（無明慧經），恆時在涅槃，有時成法界。

全白復黑，混俗和光隨流得妙，無住處涅槃與清淨涅槃同質。

那伽定，全白轉黑，意謂妄識消融，「無住處涅槃」（《成唯識論》）。妙覺佛地，常居涅槃，妄識消融故謂「黑」。菩薩境界尚有所知障，那伽定如龍在淵，妙覺佛恆常處於涅槃。六祖云：「若於轉處不留情，繁興永處那伽定」。

那伽定寂滅境界，獨坐大雄峰（百丈懷海），有時獨坐枯根上（丹霞子淳），如暗中書字，性海無風金波自湧。

鳩摩羅什道：「有非真要。時復暫遊。空為理宗。以為常宅。那伽定偶有出入。常居那伽定。」「日應萬機常歷歷。那伽大定自如如」，菩薩凡聖分離，涅槃寂滅如如，佛性圓應萬機。內外有別，菩薩尚有所知障，直到十二地妙覺佛地，出離所知障，妄識泯滅，即謂那伽定。

勝默和尚道：「在一切。同一切。則遍界不曾藏。全露法王身。洞然全是釋迦身。」

金鳳夜棲無影樹，獨坐大雄峰，比喻妙覺佛，證得那伽定。

粗中之細，人牛不見處。正是月明時，此謂菩薩尚有枝末無明，所知障。

全白復黑，見為霖道霈四今時：汗馬勳成已太平，證得妙覺故謂黑。

六祖云「若於轉處不留情，繁興永處那伽定」。「轉處不留情」即「定境變化，就地轉身。」。

佛眼清遠云「試將寂滅那伽定。暗寫雕蟲篆刻章」，那伽定雖然寂滅，如暗中書字，時含法界，故此性海無風金波自湧。

【按】菩薩證得那伽定，即妙覺佛位。「混俗和光隨流得妙」，最後「到頭霜夜月，任運落前溪」。

丹霞子淳頌「正偏兼帶」云：

水最為清月最圓。月光含水水涵天。混融不落威音世。到此如何語正偏。

「月光含水水涵天」謂涅槃佛性混居一身。「混融不落威音世」謂正偏兼帶。「到此如何語正偏？」此境無以名之，馬祖道一故謂「非心非佛」。此詩形容那伽定。

二十八、如何是兼中到（人天眼目）

《人天眼目》載禪師頌「兼中到」。

宏智正覺云：

兼中到。斗柄橫斜天未曉。鶴夢初醒露葉寒。舊巢飛出雲松倒。

【按】「鶴夢初醒」謂紅塵一夢到此了然清醒，「雲松倒」謂肉體遷化，此即舊巢。「鶴」飛冥冥不知處，契合究竟涅槃也。

自得慧暉云：

兼中到。白雲斷處家山好。撲碎驪龍明月珠。崑崙入海無消耗。

【按】白雲喻定心，佛性，死後首楞嚴定心不存在，家山謂涅槃。明月珠喻佛性，佛性不在，崑崙入海無消耗，涅槃與佛性兩個「泥牛鬥入海」，無信息。

投子義青云：

師因謂眾曰。吾今日向汝等舉似洞山師翁五位。一一領覽看。真中有偽正中遍。偽中有真遍中正。圓中有圓正中來。色中有色遍中至。妙中有妙兼中到。畢竟五位一位。一位無位。現空妙顯真。真底是什麼物。珍重。有偈云。卻來元是正中遍。向去正親遍裡正。不來難辨正中來。不去難知兼中至。偏正遙絕兼中到。了然一氣大極前。雨過雲披天若洗。鐘聲何入古松風。

【按】投子義青頌「妙中有妙兼中到」，「妙」謂涅槃，「妙中有妙」謂涅槃之上還有絕對本體。「偏正遙絕兼中到。了然一氣大極前」即謂「無極」之義。

五位偏正謠云：

夜半紫微收。曉霞生碧嶂。鶴棲夢正成。鸞舞清夕陽。中峰星斗橫。石筍迎春長。兔懷胎入漢。鴛抱鳳來閣。嵓樹重雲閉。溪華承露香。古台霜葉覆。新鳥曉來芳。嶺暮烏沉去。石龜出六湘。泥牛眠室臥。玉女行斜陽。夜明簾外主。不落偏正方。強以偏正謠。意露宗印匡。

【按】「嶺暮烏沉去。石龜出六湘。泥牛眠室臥。玉女行斜陽」謂肉體遷化。大定定心「此方緣盡他方顯化。此界身歿他界出現」，故有「石龜出」「玉女行」之謂。終歸契合「夜明簾外主。不落偏正方」。

自得慧暉云：

僧曰。有無及盡處。如何是兼中到。師曰。忍之乎。孰不可忍耶。

【按】性海無風金波自湧，絕對本體，究竟涅槃，不甘寂寞，時湧無風匝匝波。無中生有，孰不可忍也。

入就瑞白云：

如何是兼中到。師云。踏破波底月。

【按】「波底月」謂涅槃。「萬古碧潭空界月」之謂。踏破謂超越，契合主中主。

青州百問（投子義青）云：

頌。主中主。玉宇天顏棲紫府。丹墀月浸影沉沉。彩雲無限遮廊廡。信不通。音亦絕。底事分明誰敢說【夜明簾外主，絕對本體】。

問。葉落歸根。來時無口。未審祖師那裡得這個消息來。

答。無言童子暗嗟吁【禪者要有信仰】。

頌。霜天雲際沒賓鴻。風捲平林萬樹空。向晚憑樓閒放目。難將有限趁無窮。

絕對本體難以思量。此處說「難將有限趁無窮」，因為禪師無法驗證從涅槃契合究竟涅槃，「青州百問」，「問。葉落歸根。來時無口。未審祖師那裡得這個消息來。」投子義青答，「無言童子暗嗟吁。」表明這個問題無法回答。因此我們認為禪師對最終契合絕對本體具有信仰的因素。從語境來說，六祖說「葉落歸根。來時無口」意謂契合絕對本體。六祖《壇經》回答弟子自己圓寂後的「結果」，他並說「楊柳為官」，即表明死後契合宇宙本體化身山河大地，呈現森羅萬象。此乃禪宗的終極關懷，以此脫離生死輪迴進入永恆。

宏智正覺云：

僧云。不涉偏正時作麼生。師云。戶外有雲從斷逕。坐中無照勝然燈。師乃云。空空絕跡。一點不昏。湛湛亡言。一機自轉。釋迦彌勒到個時節不敢稱師。達磨老盧到個處所不敢喚祖。

絕對本體超越「釋迦彌勒」境界。「然燈」謂最古老的佛。既云「勝然燈」其意在超越涅槃。「斷逕」謂「死後之徑」。何處去也？「戶外有雲從斷逕」，生路雖斷卻「有雲從斷逕」，定心隱然相從契合夜明簾外主。「達磨老盧」，盧行者即六祖。「夜明簾外主，不涉偏正方」，此即絕對本體。

二十九、公案解釋

【公案】《頌古聯珠》

舉雲門問僧云。古佛與露柱相交。是第幾機。僧無語。門云。爾問我與爾道。僧遂問。門云。一條條三十文。僧云。如何是一條條三十文。門云。打與。代前語云。南山起雲北山下雨。

【按】理事無礙境界以正偏兼帶為前提，「古佛與露柱相交」即正偏兼帶義。

圓悟克勤云：

油然南山雲。霈然北山雨。露柱笑呵呵。燈籠超佛祖。中湧邊沒西天東土。樓閣門開竟日閒。野老不知何處去。

【按】「野老」云云皆謂「定心」，「中湧邊沒西天東土」謂定心往復優游。「樓閣門開」利用善財童子典故，彌勒樓閣彈指即開，重重樓閣處處彌勒。此典故可謂事事無礙法界。此處「南山起雲北山下雨」謂理事無礙法界。雖有現象卻「見色歸空」。「南山雲」、「北山雨」這些現象無非佛性本體。此謂理事無礙法界。

天童正覺云：

一道神光。初不覆藏。超見緣也。是而無是。出情量也。當而無當。岩花之粉兮蜂房成蜜。野草之滋兮麝臍作香。隨類三尺一丈六。明明觸處露堂堂。

【按】「一道神光。初不覆藏」謂佛性「靈光獨露」，凡夫所見「現象」，菩薩佛眼下無非佛性本體，菩薩「騎聲跨色」在色相紅塵裡優游，「明明觸處露堂堂」，何處不是佛性神光？

本覺守一云：

南山云。北山雨。新羅打鼓韶陽舞。石虎哮吼上九天。泥牛入海無尋處。

【按】「新羅打鼓韶陽舞」意謂理事無礙境界沒有東南西北上下左右。「石虎哮吼上九天。泥牛入海無尋處」謂定心自由自在優游，理事無礙法界雖有現象，「借來聊爾了門頭」而已。南山北山，九天大海，前釋迦後彌勒。

橫川行珙云：

古佛與露柱交參。貓兒咬殺猛虎。驀拈拄杖云。出門撞著須菩提。撈破虛空全體露。一片虛凝絕謂情。萬里清光飛玉兔。

【按】「古佛」表徵涅槃，「露柱」表徵佛性，理事交參，相傾相奪（見《宗鏡錄》），「見色無非觀空」，正是正偏兼帶理事無礙境界。真歇清了注《信心銘》謂：「須臾之頃轉色歸空」。「一片虛凝絕謂情。萬里清光飛玉兔」，前句謂涅槃，後句謂佛性。前釋迦後彌勒，涅槃佛性混居一身，正偏兼帶故有「理事交參」。

【公案】《楞嚴經》。汝等一人發真歸元。此十方虛空悉皆消殞

五祖法演云。一人發真歸元。十方虛空觸著磕著。

昭覺克勤云。一人發真歸元。十方虛空錦上添花。

【按】所謂「觸著磕著」，「錦上添花」、「八字打開」云云，意謂佛性出世建立世界。以佛智觀照大千世界（十方虛空）所得到理事無礙法界。塵塵剎剎皆是真心本體。菩薩當體即空。「發真歸元」意謂證入涅槃而成佛。涅槃境界「十方虛空悉皆消殞」，轉身退位證得佛性，「十方虛空觸著磕著」，佛眼所見塵塵剎剎皆佛性也。

無異元來云：

《楞嚴經》云。一人發真歸元。十方虛空悉皆消殞。果知得虛空消殞。華藏世界遍塞塞地。無纖毫滲漏。《法華經》云。是法住法位。世間相常住。果知得是法住法位。可謂無量寶聚當下知源。

【按】「是法住法位。世間相常住」即形容理事無礙法界，「見山是山見水是水」。天台德韶云：「韶國師道。通玄峰頂。不是人間。心外無法。滿目青山」描繪理事無礙法界。「塵塵剎剎皆是真身」，或謂「洞然全是釋迦身」。

【公案】《從容錄》第八十二則雲門聲色

舉雲門示眾云。聞聲悟道（雙丸塞耳）。見色明心（兩葉遮睛）。觀世音菩薩將錢來買糊餅。放下手卻是饅頭（又被風吹別調中）。

師云。天童舉話談其神駿。略其玄黃。本錄。雲門示眾云。聞聲悟道。見色明心。作麼生。是聞聲悟道。見色明心。舉手云。觀世音菩薩將錢來買糊餅。放下手。元來卻是饅頭。圓通國師道。韶陽老人。可謂唱彌高而和彌寡。如今卻向延聖拂子頭上。入方網三昧。東方入定西方起。乃至男身入定女身起。還會麼。野色更無山隔斷。月光直與水相通【今時劫外，潛通一線】。萬松道。海中尋不得。岸上卻相逢。更看。天童甚處相見。頌云。

出門躍馬掃攙搶（閫外將軍令）。萬國煙塵自肅清（風行草偃）。十二處亡閒影響（併作一家）【六根互用】。三千界放淨光明（更無兩樣）。

師云。聞聲悟道。道豈有聲。見色明心。心豈有色。此禮樂征伐自天子出。仁義之兵無敵於天下。攙搶棓彗其殃一也。以聲色為影響表不實也。影謂鏡像水月。響謂空谷傳聲。此皆在道心中。為攙搶也。萬國猶萬法也。十二處猶六根六塵也。三千界光明照破影響。由除

> 影響放出光明。不見百丈古靈道。靈光獨耀迥脫根塵。忽若根根塵塵皆遍法界。又作麼生。將謂是饅頭。卻是糊餅。

【按】禪師謂「黑豆換眼睛」，「擢瞎娘生眼」。凡夫與菩薩「見處不同」。凡夫所見森羅萬象，在菩薩觀照下萬法皆空。正偏兼帶理事無礙法界。根根塵塵全露法王身，「將謂是饅頭。卻是糊餅」，饅頭、糊餅只是佛性本體。現象謂鏡像水月，透過現象即見本體。現象不過「借來聊爾了門頭」，菩薩意根已滅，對任何現象心無所動。「十二處亡閒影響」謂六根六識無所影響，而識陰盡後菩薩「六根互用」。「三千界放淨光明」謂「萬法皆空」。此空即謂佛性本體。「靈光獨耀迥脫根塵。忽若根根塵塵皆遍法界」，菩薩當體即空。

菩薩在理事無礙境界。首楞嚴大定定心（佛性）不染根塵，與凡夫見聞覺知的「塵埃」是隔絕的，即「實際理地不受一塵」。這裡頌云「出門躍馬掃攙搶。萬國煙塵自肅清」，菩薩觀照「不見一塵」。圓悟克勤說「眼耳鼻舌身意一時作個無孔鐵錘」也是這個意思。所謂佛智觀照下「忽若根根塵塵皆遍法界」，表明理事無礙法界並非「空無」而且「逼塞虛空」。在佛眼裡，所謂「根根塵塵」即「六塵不惡皆同正覺」。故此，雲門文偃說：「將謂是饅頭。卻是糊餅。」佛智所「見」並不是凡夫見聞覺知所產生的「根根塵塵」，而是「佛性本體」。真歇清了關於現象說「須臾之頃轉色歸真」，現象雖然呈現（「根根塵塵」）卻是佛性本體。

佛眼觀照下萬法皆空，故謂「一家」。

【公案】《請益錄》第八十七則雪竇沙水

舉雪竇舉古德云（更有天童與萬松）。眼裡著沙不得（只是你眼窄）。耳裡著水不得（只是你耳淺）。忽有個漢。信得及。把得住（卻須放行）。不受人瞞（自瞞了也）。祖佛言教。是什麼熱碗鳴聲（剛要萬松評唱）。便請高掛缽囊。拗折拄杖（更須還卻草鞋錢）。管取一員無事道人（事生也）。又云。眼裡著得須彌山（將上不足）。耳裡著得大海水（匹下有餘）。一般漢受人商量（試看天童拈古）。佛祖言教。如龍得水。似虎靠山（錦上更添花）。卻須挑起缽囊。橫擔拄杖（一回拈出一回新）。亦是一員無事道人（百藝不妨身）。復云。恁麼也不得（走時走殺）。不恁麼也不得（坐時坐殺）。然後沒交涉（一坑埋卻）。三員無事道人中選一人為師（萬松門下。沙彌童行）。天童拈云。坐斷乾坤（放下一堆）。建立世界（提起一條）。和光混俗（隨流得妙）。各有長處（頻稱三個好。斷送一生休）。且道選那一人為師（東村李翦子）。驀拈起拄杖云。穿過了也（萬松若見。折作兩截）。師云。雪竇天童。萬松嘗謂如孔門遊夏。在吾法中。宗教之馬鳴龍樹也。及乎拈此公案。雖返三隅。猶欠一著。不見藥山初參石頭問。三乘十二分教粗知。常聞曹溪直指人心。見性成佛。實未明瞭。伏望慈悲指示。頭曰。與麼也不得。不與麼也不得。與麼不與麼。總不得。汝如何會。山佇思。頭曰。子緣在江西。速往矣。山至江西拜起。如前問之。曰。我有時教伊揚眉瞬目。有時不教伊揚眉瞬目。有時教伊揚眉瞬目者是。有時教伊揚眉瞬目者不是。子意如何。山於言下有省。再拜謝之。祖曰。子見何道理。山曰。某於石頭處。如蚊子上鐵牛。祖曰。子得之矣。宜善保護。石頭渾崙無縫罅。藥山蚊子上鐵牛。江西雙放雙收。藥山言下大省。雪竇道。恁麼也不得。不恁麼也不得。然後沒交涉。萬松道恁麼也得。不恁麼也得。正好帝網交羅。重重無盡。投子修顒禪師。嗣圓照大本。住潁州薦福日。歐陽文忠公。因潁守。道師德業。備饌延師。遽問曰。浮圖之教。何為者。師乃款論。指妙揮微。優游於華藏法界之都。從容於帝網明珠之內。歐陽悚然曰。吾初不知佛書。其妙至此。公易簀之際。召子弟誡之曰。吾生平以文章名當世。力抵浮圖。今此衰殘。忽聞奧義。方將研究。命也奈何。汝等勉旃。無蹈後悔。清涼觀國師。判禪門南北兩宗。不出頓教。溈山一日索門人呈語。乃曰。聲色外與吾相見。仰山凡三度呈語曰。如兩面鏡相照。於中無像。溈曰。此語正也。我是你不是。早立像了也。仰山卻問溈山。某精神昏昧。有拙只對。未審和尚於百丈師翁處作麼生呈語。溈曰。我於百丈先師處呈語。如百千明鏡鑒像。光影相照。塵塵剎剎。各不相借。仰山於是禮謝。這個喚作頓教得麼。喚作恁麼不恁麼總不得。然後沒交涉得麼。雖然。更須知有遮照同時。遮照不立。然後同時即不立。不立即同時。放收諸門，更須知有向上一竅在。直饒黃檗行道於威音王以前。猶是王老師兒孫。更選何人為師。烏龜稽首須彌柱【前釋迦後彌勒】。

【按】「遮照同時，遮照不立，然後同時即不立。不立即同時。」即事事無礙法界。在正偏兼帶境界，涅槃佛性混融一體即是事事無礙法界，證得一心三觀，中道，一切種智。由此到那伽定，證得妙覺佛位。

涅槃佛性在正偏兼帶境界，若涅槃佛性混居一身，即謂「前釋迦後彌勒」，即「佛真法身」。若涅槃佛性混融一體「和光混俗」即到事事無礙法界。

三個境界，禪師常說三人，三家村。

【按】坐斷乾坤、建立世界、和光混俗，比喻涅槃、首楞嚴佛性與和光混俗隨流得妙的「那伽定」三個境界。坐斷乾坤謂涅槃，建立世界謂佛性。

「和光混俗隨流得妙」謂那伽定，妙覺佛位，得的人，閒閒的。如愚若魯。

佛性出世後定心往復，從正偏兼帶的事事無礙法界，證得一心三觀即「一切種智」，即證得那伽定，此即妙覺。到此境界，任運過日，隨流得妙。「到頭霜夜月，任運落前溪」，即謂禪師最終契合宇宙本體而進入永恆。

禪師常說三人，三家村，又說「兩個無孔鐵錘，就中一個最重」，指涅槃與佛性、菩薩正偏兼帶境界。涅槃佛性混居一身，「烏龜稽首須彌柱」謂正偏兼帶。「前釋迦後彌勒」謂「釋迦彌勒猶是他奴」。曲為今時潛通劫外。在涅槃本體與佛性本體直接聯繫。

「和光混俗隨流得妙」，形容定心自由自在。菩薩正偏兼帶境界，若涅槃佛性混融一體，即到事事無礙法界。由此證得「一心三觀」即中道，即一切種智。

建立世界，指首楞嚴佛性，具有宇宙本體的作用，故云建立世界。這是菩薩內心的世界，具有主觀色彩。證入理事無礙，「見山是山，見水是水」。

【公案】《從容錄》第七十四則法眼質名

示眾云。富有萬德。蕩無纖塵。離一切相。即一切法。百尺竿頭進步。十方世界全身。且道。什麼處得來。

舉僧問法眼。承教有言。從無住本立一切法。如何是無住本（合取狗口）。眼云。形興未質（莫眼華）。名起未名（畢竟喚作什麼）。

師云。文殊問維摩。身孰為本。答貪欲為本。問貪欲孰為本。答虛妄分別為本。問虛妄分別孰為本。答顛倒想為本。問顛倒想孰為本。答無住為本。又問無住孰為本。答無住則無本。文殊師利從無住本。立一切法。肇公注云。心猶水也。靜則有照。動則無鑒。癡愛所濁。邪風所扇。湧溢波蕩。未始暫住。以此觀法。何往不倒。譬如臨面湧泉責己本狀者。未之有也。又云。若以心動為本。則有因相。生理極初動。更無本也。若以無法為本。則有因無生。無不因無。更無本也。又云。無住故倒想。倒想故分別。分別故貪欲。貪欲故有身。既有身也。則善惡並陳。善惡既陳。則萬法斯起。自茲以往。言數不能盡也。肇公以最初動念根本不覺。為無住本。傳燈清涼國師。答皇太子心要云。至道本乎其心。心法本乎無住。無住心體靈知不昧。安國師舉。《金剛經》云。應無所住而生其心。無所住者不住色不住聲。不住迷不住悟。不住體不住用。而生其心者。則是一切處。而顯一心。若住善生心則善現。若住惡生心則惡現。本心則隱沒。若無所住。十方世界唯是一心也。六祖問菏澤。知識遠來也。大艱辛。將本來否。若有本則合識其主試說看。澤曰。以無住為本。見則為主。菏澤顯宗記云。自世尊滅後。西天二十八祖。共傳無住之心。此無住本即以本分事。名無住也。若以真妄融即。一有多種。二無兩般。法眼答處。出《寶藏論》。形與未質。名起未名。形名既兆。遊氣亂清。雪竇拈起拄杖云。大眾。拄杖是形名雙舉。形即無形。名即無名。一等沒見識瞎漢。只認個無形段無名姓底。便為極則。辜負法眼。違背永明。壽禪師「唯心訣」云。無一名不播如來之號。無一物不闡遮那之形。又有一等孤陋寡聞。不肯究理參問。只道。本來有甚。萬松道已太多生。他云。如何免得。萬松道。本來少甚。爾但恁麼會去。因參法眼兼見天童。頌云。

沒蹤跡（羚羊掛角）。斷消息（久負不逢）。白雲無根（妙體本來無處所）。清風何色（湧身那更有蹤由）。散乾蓋而非心（尚能出岫）。持坤輿而有力（不費精神）。洞千古之淵源（盡向這裡流出）。造萬象之模則（一法之所印）。剎塵道會也。處處普賢（攔街截巷）。樓閣門開也頭頭彌勒（築著磕著）。

師云。視之無形。普天匝地。聽之無聲圓音無間。雲雖無根。太虛為片雲所點。風雖無色。大地為風輪所持。劉禹端公問雲居。雨從何來。居曰。從端公問處來。公喜而謝之。居卻問曰。問從何來。公無語。西禪與官員坐次。禪云。風作何色。官無語。禪卻問僧。僧拈起衲衣云在府中鋪。禪云。用多少帛子。僧云。勿交涉。禪無語。雲門代云。咄這話墮阿師。雪竇並作兩頌。雨從何來。風作何色。龍門萬仞曾留宿客。進退相將誰遭點額。風作何色。雨從何來。不用彈指。樓閣門開。波波棱棱南方未回。天童頌無住本。白雲無根。清風

> 何色。頌立一切法。散乾蓋而非心。持坤輿而有力【佛性建立世界】。善慧大士心王銘。觀心空王。玄妙難測，無形無相。有大神力。管子曰水出而不流曰淵水。遠而流曰源。上古之前。千古淵源也。萬象自茲而形。《華嚴．普賢行願品》。佛說菩薩說。剎說眾生說。三世一切說。又普眼不見普賢。見與不見俱普賢也。若不見處無。不名普也。入法界品時。彌勒菩薩前詣樓閣彈指出聲。其門即開。命善財入。乃至悉見三千大千世界百億四天下。兜率陀天。一一皆有彌勒。又有頌云。彌勒真彌勒。化身千百億。時時示時人。時人皆不識。此皆立一切法之標榜也。還見法眼麼。常因送客處。記得別家時。

【按】樓閣門開也頭頭彌勒（築著磕著），形容事事無礙法界。

【按】「彌勒真彌勒」，「彌勒」加上「真彌勒」，意謂「前釋迦後彌勒」。

【按】佛性出世凡聖分離，定心往復證得「凡聖同居」正偏兼帶。即所謂「龍蛇混雜凡聖同居」，此時「前釋迦後彌勒」指涅槃與佛性混居一身，即佛真法身也。涅槃「寂而常照」，「四臣不昧」。佛性自有六根互用的「見聞覺知」，是謂「前三三後三三」，擬人之喻。前三三者，無漏涅槃所具，寂而常照。後三三者，首楞嚴佛性具有六根互用的特殊感知系統，例如「舜若多神，無身而觸」；「爍伽羅眼」等。菩薩有五眼。凡夫具「六根六識」。「正偏兼帶」的菩薩「前釋迦後彌勒」。「佛真法身」乃涅槃佛性合體為一的法身。鏡體鏡面缺一不可，合體而成顯現萬法的宇宙本體。

「普眼不見普賢」雖謂有漏涅槃，「見與不見俱普賢」即謂涅槃。「入法界品時。彌勒菩薩前詣樓閣彈指出聲」，兩個境界即正偏兼帶義。「沒蹤跡。斷消息」謂涅槃，「白雲無根。清風何色」比喻佛性。此謂「前釋迦後彌勒」也。

「彌勒真彌勒。化身千百億。時時示時人。時人皆不識」形容彌勒與「真彌勒」合成「佛真法身」。正偏兼帶境界，若定心不動，涅槃與佛性雖然混居一身卻有差別。此即理事無礙法界。若涅槃佛性混融一體不分彼此，即是事事無礙法界。

【公案】《頌古聯珠》

杭州無著文喜禪師（嗣仰山）。往五台華嚴寺。至金剛窟禮謁。遇老翁牽牛行。邀師入寺。翁曰。近自何來。師曰。南方。曰南方佛法如何住持。師曰。末法比丘少奉戒律。曰多少眾。師曰。或三百或五百。師卻問。此間佛法如何住持。曰龍蛇混雜凡聖同居。師曰。多少眾。曰前三三後三三。日晚。遂問翁。擬投一宿得否。曰汝有執心在。不得宿。師曰。文喜無執心。曰汝曾受戒否。師曰。受戒久矣。曰汝若無執心。何用受戒。師辭退。翁令童子相送。師問童子。前三三後三三是多少。童召大德。師應諾。童曰。是多少。師復問。此為何處。曰此金剛窟般若寺也。師淒然悟彼翁者是文殊也不可再見。即稽首童子。願乞一言為別。童說偈曰。面上無嗔供養具。口裡無嗔吐妙香。心裡無嗔是珍寶。無垢無染是真常。言訖。均提童子與寺俱隱。頌曰。

【按】文殊說「龍蛇混雜凡聖同居」，指涅槃佛性混居一身，正偏兼帶，佛真法身。

明招德謙云：

廓周沙界勝伽藍。滿目文殊接話談。言下不知開佛眼。回頭只見翠山岩。

【按】「滿目文殊」即謂「心外無法滿目青山」（法演）。若開佛眼則不見翠山岩，心外無法，只見滿目文殊。滿目彌勒，滿目真身。山河與大地，全露法王身。塵塵剎剎皆是法身，萬法皆空。

雪竇重顯云：

千峰盤屈色如藍。誰謂文殊是對談。堪笑清涼多少眾。前三三與後三三。

【按】「千峰盤屈色如藍」，山河大地森羅萬象皆是法身。佛眼下「洞然全是釋迦身」。郁郁黃花青青翠竹，佛眼中無非法身。菩薩當體即空。「文殊」不是凡人，乃是佛性本體也。「誰謂文殊是對談？」

道吾悟真云：

前後三三是多少。大事光輝明皎皎。回頭不見解空人。滿目白雲臥荒草。

【按】「前後三三是多少？」涅槃佛性混居一身乃佛真法身也，「前釋迦後彌勒」也。「大事光輝明皎皎」，宇宙本體豈非大事？「回頭不見解空人」，形容不見文殊，「滿目白雲臥荒草」謂正偏兼帶。

丹霞子淳云：

前後三三不失宗。迥超千聖數難窮。金剛腦後全軒露。疊疊青山鎖翠空。

【按】佛眼開時，「通玄峰頂不是人間，心外無法滿目青山」（清涼法眼）。「金剛腦後全軒露」意謂涅槃佛性正偏兼帶，即謂「萬里神光頂後相」。「疊疊青山鎖翠空」即法眼所謂「心外無法滿目青山」。

晦台元鏡云：

前三三與後三三。存此三兮何處安。牛頭沒忽馬頭南。無著文殊謾對談。假雞聲韻難瞞我。未肯糊塗放過關。如何是不肯放過處。呼張居士吃茶去。

【按】「吃茶去」利用趙州茶公案，指示學人泯滅自我意識。要進入正偏兼帶境界，必須泯滅私心妄識。南泉普願斬貓公案，兩堂和尚出於私心爭貓，被南泉普願一刀兩斷，示意要泯滅自私之心。而公案意在昭示正偏兼帶。趙州從諗頭戴草鞋表示「正偏兼帶」，故此南泉普願說「救得貓兒」。

楚石梵琦云：

道人質直無虛偽。熱便乘涼饑便餐。八字打開挨不入。前三三與後三三。

【按】「八字打開」意謂在正偏兼帶境界，定心進入佛性境界，山河大地一時俱顯，此謂「放開」。定心進入涅槃則「挨不入」，形容涅槃水泄不通。兩句謂正偏兼帶，「前三三後三三」。「八字打開挨不入」一句正偏兼帶兩個境界。

大愚守芝（《古尊宿》）云：

文殊云。龍蛇混雜凡聖同居。著云。多少眾。殊云。前三三與後三三。師云。文殊道前三三後三三。作麼生會。要會麼。千年無影樹。今時沒底靴。

【按】千年無影樹比喻涅槃，今時沒底靴比喻佛性。即謂正偏兼帶。即謂前釋迦後彌勒。

楚石梵琦云：

前釋迦。後彌勒。心不見心。無相可得。出門綠水青山。到處花紅草碧。如斯舉似。魚魯參差。直下承當。天地懸隔。

【按】「心不見心。無相可得」謂涅槃。「出門綠水青山。到處花紅草碧」意謂「佛性出世」建立世界。正偏兼帶境界，「文殊云。凡聖同居龍蛇混雜」即謂正偏兼帶。即「前釋迦後彌勒」。

無異元來（《廣錄》）云：

雪峰問靈雲。前三三。後三三。意旨如何。雲云。水中魚天上鳥。前三三與後三三。魚鳥何緣作指南。因見桃花發一笑。而今觸處放癡憨。

【按】「桃花發一笑」比喻涅槃，禪師常用此比喻。「而今觸處」森羅萬象，表徵佛性。此比喻「正偏兼帶理事無礙」境界。

楚石梵琦（《語錄》）云：

真如凡聖。菩提涅槃。有時舒有時卷。舒也攢花簇錦。不露鋒芒。卷也削跡收聲。全無向背。高高處。觀之不足。低低處。平之有餘。前三三後三三。

【按】此謂「正偏兼帶」。「卷也削跡收聲。全無向背」謂涅槃，「舒也攢花簇錦。不露鋒芒」謂佛性。前釋迦後彌勒，前三三後三三。

宏智正覺云：

師云。通身無影像時。其間卻有眼在。僧云。轉身踏著鐵崑崙。方信黑風吹不入。師云。是須恁麼去。

諸兄弟。於絕氣息時。斷蹤跡處。須具眼始得。那時歷歷不沉。靈靈絕待。便能闊步大方。周旋普應。

【按】宏智正覺云，證入涅槃「於絕氣息時。斷蹤跡處。須具眼始得。」又，「通身無影像時。其間卻有眼在」。表明證入涅槃也要「具眼」，此謂「頂門一隻眼」。「鐵崑崙」比喻涅槃。圓悟克勤「覺見聞知非一一，山河不在鏡中道，霜天月落夜將半，誰共澄潭照影寒？」如同「夜深同看千岩雪」。萬松老人云「雙眼圓明」是也。

【公案】宏智正覺《廣錄》

舉洞山供養雲岩真次。遂舉前邈真話。有僧問。雲岩道只這是意旨如何。山云。我當時洎錯會先師意。僧云，未審雲岩還知有也無。山云。若不知有。爭解恁麼道。若知有爭肯恁麼道。頌曰。

爭解恁麼道。五更雞唱家林曉。爭肯恁麼道。千年鶴與雲松老。寶鑒澄明驗正偏。玉機轉側看兼到。門風大振兮規步綿綿。父子變通兮聲光浩浩。

【按】「父子變通」謂定境變換。子成父，父成子，涅槃佛性「玉機轉側看兼到」，「五更雞唱」謂佛性出世，「千年鶴與雲松老」謂涅槃。「五更雞唱家林曉。千年鶴與雲松老」前句頌佛性，後句謂涅槃，兩句合起來即正偏兼帶義。

【公案】古德微言（鼓山元賢）

梁山緣觀禪師：

僧問。家賊難防時如何。師曰。識得不為冤。曰識得後如何。師曰。貶向無生國。曰莫是他安身立命處麼。師曰。死水不藏龍。曰如何是活水龍。師曰。與波不作浪【波，現象，識浪不起，六識不起妄念】。曰忽然傾湫倒嶽時如何。師下座把住曰。莫教濕卻老僧袈裟角。

【按】家賊謂自我意識，無生國謂涅槃。意謂證入無漏涅槃消融家賊。但是不可居留涅槃，不在死水淹殺。興波不作浪：無風匝匝波，性海無風金波自湧。不作識浪。識浪不起。不起妄念。六識不起。傾湫倒嶽，比喻佛性出世建立世界。莫教濕卻老僧袈裟角，污染。波謂現象。影流萬象心鏡空。如印印空。百花叢裡過，一葉不沾身。佛性出世建立世界卻不受污染。

無明慧經《語錄》云：

問。天上無彌勒。地下無彌勒。畢竟在什麼處【涅槃】。師曰。咦。火爐震動。通身汗流【佛性】。頌曰。彌勒當來下生。人人活陷深坑。現在兜率內院。白白將自羅籠。金剛般若兮無人無我。華嚴法界兮忽西忽東。火爐震動堪作麼。須知下載有清風。

【按】「火爐震動堪作麼。須知下載有清風」謂佛性出世。這裡用趙州從諗和尚的典故。「下載清風」謂佛性出世。「天上無彌勒。地下無彌勒」意謂定心尚在涅槃境界，本來無一物。「咦。火爐震動。通身汗流」謂佛性大機大用。頌曰「彌勒當來下生。人人活陷深坑。現在兜率內院。白白將自羅籠」形容涅槃，「火爐震動堪作麼。須知下載有清風」形容佛性。兩句連起來讀，即正偏兼帶之義。「金剛般若兮無人無我。華嚴法界兮忽西忽東」，大定定心金針往復「忽西忽東」。「下載清風」即趙州從諗和尚所說，意謂佛性。

【公案】《從容錄》第四十五則覺經四節

示眾云。現成公案。只據現今。本分家風。不圖分外。若也強生節目。枉費工夫。盡是與混沌畫眉鉢盂安柄。如何得平穩去。

舉《圓覺經》云。居一切時不起妄念（不）。於諸妄心亦不息滅（不）。住妄想境不加了知（不）。於無了知不辨真實（不）【正偏兼帶】。

師云。圭峰科此一段。謂之忘心頓證。又名忘心入覺。萬松下四個不字。謂不起不滅不知不辨。此四八三十二字。諸方皆為病。此處為藥。且諸方病者。不起妄念。豈非焦芽敗種。不滅妄心。豈非養病喪軀。不假了知。豈非暫時不在如同死人。不辨真實。豈非顢頇佛性籠桶真如。且道。如何是四藥。須是天童修合將來。頌云。

巍巍堂堂（更窮須道鄒搜字）。磊磊落落（撩天鼻孔）。鬧處刺頭（床窄先臥）。穩處下腳（粥稀後坐）。腳下線斷我自由（信步過滄洲）。鼻端泥盡君休斫（彼此著便）。莫動著（已是蹺手亂下）。千年故紙中合藥（大有神效）。

師云。黃檗初參百丈。丈云。巍巍堂堂。來為何事。檗云。巍巍堂堂不為別事。巍堂磊落。皆大丈夫相。干戈叢裡橫身直過。荊棘林中擺手便行。腳跟下無五色線。舌頭上無十字關。鼻端無泥痕。眼中無金屑。豈不是安樂快活底漢。試將天童莫道著三字。換萬松四個不字。便見一字法門海，墨書而不盡。德山道。一大藏教。是拭不淨故紙。為已了者恐透牛皮也。千年故紙中合藥者。為未了者不妨遮眼也。慈覺道。圓覺楞嚴恆為已伴。況世尊入滅至庚辰歲。已二千一百七十年。豈但千年故紙。仙傳葛由能刻木羊。騎羊上綏山。後遇浮丘公。曰。若不腳下線斷。爾也不得自由。暗合永嘉。放四大莫把捉。寂滅性中隨飲啄。諸行無常一切空。即是如來大圓覺。雖然如是。猶欠作云何梵在。

【按】此即形容正偏兼帶理事無礙境界。萬法皆空，菩薩見色即是觀空。何來妄念？妄心？妄境？「庵內人不知庵外事」，般若無知無所不知。大定定心「干戈叢裡橫身直過。荊棘林中擺手便行。腳跟下無五色線。舌頭上無十字關。鼻端無泥痕。眼中無金屑」，自由自在信步兩畔。「諸行無常一切空。即是如來大圓覺」。「云何梵在？」此謂大梵，宇宙本體義。世界之成自有本體。

自得慧暉云：

千山鬱密處。涼飄洗夏熱。今日正當眼。利劍是鑌鐵。誰道混底是妄執。山僧曰。妄想是真境。故經曰。居一切時不起妄念。於諸妄心亦不息滅。住妄想境不加了知。於無了知不辨真實。如恁麼履踐又如何。良久曰。性自平等。無平等者。霜曰。我聖師遊五天。妙士開一實知見。便引枝牽蔓。若不出世爭解有這個消息。畢竟而如何。是法住法位。世間相常住。

【按】「居一切時不起妄念。於諸妄心亦不息滅。住妄想境不加了知。於無了知不辨真實」，菩薩當體即空，妄念、妄心、妄想與我何干？六塵不惡還同正覺。此謂正偏兼帶理事無礙法界。

【公案】《從容錄》第三十六則馬師不安

示眾云。離心意識參。有這個在。出凡聖路學。已太高生。紅爐迸出鐵蒺藜。舌劍唇槍難下口。不犯鋒芒。試請舉看。

舉馬大師不安（未必似維摩）。院主問。和尚近日尊位如何（常住事忙少得問候）。大師云。日面佛月面佛（莫是轉筋霍亂麼）。

師云。古人病中猶為佛事。南嶽思大病障忽生。便就病作一則因緣。參云。病從業生。業從妄生。妄從心生。心本無生。病從何有。作是念已。忽然平復。萬松道。從如來禪。得安樂處。西京奉聖深禪師。有尼總持作略。病起作頌云。氣絕絕情緒。舉意無意路。瞬目尚無力。長年不出戶【涅槃】。雖是祖師禪。大似布袋裡老鴉。芙蓉楷和尚道。只此一頌自然紹得吾宗。萬松道。雖然已是太多。不妨更有事在【佛性生事】。馬大師又不然。院主不敢直問病體增損。微取覆和尚近日尊位如何。是他不說如來禪祖師禪。只道個日面佛月面佛。且道。他意作麼生。佛果云。如今多有人道。馬大師接院主。有般底努眼云。在這裡。左右眼是日面佛月面佛。有底道。點平胃散來。有什麼巴鼻。壽禪師道。無一名不播如來之號。無一物不闌遮那之形。萬松道。佛名經中有此二佛名。大師意旨畢竟如何。不見道。馬駒踏殺天下人。天覺頌云。什邡駒子氣生獰。蹴踏毗盧頂上行。正患脾疼指頭痛。病來猶有巧心情。萬松道。本性難移。山河易改。此頌馬祖雖病假中。亦以本分事為人。我輩色身強健。切莫辜負馬祖怠慢天童。頌云。

日面月面（覿著即瞎）。星流電卷（已過新羅）。鏡對像而無私（一點難謾）。珠在盤而自轉（拿捉不住）。君不見。鉗鎚前百煉之金（瓶盆釵釧券盂盤）。刀尺下一機之絹（衾被衣冠襟領袖）。

師云。此日面月面二佛。如星流電卷不容擬議。昔秦宮以玉為鏡。照群僚。肝膽臟腑皆現。又狐狸為人。鏡中唯現本形。此無私隱也。物類相感志。閬風浦出珠。置器中自轉。謂之走珠。此頌馬祖心如古鏡。機似走珠。不留影跡也。百煉之金。在作家鉗鎚。一機之絹。在工巧刀尺。僧問雲岩。大保任底人與那個。是一是二。岩云。一機之絹。是一段。是兩段。洞山代云。如人接木。此乃境與神會。智與理冥。天水同秋。君臣道合。絹得刀尺。則裁剪由人。金得鉗鎚。則鍛鍊在己。且道衲僧分上成得個什麼邊事。日面佛月面佛。

【按】「大保任底人與那個。是一是二」，那個，指清淨涅槃，公案意在「正偏兼帶」，指清淨涅槃與佛性的關係。父子不離、刀斧斫不開。君臣道合意謂涅槃佛性混居一身正偏兼帶。所謂金針繡「鴛鴦」。「馬祖心如古鏡。機似走珠」形容定心往復，「正去偏來無非兼帶」，「岩云。一機之絹。是一段。是兩段。洞山代云。如人接木。此乃境與神會。智與理冥。天水同秋。君臣道合。」涅槃佛性混居一身，前釋迦後彌勒，即謂佛真法身也。

圓悟克勤云：

日面月面珠回玉轉。有句無句絲來線去。如來禪父母未生前。祖師意井底紅塵起。透得者。

權實句下雙明。透未得者。葛藤窠裡埋沒。

【按】「日面月面珠回玉轉。有句無句絲來線去」謂「正去偏來」。「如來禪父母未生前」謂涅槃。「祖師意井底紅塵起」謂佛性生成世界。兩句合起來看，「句下雙明」即謂正偏兼帶。正是馬祖「日面佛月面佛」之旨。

【公案】《碧巖錄》（圓悟克勤）

舉馬大師不安（這漢漏逗不少，帶累別人去也）。院主問：「和尚近日，尊候如何？」（四百四病一時發，三日後不送亡僧，是好手，仁義道中。）大師云：「日面佛月面佛。」（可殺新鮮！養子之緣。）

馬大師不安，院主問：和尚近日尊候如何？大師云：日面佛月面佛。祖師若不以本分事相見，如何得此道光輝。此個公案，若知落處便獨步丹霄，若不知落處，往往枯木岩前貧路去在。若是本分人到這裡，須是有驅耕夫之牛，奪饑人之食底手腳，方見馬大師為人處。如今多有人道，馬大師接院主，且喜沒交涉。如今眾中多錯會瞠眼云：在這裡，左眼是日面，右眼是月面，有什麼交涉。驢年未夢見在，只管蹉過古人事。只如馬大師如此道，意在什麼處？有底云：點平胃散一盞來吃什麼巴鼻？到這裡，作麼生得平穩去。所以道，向上一路千聖不傳，學者勞形如猿捉影。只這日面佛月面佛，極是難見。雪竇到此，亦是難頌。卻為他峁得透，用盡平生工夫，指注他，諸人要見雪竇麼，看取下文。日面佛月面佛（開口見膽，如兩面鏡相照於中無影像）。五帝三皇是何物？（太高生，莫謾他好，可貴可賤。）二十年來曾苦辛（自是爾落草，不干山僧事，啞子吃苦瓜），為君幾下蒼龍窟（何消恁麼？莫錯用心好，也莫道無奇特）。屈！（愁殺人，愁人莫向愁人說。）堪述（向阿誰說，說與愁人愁殺人），明眼衲僧莫輕忽（更須仔細，咄，倒退三千）。

神宗在位時，自謂此頌諷國，所以不肯入藏。雪竇先拈云：日面佛月面佛。一拈了，卻云：五帝三皇是何物？且道，他意作麼生？適來已說了也，直下注他，所以道：垂鉤四海，只釣獰龍，只此一句已了。後面雪竇自頌他平生所以用心參尋，二十所來曾苦辛，為君幾下蒼龍窟。似個什麼，一似人入蒼龍窟裡取珠相似，後來打破漆桶，將謂多少奇特，原來只消得個五帝三皇是何物？且道雪竇語，落在什麼處？須是自家退步看，方始見得他落處。豈不見，興陽剖侍者，答遠錄公問：娑竭出海乾坤震，覿面相呈事若休？剖云：金翅鳥王當宇宙，個中誰是出頭人？遠云：忽遇出頭，又什麼生？剖云：似鶻捉鳩，君不信，髑髏前驗始知真。遠云：恁麼則屈節當胸退身三步？剖云：須彌座下烏龜子，莫待重遭點額回。所以三皇五帝亦是何物，人多不見雪竇意，只管道諷國，若恁麼會，只是情見，此乃禪月題公子行云：錦衣鮮華手擎鶻，頭行氣貌多輕忽，稼穡艱難總不知，五帝三皇是何物？雪竇道：屈堪述，明肯衲僧莫輕忽。多少人向蒼龍窟裡作活計，直饒是頂門具眼，肘後有符，明眼衲僧，照破四天下，到這裡，也莫輕忽，須是仔細始得。垂示云：青天白日，不可更指東畫西，時節因緣，亦須應病與藥。且道：放行好，把定好，試舉看。

【按】「五帝三皇是何物」表明禪宗是「出世」的教門，與紅塵世界無涉。神宗謂「諷國」，蓋因不懂禪宗思想。不懂正偏兼帶之「日面佛月面佛」。出世之人看破紅塵。禪師證入涅槃也要轉身退位，不得「向蒼龍窟裡作活計」，此謂「澄潭不許蒼龍盤」，不滯涅槃死水。轉身證得首楞言佛性。公案重點在「青天白日」，「頂門具眼，肘後有符」，此兩句意謂正偏兼帶。

佛慧法泉云（以下來自《頌古聯珠》）：

日面月面。左旋右轉。大唐擊鼓。新羅發箭。流水前溪後溪。落花三片五片。聾人不聽忽雷聲。空向雲中看閃電。

【按】定心往復金針雙鎖至正偏兼帶。「日面月面。左旋右轉」，「大唐擊鼓。新羅發箭」，機輪互換如同閃電。定境就地轉身，隨時變換。

野軒可遵云：

少年公子忽猖狂。半夜穿雲入洞房。二八仙娥百般巧。眼睛之上繡鴛鴦。

【按】「少年公子」謂定心往復，「半夜穿雲入洞房」即謂進入涅槃。「鴛鴦」比喻正偏兼帶。禪師說「鴛鴦繡出從君看。不把金針度與人」。此非「豔詩」。

楚安慧方云：

日面月面。頭頭出現。捏聚放開。成團成片。

【按】「捏聚放開。成團成片」，已經解釋捏聚意謂進入涅槃，放開意謂佛性出世。涅槃佛性混居一身，「日面月面」則「成團成片」。

無準師範云：

日面月面。突出難辨。擬欲抬眸。空中兩片。

【按】「日面月面」是一是二？「空中兩片」比喻涅槃與佛性正偏兼帶境界。

【公案】《從容錄》第四十九則洞山供真

示眾云。描不成畫不就。普化便翻斤斗。龍牙只露半身。畢竟那人是何體段。洞山供養雲岩真次（誰道是假）。遂舉前邈真話（一回拈出一回新）。有僧問。雲岩道只這是。意旨如何（且喜不錯認）。山云。我當時幾錯會先師意（以己方人）。僧云。未審雲岩還知有也無（折草量天）。山云。若不知有。爭解恁麼道（日出連山）。若知有爭肯恁麼道

（月圓當戶）。

師云。洞山辭雲岩。山問。和尚百年後。人問還邈得師真否。如何祗對。岩良久云。只這是。山沉吟。岩云。價闍梨。承當這個大事。直須仔細。山亦不言便行。後因過水睹影。方始悟徹。乃作頌曰。切忌從他覓。迢迢與我疏。我今獨自往。處處得逢渠。渠今正是我。我今不是渠。應須恁麼會，方得契如如。山在眾。供養雲岩真。舉前邈真話了。僧問雲岩。道只這是意旨如何。山曰。我當時幾錯會先師意。若向良久只這是處領略。正是替名通事。所以見影知形。過水方悟。僧曰。未審雲岩知有也無。若道一向知有。是左右人。不見道。知有底人始解奉重。若道一向不知有。這裡有利害。有全不知有。有知有了卻不知有。有不知有去成知有。山云。若不知有。爭解恁麼道。若知有爭肯恁麼道。華嚴宗謂理圓言偏言生理喪。此乃重玄復妙。兼帶協通。不偏枯。無滲漏底血脈也。山於唐大中末。初住新豐百吉。後遷豫章高安之洞山。為第一代。因為雲岩作忌齋。僧問。師於先師處得何指示。山曰。雖在彼中。不蒙他指示。僧曰。又用設齋作麼。山曰。雖然如是。焉敢違背。僧曰。和尚發跡南泉。為甚卻與雲岩設齋。山曰。我不重先師道德佛法。只重他不為我說破。僧曰。和尚嗣先師。還肯他也無。山曰。半肯半不肯。僧曰。為什麼不全肯。山曰。我若全肯。則辜負先師。萬松道。雲岩二十年在百丈。卻嗣藥山。洞山發跡南泉。卻嗣雲岩。一等異苗翻茂。密固靈根。得芙蓉而宗派中興。至天童而文彩方備。那個是具文彩。頌云。

爭解恁麼道（暗裡抽橫骨）。五更雞唱家林曉（金烏東上）。爭肯恁麼道（明中坐舌頭）。

千年鶴與雲松老（玉免西沉）。寶鑒澄明驗正偏（事窮的要）。玉機轉側看兼到（交互明中暗）。門風大振兮規步綿綿（西天令嚴）。父子變通兮聲光浩浩（見過於師方堪傳授）。師云。洞山囑曹山云。吾於雲岩先師。親印寶鏡三昧。事窮的要。今付授汝。汝善護持。寶鑒澄明驗正偏。豈非雞唱家林鶴老雲松。正偏之驗耶。鏡雖明而有背面。唯玉機轉側遞相綺互，雙明雙暗兼到之方也。《易繫辭》曰。道窮則變。變則通。通則久。洞山父子規行矩步。至今門風大振者。源深流長之效歟。

【按】「五更雞唱家林曉。千年鶴與雲松老」，前句謂佛性，後句謂涅槃，正偏兼帶。「鏡雖明而有背面」，此謂鏡體（涅槃）不可或缺。鏡體鏡面合體而成「佛真法身」顯現世界。「唯玉機轉側遞相綺互，雙明雙暗兼到之方也」。

「父子變通兮聲光浩浩」，正偏兼帶境界，正去偏來父子變通。其實即定境變換，捏聚放開無非定境變換。「不動步」而就地轉身，定境變換。

湛然圓澄云：「解收不解放。就地轉身難。若識其間意。前三三與後三三。」

【按】正偏兼帶之際，涅槃佛性混居一身，定心兼攝涅槃佛性。父子不離正偏兼帶，定心「正去偏來無非兼帶」，「機輪轉動」不易。捏聚時放開，放開時捏聚。定境變化如同電光石火。涅槃境界尚有暖壽，不同瓦礫木石，以人為喻。故謂前三三後三三。前釋迦後彌勒。「收放」即定境變換。

【公案】鎮州三聖慧然禪師（臨濟玄嗣）

上堂曰。我逢人則出。出則不為人。興化曰。我逢人則不出。出則便為人。

【按】這個公案對理解絕對本體（究竟涅槃）很有意義。公案表明，禪者明白無人無佛時存在的究竟涅槃作為絕對本體，而人出現後能夠證入的「涅槃」與究竟涅槃同質卻隔絕不通。究竟涅槃自在存在與人無關。只有「皮囊」脫去，作為定心的涅槃才能與究竟涅槃混融相契。「如水歸水如空歸空」。人出現，涅槃（「我」）顯現，涅槃本體不為人。「我逢人則出。出則不為人」比喻涅槃，「我逢人則不出。出則便為人」比喻佛性。佛性乃菩薩心內禪定意識，故謂「逢人則不出」。「出則便為人」是普度眾生之義。兩句合併謂「正偏兼帶」。涅槃分為兩段，無人時謂究竟涅槃，有人時謂涅槃，人可以證入。

東山演云。一人文章浩渺。一人武藝全施。若道興化是文亦不得。若道三聖是武亦不得。若於此辨得出。許你通身是眼。若辨不出。你自相度。

【按】佛真法身「文武雙全」，涅槃佛性混居一身，合作建立山河大地。

昭覺勤云。一人在孤峰頂上土面灰頭。一人在十字街頭斬釘截鐵。有頭有尾同死同生。且道出即不為人底是。出即便為人底是。

【按】「孤峰頂上」比喻涅槃，「十字街頭」比喻佛性。「正偏兼帶」菩薩境界，「有頭有尾同死同生」，正是此謂，謂之「龍頭蛇尾」，即謂佛真法身也。

天童覺云。墮也墮也。今日不是滅古人聲光。且要長後人節操。若是本色漢。提佛祖印。轉鐵牛機。把拄杖一時穿卻。方見衲僧手段。

【按】「提佛祖印。轉鐵牛機。把拄杖一時穿卻」意謂正偏兼帶。前釋迦後彌勒，共同而成佛真法身。古人謂涅槃，後人謂佛性。

靈隱嶽云。二老漢滅卻臨濟正法眼。卻向長安路上把手共行。直至於今遞相鈍置。且如何是共行一句。掣開金殿鎖。撞動玉樓鐘。

【按】臨濟正法眼謂佛性，到此涅槃佛性混居一身，即謂「二老漢滅卻臨濟正法眼」。「長安路上把手共行」謂正偏兼帶。「掣開金殿鎖。撞動玉樓鐘」謂佛性出世。金殿鎖謂涅槃，玉樓鐘謂佛性，兩句謂混居一身。打開涅槃之鎖，即響玉樓之鐘。

虛堂智愚云：

復舉。三聖道。我逢人則出。出則不為人。興化道。我逢人則不出。出則便為人。師云。二大老。一人向占波國裡打鼓。一人向大食國裡作舞。若要扶樹臨際正宗。大似接竹點月。山僧今日出世。亦無禪道佛法為人。只一味有口吃飯。忽有個漢出來。道謝和尚指示。拈拄杖便打。何故。一不作。二不休。不風流處也風流。

【按】此處「出」即「出世」，「為人」即「佛法為人」之菩薩道。「我逢人則出。出則不為人」意謂涅槃在「人」出現後，涅槃出世顯現卻「不為人」。「我逢人則不出。出則便為人」形容佛性作為禪定意識存在於人的心內故「不出」。「一不作。二不休」意謂涅槃「一不作」，寂滅無為，佛性「二不休」地建立世界。三聖興化二大老，比喻涅槃佛性，凡聖同居正偏兼帶。

【公案】

汾陽參首山。問百丈卷席意旨如何。山曰龍袖拂開全體現。師曰師意如何。山曰象王行處絕狐蹤。於言下大悟。拜起曰。萬古碧潭空界月。再三撈摝始應知。

【按】此謂正偏兼帶。「龍袖拂開全體現」謂佛性，佛性出世萬象齊彰。「象王行處絕狐蹤」謂涅槃。涅槃境界不容絲毫妄識，不見一色，故謂「絕狐蹤」。

保寧清茂云：

大小首山龍頭蛇尾。有底便道真不掩偽曲不藏直。拍禪床云。毗婆尸佛早留心。直至如今不得妙。

【按】「龍頭蛇尾」即謂正偏兼帶。

【公案】《請益錄》第八則風穴離微（萬松老人）

舉僧問風穴（這孟婆起也）。語默涉離微。如何通不犯（禍不單行）。穴云。常憶江南三月裡。鷓鴣啼處百花香（言滿天下無口過）。雪竇云。劈腹剜心（當言不避截舌）。天童拈云。露裸裸【涅槃】。圓陀陀【佛性】。直是無棱縫（開也）。且道風穴無棱縫。何似雪竇無棱縫（白洪崖打赤洪崖）。還會麼。和光惹事（花從愛惜落）。刮篤成家（草逐棄嫌生）【無中生有，建立世界】。

師云。風穴應小釋迦讖。無盡居士。謂仰山後身。如投子為慈濟再來。雪竇號雲門重顯。語錄行世。號眾吼集。有僧問語默涉離微。如何通不犯。語是謗。默是誑。語默向上有事在。外道問佛。不問有言。不問無言。世尊良久。外道禮謝云。世尊大慈大悲。開我迷雲。令我得入。肇法師《寶藏論》。離微體妙品。其出微。其入離。知入離。外塵無所依。知出微。內心無所為。內心無所為。諸見不能移。外塵無所依。萬有不能羈。蓋語涉於微。默涉於離。故云語默涉離微。又問如何通不犯。勝默和尚以此語勘僧。謂之誑謗關。凡有三重。單雙不犯。法眼洞明者。才舉便知落處。風穴道。常憶江南三月裡。鷓鴣啼處百花香。香。一作鮮。二字皆可。此三關之一也。佛果在五祖為元座。有僧請益風穴語默涉離微。如何通不犯因緣。偶佛鑒來。果曰。勤兄可為頌出布施他。鑒即頌曰。彩雲影裡仙人現。手把紅羅扇遮面。急須著眼看仙人。莫看仙人手中扇。果深喜之。雪竇道。劈腹剜心又作麼生。萬松道。粗言及細語。皆歸第一義。又道。因風吹火。別是一家。傷鱉恕龜。少應有主。雪竇風穴。文武兼濟。將相雙權。闕一不可。天童拈云。露裸裸。圓陀陀。直是無棱縫【兼帶】。萬松道。天童點破。七華八裂了也【放開】。更道風穴無棱縫。何似雪竇無棱縫。萬松道。芍藥花開菩薩面。棕櫚樹長夜叉頭【正偏兼帶】。天童道。和光惹事。刮篤成家。更無百端軟語。作頌德之辭。只有三尺神鋒。為報恩之物。

【按】「常憶江南三月裡。鷓鴣啼處百花香」形容理事無礙境界。

【按】清淨涅槃與首楞嚴佛性，謂知音，鴛鴦，兩個無孔鐵錘。父子不離，刀斧斫不開。佛性出世，表面上「凡聖分離」實則「父子不離」。萬松常以「鏡體鏡面」比喻涅槃與佛性，共同作用呈現世界。經過「金針雙鎖鉤鎖連環」進入「正偏兼帶」，初始「正去偏來無非兼帶」，然後涅槃佛性混居一身。到此成為「佛真法身」，謂之「前釋迦後彌勒」。理事無礙法界建立在「正偏兼帶」的基礎上。在此境界，雖然有現象呈現，卻「須臾之頃轉色歸空」（真歇清了）。「空」即「理」，菩薩見色無非觀空。在佛眼下，饅頭與燒餅無異，郁郁黃花無非般若，青青翠竹盡是法身。故謂「萬法皆空」。此「空」謂佛性本體。

「彩雲影裡仙人現。手把紅羅扇遮面。急須著眼看仙人。莫看仙人手中扇」即謂觀看現象時，要透過現象看到「本體」（仙人）。雪竇粗言謂「劈腹剜心」。仙人比喻涅槃本體，手中扇等比喻現象。現象，宏智正覺云「借來聊爾了門頭」。

「露裸裸。圓陀陀。直是無棱縫」，形容涅槃與佛性「捏聚」，露裸裸者謂涅槃，圓陀陀者謂佛性，直是無棱縫，刀斧斫不開，形容「捏聚」時「無棱縫」。「文武兼濟。將相雙權。闕一不可」形容正偏兼帶，「佛真法身」即宇宙本體。

【公案】《請益錄》第十四則睦州在我（萬松老人）

舉睦州示眾云（有蒲鞋覓一緉）。裂開也在我。捏聚也在我（鼻孔卻在萬松手裡）。僧問。如何是裂開（撩撥巨靈神）。州云。三九二十七。菩提涅槃。真如解脫。即心即佛。我且恁麼道。汝又作麼生（只這個更別有）。僧云。某甲不與麼（支解了也不識痛癢）。州云。盞子落地。楪子成八片（和尚不如胡釘鉸）。僧云。如何是捏聚（險忘了話頭）。州斂手而坐（龜毛索子）。衲僧冤害）。天童拈云。睦州用處。直是長三短五。七縱八橫（醉漢口）。沒量斗）。撒在面前。抛在腦後（三家村裡只我大）。不妨奇特（得恁麼眼皮薄）。然則門庭施設。自是一家（夾山處索強）。入理深談。不啻百步（石霜處納敗）。

師云。睦州陳尊宿。指教臨濟參黃檗。接得雲門嗣雪峰。諸方皆推為尊宿。製蒲屨養親。又號陳蒲鞋。佛果贊云。辛辛辣辣。啀啀啀啀。穿臨濟為大樹。推雲門墮險崖。言如枯柴。理不可階。是之為陳蒲鞋。陳操同宗。親炙供養。諸方避諱。久忘其名。萬松偶閱古錄。乃諱道明。因出於此。學者應知。一日示眾云。裂開也在我。捏聚也在我。諸方道。把定真金失色。放行瓦礫生光。謂之有擒有縱。能殺能活。洞上宗風。斥為話作兩橛。決針斷線。不見道。恁麼相續也大難。直須當存而正泯。在卷而亦舒。鉤鎖連環。謂之血脈不斷。然後雙遮雙照。更有遮照同時。遮照不立。直得帝網交羅重重無盡。始是圓頓一乘。於衲僧門下。天地懸殊。更買草鞋行腳。如常啼東請。善財南參。尚云。道曠無涯。逢人不盡。雪竇道。偷得鄰家些子光。用作千燈擬流布。阿呵呵。地久天長爭奈何。僧問睦州。如何是放一線道。州云。量才補職。僧云。如何是不放一線道。州云。伏惟尚饗。裂開便提起一落索。捏聚便斂手而坐。雖然收放自如。大似被他使喚。故天童道。睦州用處。不妨奇特。然則門庭施設。自是一家。萬松參勝默師伯。舉潭柘開山答話道。我是侯家兒。或云。掛塔。這僧在露柱裡者。此話大行。和尚以為如何。勝默道。高台上坐。拾下半筐磚瓦。來底扠。與一個。有甚難。僧問雲門。樹凋葉落時如何。門云。體露金風。不唯投機。更與他出眼。應時納祜。血脈不斷。所以雲門大師。僧中王也。潭柘睦州。門庭施設。自是一家。勝默雲門。入理深談。不啻百步。不見夾山道。門庭施設。不如老僧。入理深談。猶較石霜百步。天童於石霜公案後。舉睦州家風。厥有旨哉。

【按】裂開捏聚，放行把住等，無非定心在不同定境變化，故云「在我」。

【按】捏聚，全心在涅槃，放開則佛性建立世界，大定定心具有八識（特殊八識），有見聞覺知。「盞子落地。楪子成八片」比喻佛性的「八識」。

【按】「直須當存而正泯。在卷而亦舒。鉤鎖連環。謂之血脈不斷」。金針雙鎖而至「鉤鎖連環」，證入「正偏兼帶」，「然後雙遮雙照」（「雙眼圓明」）。「更有遮照同時。遮照不立。直得帝網交羅重重無盡。始是圓頓一乘。」讀者注意這個修證次第，這裡強調，正偏兼帶時節，若涅槃佛性（首楞嚴）混融一體不分彼此，即到「事事無礙法界」。證得一心三觀，中道，即一切種智。

【公案】《請益錄》第二十七則溈仰摘茶（萬松老人）

舉溈山與仰山摘茶次（大眾普請宜先到）。溈云。終日只聞子聲。不見子形（茶樹焉能鬲得伊）。仰便撼茶樹（覿面相呈不較多）。溈云。子只得其用（只道得一半）。仰云。未審和尚如何（非但聞聲。亦見其形）。溈良久（倒退三千）。仰云。和尚只得其體（六月債負熱厮還）。溈云。放子三十棒（早來三十。替和尚吃）。天童拈云。溈山仰山。父父子子（夜半潑墨。日午點燈）。叢林盡道各得一橛（誰信道這橛是那橛。那橛是這橛）。殊不知天共白雲曉。水和明月秋（莫逆之友。休分彼此）。

師舉首山念云。夫為宗師。須具擇法眼始得。當時不是溈山。便是扶籬摸壁。萬松道。酒不醉君子。棒不打好人。琅琊云。五更侵早起。更有夜行人。萬松道。澤廣藏山理能伏豹。琅琊又云。若不是溈山。洎合打破蔡州。萬松道。倒得田單七十城。玄覺謂三十棒云。且道過在什麼處。萬松道。再犯不容。和聲便打。佛鑒云。張公乍與李公友。待罰李公一杯酒。倒被李公罰一盞。好手手中無好手。萬松道。某甲吃米。不似和尚吃鹽多。溈仰父子。相見不對面。對面不相見。一人得用。令不孤行。一人得體。道無不在。仰山克己復禮。卑不動尊。溈山正令當行。殺人見血。念法華。琅琊覺。羨溈山父子。舉臨濟家風。佛鑒服手搢了。難逢快便。不是天童拈出。沉埋洞上宗風。最好是父父子子。不同君君臣臣。三綱五常。世諦流布。仰山得用。溈山得體。諸方皆為各得一橛。而不劈開兩破。富那夜奢問馬鳴曰。鋸義者何。鳴曰。與師平出。鳴問木義者何。奢曰。汝被我解。還會天童雲天水月麼。穴細金針才露鼻。芒長玉線妙投關。

【按】父子者，謂涅槃本體與首楞嚴大定定心也。父子體用關係。溈山良久，比喻涅槃，寂滅者也。撼茶樹，比喻理事無礙法界，佛性大用。

「仰山克己復禮。卑不動尊。溈山正令當行。」溈山不語喻清淨涅槃。仰山奉正令大機大用，喻佛性。「溈山仰山。父父子子」比喻正偏兼帶。進一步「佛鑒云。張公乍與李公友。待罰李公一杯酒。倒被李公罰一盞。好手手中無好手」，已經進入理事無礙法界。「仰山得用。溈山得體。諸方皆為各得一橛。而不劈開兩破」比喻「前釋迦後彌勒」，此謂「佛真法身」。「穴細金針才露鼻。芒長玉線妙投關」形容禪定境界，金針雙鎖玉線貫通，定心在涅槃佛性之間往復，兩個定境十分接近。變化定境要識別涅槃佛性。

「天共白雲曉。水和明月秋（莫逆之友。休分彼此）」，此謂正偏兼帶父子不離。「溈仰父子。相見不對面。對面不相見」，涅槃佛性雖然父子不離卻不見面。

【公案】《請益錄》第三十則石霜出世（萬松老人）

舉僧問石霜。真身還出世也無（世還出真身也無）。霜云。不出世（還入世也無）。僧曰。爭奈真身何（是出是入）。霜云。琉璃瓶子口（是世是身）。天童拈云。通身及盡（綿綿不漏絲）。徹底無功（了了忘擔荷）。撒手興來（雲尚無心能出岫）。隨處得用（賣盡風流不著錢）。還識石霜老漢麼（左右覓便）。當堂無影跡（窮便窮如范丹）。遍界不曾藏（富便富如石崇）。

師云。將謂石霜只會枯木死株。內紹外紹。今日負急臨危。便道琉璃瓶子口。洞山道。此是一千五百人善知識語。於斯見矣。這僧知而故問道。真身還出世也無。石霜一往泛然而答道不出世。今諸方教乘師德。推讓禪老。為出世間人。將謂高超三界。首出萬靈也。昔王山法祖。侍磁州大明。戮力十年。躬為侍者。秘重深嚴。不見參學。一旦抽單。罔不疑怪。或問大明。侍者何往。明曰。諸方來諸方去。何介意哉。又問參學何似。明曰。道有參學。栽他頭角。道無參學。減他威光。一眾方疑或蒙印許。其後久隱西山太原府。府運兩衙。請住王山。創建禪席。皆號開堂出世也。萬松謂此非出世間。真入世間也。這僧問真身還出世也無。此問真身無相。還能出現說法利生也無。此非問出塵世。正問入廛垂手時節也。石霜常舉君臣父子。至尊嚴烈。深處禁宮。故云不出世也。這僧也奇怪。便拿粗打細。拈他空處道。爭奈真身何。一則赤諱白諫。二則私竊欺公。兩陣夾攻。絕無活路。不意石霜。門欲闔一撥便開。船欲沉一篙便轉。奉個琉璃瓶子口。便那裡得來。所以天童道。撒手興來。隨處得用。為什麼適來卻道不出世。不見天童道。當堂無影跡。既無影跡。為什麼道隨處得用。

不見天童道。遍界不曾藏。諸仁者為什麼難會。此猶是喻。且道如何是法。周遍十方心。不在一切處。

【按】佛的「真身」謂「法身佛」。涅槃生成佛性，佛性本體建立世界，萬象之中獨露身。佛眼觀照下萬法皆「空」，直觀萬法背後的佛性本體。琉璃瓶子口、乾屎橛、柏樹子、大蘿蔔、在佛眼觀照下，「見色無非觀空」。佛性本體「遍界不曾藏」。佛性定心「妙體本來無處所」，「當堂無影跡」卻無處不在。

【公案】《請益錄》第三十八則法眼聲色（萬松老人）

舉僧問法眼。聲色兩字如何透得（莫錯認）。眼云。大眾若會這僧問處。透聲色也不難（實是聲色端的難透）。天童拈云。從前不了（滿眼滿耳）。只為家賊難防（識得不為冤）。直下分明（見聞不昧）。且向草庵止宿（這客作漢）。師云。無盡燈僧問法眼。聲色兩字。什麼人透得。眼謂眾曰。且道這個僧透得也未。若會此僧問處。透聲色即不難。天童略之道。僧問法眼聲色兩字。如何透得。這個喚作當陽顯露。這僧恁麼來。莫作色會。這僧恁麼問。莫作聲會。所以白水道。山僧不欲向聲前句後。鼓弄人家男女。何故。為他聲不是聲。色不是色。僧問壽州資壽院圓澄岩禪師。一大藏教中。還有奇特事也無。岩云。恐汝不信。僧云。如何是奇特事。岩云。黃底是紙。黑底是墨。恁麼會得。莫去言句上咬嚼。聞聲見色。直透那邊有什麼難。才入言思。影響礙卻。卒難領會。赤窮官長。使偷錢奴。上陣將軍。騎觱人馬。誰知頑僕劣馬。解用成功。得力兒孫。不紹家業。長者審知是子。客作自為賤人。縱能跨色騎聲。不離驢前馬後。要識宅中長者麼。轉身就父無標的。拈卻花冠不得名。

【按】父謂清淨涅槃。宏智正覺云：「才轉身時既不見有」。君父只是虛位，證入涅槃正位即父子合體。不居正位轉身退位證得佛性。「就父」意謂與涅槃同質化。進入涅槃正位，不登王位，不戴王冠，到此鶴不停機轉身墮位，證得佛性。

【公案】《請益錄》第四十四則曹山父子（萬松老人）

舉僧問曹山。子歸就父。為什麼父全不顧（下不論上）。山云。理合如斯（清官易斷）。僧云。父子之恩何在（粉骨難酬）。山云。始成父子之恩（至化無私）。僧云。如何是父子之恩（大功不宰）。山云。刀斧斫不開（甚處下手）。天童拈云。翡翠簾垂。絲綸未降（樞密不得旨）。紫羅帳合。視聽難通（尊嚴不露顏）。犯動毛頭。月升夜戶（照不失虛）。密移一步。鶴出銀籠（穿開碧落天）。還知麼（這裡使不著）。脫身一色無遺影（太平本是將軍致）。不坐同風落大功（不許將軍見太平）。

師云。《禮記》緇衣子曰。王言如絲。其出如綸。王言如綸。其出如綍。其深機妙智。真不忝所賜。嘗云。機貴回互。使不犯正位。語忌十成。使不落今時。為仰父子。曹洞師資。為兩派之源。洞山法付曹山曰。子真法器。吾久知之。我於先師處親傳寶鏡三昧。事窮的要。今付授汝。仍以綱要。三頌。三滲漏。付之。山遍禮祖塔。因擬曹溪之號。所至以曹名其居。故號曹山。曹洞正宗。於今鼎盛。僧問子歸就父。為什麼父全不顧。這僧久參洞上。將深密威嚴處。置個問端。曹山識法者恐。不敢犯令泄機。只答理合如斯。這僧要窮堂奧。深入虎穴道。父子之恩何在。曹山不傷風化。不動音容。答道。始成父子之恩。這僧放無底末。更問如何是父子之恩。曹山盡力提持。罄囊分付。道。刀斧斫不開。此退位朝君。轉身就父處。不道同。只是無別。天童於夜明簾外。空王殿中。借無舌人傳宣。敕無耳人承旨。此猶是月升夜戶邊事。鶴出銀籠一句。作麼生道。九皋才翥翼。千里漫追風。

【按】鶴騰霄漢出銀籠，銀籠謂有漏涅槃。此謂從有漏涅槃脫胎換骨證入正位轉身退位佛性出世。佛性出世成為「萬象主」，且「妙體本來無處所」，故有此謂。

【按】鶴有九皋才翥翼，九皋比喻有漏涅槃，鶴騰霄漢比喻佛性出世。大定定心這邊那畔金針往復。涅槃本體是父，佛性之本體。

【按】君臣道合意謂正偏兼帶。子歸就父在涅槃。「密移一步。鶴出銀籠」，意味出離有漏涅槃證入清淨涅槃。清淨涅槃謂誕生王子父，「密移一步。鶴出銀籠」，指脫離有漏涅槃以及涅槃正位。轉身退位證得佛性，鶴騰霄漢即佛性出世。

「峰巒秀異。鶴不停機。靈木迢然。鳳無依倚」。鶴不停機轉身退位直入首楞嚴大定，證得佛性。涅槃乃是學位。這意味正位（空王殿）無人，正位只是虛位以待。「既有尊貴之位。須明尊貴底人。須知尊貴底人。不處尊貴之位。」

大定定心進入有漏涅槃，脫胎換骨識陰盡，全身入理，進入正位。子歸就父不居正位轉身退位。密移一步鶴騰霄漢，佛性出世。故謂：脫身一色無遺影（太平本是將軍致）。不坐同風落大功（不許將軍見太平）。禪師泯滅自我意識以後，不再是「故我」。故我作為修證的將軍，成功後已非故我。

【公案】《請益錄》第四十七則芭蕉拄杖（萬松老人）

舉芭蕉示眾云。你有拄杖子。我與你拄杖子（骨堆上添土）。你無拄杖子。我奪你拄杖子（出土處掘坑）。天童拈云。你有則一切有（人人具足）。你無則一切無（脫體全空）。有無自是當人（圓同太虛。無欠無餘）。與奪關芭蕉甚事（良由取捨。所以不如）。正恁麼時。作麼生是你拄杖子（和聲便打）。師云。郢州芭蕉山慧清禪師。嗣南塔光湧。湧嗣仰山。蕉乃溈山重孫也。上堂曰。我二十八到仰山。見南塔上堂曰。汝等諸人。若是個漢。才出母胎。便作師子吼解。豈不快哉。當時我於這下歇得身心。便依之五載。蕉示眾曰。你有拄杖子。我與你拄杖子。萬松道。祖師不西來。少林傳妙訣。何須達磨直指人心。又道你無拄杖子。我奪你拄杖子。直饒一物不將來。更須放下始得。大溈喆云。大溈即不然。你有拄杖子。我奪你拄杖子。你無拄杖子。我與你拄杖子。大溈既如是。諸人還用得也未。若人用得。德山先鋒。臨濟合後。若用不得。且還本主。萬松道。順水推船。時人知有。天童拈出。大丈夫兒。有無在己。不受芭蕉處分。這個從上來。喚作衲僧拄杖子。天童恐當人諱卻更道。正恁麼時作麼生是你拄杖子。直饒拈得出。莫教萬松見。折作八截。燒灰颺卻。萬松老矣。留得也好。何也。有時扶過斷橋水。幾度伴歸明月村。

【按】菩薩在正偏兼帶的事事無礙法界，「有無」在一念裡同時成立。「一心三觀」空假中三諦圓融。此處明示「大丈夫兒。有無在己。」「德山先鋒。臨濟合後」謂正偏兼帶。「有時扶過斷橋水。幾度伴歸明月村」，定心這邊那畔優游。

【公案】《請益錄》第五十六則曹山出世（萬松老人）

舉僧問曹山。佛未出世時如何（誰申此問）。山云。曹山不如（比不得類不齊）。僧云。出世後如何（雲門有棒）。山云。不如曹山（一場醜拙）。天童拈云。佛與曹山（天童不如）。**主賓互換**（不如天童）。**出世不出世**（**直須擘破**）。**各具一隻眼**（方得圓全）。未有長行而不住（幸有一陰地）。長住而不行（何勞不為人）。還會麼（以己方人）。幽洞豈拘關鎖意（**一腳門裡一腳門外**）。縱橫不涉兩頭機（出不隨應。入不居空）。

師云。南泉道。向空劫以前承當。佛未出世會取。萬松道。向住劫以後承當。佛已出世會取。也不如《華嚴經》。十方諸佛。勸不動地菩薩道。此諸法法性。若佛出世。若不出世。常住不異。教中喚作法爾不窮因。無始不窮初。曹山不如。則。自攜瓶去沽村酒。不如曹山。則。卻著衫來作主人。天童拈處。不礙裂開。萬松著語。何妨捏聚道。佛與曹山主賓和合。出世不出世。雙眼圓明。終日在途中。不離家舍。終日在家舍。不離途中。還會麼。雲生洞口還歸洞。密密金刀剪不開。

【按】出世不出世。雙眼圓明。涅槃與佛性各具特殊認知功能。

【按】不離家舍謂「恆納虛空」，時時在涅槃。

【按】雙遮雙照即雙眼圓明。正偏兼帶才能「雙眼圓明」、「雙明雙暗」。

【按】臨濟義玄云：「終日在途中。不離家舍。終日在家舍。不離途中。」「家舍」比喻涅槃，「途中」比喻定心往復。形容正偏兼帶，明暗雙雙，即雙遮雙照。「雲生洞口還歸洞。密密金刀剪不開」，此時定心（「雲」）猶如一半在洞口之中（涅槃境界），一半在首楞嚴境界，宏智正覺謂之「一腳門裡一腳門外」或「內君外臣」，到此即正偏兼帶。涅槃佛性混居一身，「雙眼圓明」故「雙遮雙照」，此即「明暗雙雙的時節」。故有「誰共澄潭照影寒」、「夜深同看千岩雪」等。到此境界，「法身」指謂這個「內君外臣」的「定心」。若定心「金針不動」，即是理事無礙法界。若涅槃佛性混融一體難解難分，君臣道合父子不離，「主賓和合」，即謂「前釋迦後彌勒」也。正偏兼帶理事無礙境界，色空轉換尚有過程。「轉色歸空」（真歇清了）。若涅槃佛性混融一體即事事無礙法界。到此即到「中道」，證得一心三觀，一切種智。

【按】「捏聚裂開」，主賓互換，定心在涅槃與首楞嚴佛性間「金針往復」、「鉤鎖連環」。一腳門裡一腳門外，定心往復無所間歇。裂開意味佛性出世「六根互用」，捏聚意味涅槃「寂而常照」。陳睦州以斂手表示涅槃境界。佛未出世比喻清淨涅槃。進入涅槃比喻「捏聚」。「自攜瓶去沽村酒」謂進入涅槃。以大醉比喻禪定。佛出世比喻入廛垂手正偏兼帶，即「裂開」。「卻著衫來作主人」謂佛性出世成為菩薩的主人公。

【按】把住則黃金失色，放行則瓦礫生光。把住意味進入涅槃，「捏聚」不見一色。放行則萬象森羅。萬松批判謂「乍出乍入」乃初學作為。趙州從諗云「有佛處不得住，無佛處急走過」。即謂進入涅槃不居正位，入廛垂手偏不附物。即謂正偏兼帶，進入紅塵大定定心，「百花叢裡過，一葉不沾身。」「把住時放行，放行時把住」謂「鉤鎖連環首尾相接」。然後正偏兼帶，則雙遮雙照，雙明雙暗，雙收雙放，若定心不動即正偏兼帶理事無礙境界。證入首楞嚴大定謂放行，則萬象齊彰，把住則涅槃如同明鏡清淨不見一塵。入息不居陰界，出息不涉眾緣，不涉眾緣即謂定心不染一塵。

【公案】《請益錄》第八十四則三平見聞（萬松老人）

舉三平頌云。只此見聞非見聞（內不見六根）。更無聲色可呈君（外不見六塵）。個中若了全無事（內外絕消息）。體用何妨分不分（把定放行。皆由作者）。天童拈云。正相逢。沒交涉（相見不對面。對面不相見）。六戶不掩（終日忙忙）。四衢絕蹤（那事無妨）。遍界是光明（黑似漆）。通身無向背（天寬地窄）。機絲不掛梭頭事（赤手空身）。文彩縱橫意自殊（千變萬化）【兩句合併謂，前釋迦後彌勒】。

師云。漳州三平山。義忠禪師。始見石鞏。次蒙大顛印葥。居三平開法。韓愈參大顛。某公務事煩。省要處乞師一句。顛良久不顧。公罔措。時三平為侍者。乃敲禪床一下。顛云。作麼生。平云。先以定動。後以智拔。公曰和尚門風高峻。某卻於侍者處得個入路。以此觀之。平為侍者時。已有橫身為人作略。後來升座。一道士出。從東過西。又一僧從西過東。平曰。適來個道士。卻有見處。師僧未在。道士作禮曰。謝師接引。平便打。僧作禮曰。乞師指示。平亦打。復謂眾曰。此則公案作麼生斷。還有斷得麼。三問無對。平曰。既無人斷得。老僧為你斷去也。乃擲下拄杖歸方丈。平示眾偈頌。二篇見在。其一曰。見聞知覺本非因。當體虛玄絕妄真。見相不生癡愛業。洞然全是釋迦身。又道。只此見聞非見聞。三祖道。眼若不睡。諸夢自除。心若不異。萬法一如。與楞嚴見聞如幻翳。三界若空華相似。更無聲色可呈君。楞嚴又道。聞復翳根除。塵消覺圓淨。所以道個中若了全無事。楞嚴又道。淨極光通達。寂照含虛空。卻來觀世間。猶如夢中事。恁麼觀來。體用何妨分不分。萬松信手拈《信心銘》楞嚴偈。開發此頌。暗合孫吳。其他佛祖言教。符合此頌者。不可勝紀。天童正相逢沒交涉。上唇與下唇。從來不相識。目前無法。意在目前。所以道。六戶不掩。四衢無蹤。取不得。捨不得。不可得中只麼得。所以道。遍界是光明。通身無向背。機絲不掛梭頭事。文彩縱橫意自殊。一講師問平。三乘十二分教。某則不疑。如何是祖師西來意。平曰。龜毛拂子。兔角拄杖。大德藏向什麼處去也。僧曰。龜毛兔角。豈是有耶。平曰。肉重千斤。智無銖兩。欲識天童末後句麼。將出龜毛拂子兔角拄杖來。即向汝道。

【按】形容菩薩定境變換，賓主互換，把定放行，皆由作者。禪者的「定中見聞」，「只此見聞非見聞。三祖道。眼若不睡。諸夢自除。心若不異。萬法一如。與楞嚴見聞如幻翳。三界若空華相似。更無聲色可呈君。楞嚴又道。聞復翳根除。塵消覺圓淨。所以道個中若了全無事。楞嚴又道。淨極光通達。寂照含虛空。卻來觀世間。猶如夢中事。恁麼觀來。體用何妨分不分。」形容涅槃境界，也形容正偏兼帶境界，故謂「體用何妨分不分」。

【公案】《請益錄》第九十九則洞山缽袋（萬松老人）

舉僧問洞山。時時勤拂拭。莫使惹塵埃（有尾無頭。雖飽無力）。為什麼不得他衣缽（不得封侯也是閒）。山云。直饒道本來無一物。也未合得他衣缽（有頭無尾。終是不貴）【有涅槃無佛性】。且道什麼人合得（金香爐下鐵崑崙）【兼帶】。僧下九十六轉語不契（吃盡生薑呷盡醋）。末後云。設使將來他亦不受（設使受下。向什麼處著）。山深肯之（且信一半）。雪竇云。他既不受，是眼（瞎卻了也）。將來必應是瞎（恰與雪竇同參）。天童拈云。長蘆則不然（但具一隻眼）。直須將來（岩前花爛漫）。若不將來爭知不受（室內不知春）。直須不受（家中無一物）。若不受。爭免將來（來者不空歸）。將來底必應是眼（瞎卻了也）。不受底真個是瞎（卻與天童同參）。還會麼（問取眉毛）。照盡體無依（踏破澄潭月）。通身合大道（沖開碧落天）。

師云。《無盡燈錄》云。僧問洞山。時時勤拂拭。為什麼不得鉢袋子。山曰。直饒道本來無一物。亦未得他鉢袋子。僧曰。未審什麼人合得。山曰。不入門者。僧曰。只如不入門者還得不。山曰。雖然如是。不得不與他。復曰。直道本來無一物。猶不合得他鉢袋子。且道什麼人合得。這裡合下得一轉語。且道下得什麼語。一上座下九十六轉。並不契意。末後一轉。始可山意。山曰。闍黎何不早與麼道。一僧聞請上座舉一遍。上座終不為舉。僧乃執事三年。上座亦不肯舉。一日忽不安。其僧自念三年求舉。不蒙慈悲。善取不如惡取。遂持刀向前曰。若不舉。即殺上座去也。座悚然曰。且待為闍黎舉。乃曰。直饒將來。他亦不要。其僧禮謝悔過。天童略云。時時勤拂拭。莫使惹塵埃。為什麼不得他衣鉢。雒陽天宮寺。神秀國師。諡號大通。身長八尺。秀眉大耳。有公伯之氣。稔聆黃梅道勝而往見。共以坐默體道為務。忻然謂真吾所依也。誓以樵汲備眾。如是六載。祖每潛歎曰。東山法門。其在此人矣。師一日涕泗辭祖。創荊門玉泉蘭若。卜將老焉。會東山圓寂。復徙江陵當陽山。學者鍾湊。久視元年。天后詔之。肩輿上殿。遂推為兩京法主。凡歷三帝皆師禮之。神龍二年。丙午二月二十八日。洎然而逝。神龍元年。新譯楞嚴。閟於宮禁。國師堅請。私錄密傳館陶慧震。經今大行。師之力也。國師報齡一百有七。當葬舊山。天子送至午橋而訣。王公大臣至伊水而別。卒哭。設大會於龍華寺。飯緇白八千人。度僧二七員。二祥於西明辦事如前會。

萬迴法雲公。乞施後宮。手舉珍異。以侑其供。燕公張說。報師資禮。門人普寂。義福。並為朝野所重。如圭峰承襲圖曰。普寂化緣轉盛。法嗣者三十人。如南嶽懶瓚。嵩山一行。終南惟政。三峰道樹。皆凡聖不測。如義福者。初參大通。通與語。乃稱濕土近水。乾木易然。萬迴法雲公。執福手叮嚀曰。深入妙覺。廣度眾生。當勉旃。福住終南二十餘載。一日竹柏蘭亭。茂然分錯。忽有老翁。風骨殊俗。鬚髮皓然。拜首曰。弟子內谷神也。竊恐和尚他適。終棄此山。故再請乃滅。未幾京城僧眾。請於其年五月止大慈恩寺。千官車馬。四部駢羅。復被詔歸伊雒。如普寂之子。南嶽懶瓚。德宗遺詔。對宣使不暇拭涕。如一行禪師。天文大衍。世所共知。一日見寂。炷香作禮。絕躬附耳密言。寂曰。是是。無不可者。如是致禮者三。退入南房。闔戶而滅。寂令叩鐘云。一行滅矣。視之果然。河南尹裴寬。親見其事。服衰絰。徒步送喪。終南惟政。文宗嗜蛤蜊御饌。有擘不張者。焚香禱之。忽開。現觀音像。具體妙麗。詔政問之。政舉經云。應以菩薩身得度者。即現菩薩身。而為說法。上曰。菩薩身已現。且不聞說法。政曰。陛下信此事為奇特不。上曰。稀有之事。朕深信之。政曰。菩薩為陛下說法竟。上感政言。敕令天下設觀音像。三峰道樹。山神化為野人。服色素樸。言譚詭異。於言笑外。變作四聖天仙等形。或放神光。或發聲響。大眾不能測。猶此涉十年。寂無聲影。告眾曰。山神作多色伎倆。眩惑吾曹。只消老僧個不聞不見。伊伎倆已窮。吾不聞不見無盡。萬松具錄大通門下師勝資強。圭峰抑為息妄修心宗。又云。就法，有不變隨緣二義。就人。有頓悟漸修兩門。二義顯。則知一藏經論之旨歸。兩門開。則見一切賢聖之軌轍。達磨深意。實在斯焉。頓悟喻者。如人夢被枷鎖。覺時還須脫枷鎖乎。所以六祖道。本來無一物。何假拂塵埃。此洞山答處。漸修喻者如水結冰。失灌溉洗濯之用。火日銷鎔。始還全用。所以大通道。時時勤拂拭。莫使惹塵埃。若就鏡喻之。大鑒如鏡。本明本淨。大通如昏垢須磨。以冰夢二喻。夢則悟不假修。冰則須銷得用。且教中有本性淨。有離垢淨。有如理智。有如量智。有即相解。有離相解。有真空。有妙有。有第一義諦。有世俗諦。乃至理事性相。權實頓漸。偏圓遮照。存泯。君臣父子。配屬兩宗。皎然可見。此雖涉情解。具擇法眼者。不可不知。《宗鏡錄》云。入吾宗者。先須知有。然後保任。又頭尾須得相稱。不可理行有闕。心口相違。若入宗鏡。理行俱圓。據宗鏡斷。大鑒只具一隻眼。大通雙眼圓明。何者。大鑒具理而無行。謂本來常淨。不假拂塵【清淨涅槃】。大通已悟須修拂塵鏡朗。所以道。正雖正卻偏。偏雖偏卻圓。非久參洞上之宗者。未可與語【保任】。萬松嘗向人道。波必有水。水或無波【本體未必顯現現象】。性海無風。心波自湧【或謂金波自湧。無風匝匝波】。二利妙門。無出於此。圭峰答溫慥尚書問曰。真理雖然穎達。此情難以卒除。如風頓止。波浪暫停。豈可一身所修。便同佛用。但可以空寂為自體。勿認色身。以真知為自心。勿認妄念。妄念若起。都不隨之。即臨命終時。自然業不能繫。黃龍晦堂答韓宗古侍郎問曰。然心外無剩法者。不知煩惱習氣是何而欲盡之。若起此心。翻成認賊為子也。從上以來。但有言說。乃是隨病設藥。縱有煩惱習氣。但以如來知見治之。皆是善權方便。誘引之說。若是定有習氣可治。卻是心外有法而可盡之。譬如靈龜曳尾於途。拂跡跡生。可謂將心用心。轉見病深。苟能明達心外無法。法外無心。心法既無。更欲教誰頓盡邪。覺範判曰。二老。今古之宗師也。其隨宜方便。自有意味。初無優劣。然圭峰所答之詞。正韓公所問之意。而語不失宗。開廓正見。以密較之。晦堂所得多矣。萬松道。到這裡返觀。大鑒只具一隻眼。原來盡大地是沙門一隻眼。又喚作把定乾坤眼。綿綿不漏絲毫。亦名頂門具金剛眼。大通雙眼圓明。似鋸解秤錘。擘破虛空相似。大通且置。於大鑒眼上。萬松道個瞎。又作麼生。雪竇拈云。他既不受是眼。將來底必應是瞎。還見祖師衣鉢麼。若於此入門。便乃兩手分付。非但大庾嶺頭一個是提不起。設使蓋國人來。且款款將去。萬松道。祖師衣鉢百雜碎也。雪竇道。他既不受是眼。將來必應是瞎。天童道。將來必應是眼。不受底真個是瞎。萬松道。瞎底雙眼圓明。具眼底只見一半。不逢瞎漢。終難辨明。畢竟事作麼生折合。山遠路長休點火。大家吹煞暗中行。

【按】佛與曹山主賓和合。出世不出世，雙眼圓明，涅槃佛性混居一身正偏兼帶。

【按】「什麼人合得（金香爐下鐵崑崙）」，「前釋迦後彌勒」佛真法身可得衣鉢。

【按】臨濟義玄云「吹毛用了急須磨」。比喻定心往復，金針雙鎖，反覆烹煉。

【按】雙眼謂涅槃與佛性之感知。正偏兼帶，雙眼圓明。

【按】涅槃生成佛性，而金針時時進入涅槃使得佛性與其同質。謂「迴脫根塵」，明鏡背面，即自體用，否則佛性無法顯現萬法。涅槃與佛性一體兩面。就「體」而言，實質相同，就「用」而言不同。涅槃生成佛性並不顯現萬法。佛性顯現萬法。涅槃佛性如鏡體鏡面父子不離，「前釋迦後彌勒」合作生成萬法。

大鑒只具一隻眼，謂六祖偈頌涅槃「本來無一物」，寂而常照，妙覺寂照，謂「金剛眼」。「**大通雙眼圓明。似鋸解秤錘。擘破虛空相似**」，**比喻凡聖分離正偏兼帶**。涅槃與佛性不同作用。佛性六根互用，佛有五眼，神秀處於正偏兼帶境界，故謂「雙眼圓明」。事理雙明空有迭彰，雙眼圓明終歸「瞎」，最後還是「炭中坐」。

「山遠路長休點火。大家吹煞暗中行」，禪師滅度佛性融入涅槃最終契合絕對本體。

「大鑒具理而無行。謂本來常淨。不假拂塵」喻清淨涅槃境界。

「理即本體。理體法身。」涅槃生成佛性，佛性是現象界的本體，「用中法身」。

「大通已悟須修拂塵鏡朗。所以道。正雖正卻偏。偏雖偏卻圓。非久參洞上之宗者。未可與語」，神秀明白在紅塵世界「須修拂塵鏡朗」。佛出世，不出世，正偏兼帶境界。正不立玄，偏不垂偏。出息不涉眾緣，保持「鏡之明」，菩薩「須修拂塵鏡朗」。意即菩薩「雙眼圓明」，六祖頌涅槃境界「本來無一物」。六祖頌偈強調涅槃定境乃「空無」。曹洞宗「正雖正卻偏。偏雖偏卻圓」，主旨在於不僅重視「實際理地不受一塵」，還要重視「佛事門中不捨一法」，也就是「今時」。曹洞宗主張「回互」即辯證地看待一切。慧能的頌偈著重於「正位」即涅槃理地。六祖表明涅槃境界乃是「曹溪鏡裡絕塵埃」，是清淨涅槃境界。也是「雙眼圓明」最終「瞎」的境界。

萬松老人對神秀提出讚揚。從曹洞宗的理路來說不無道理。慧能「本來無一物」或「明鏡本清淨」，是對「涅槃理地」而言，即對「正位」而言，未及「現象界」即偏位。就「悟境」而言，慧能的悟境是佛之知見。神秀還在菩薩「保任」。「大鑒具理而無行。謂本來常淨。不假拂塵」。六祖證得那伽定，時時處於涅槃。神秀或在菩薩正偏兼帶境界，故須保任。「瞎」意謂娘生眼要「瞎卻」，「爍迦羅眼」即金剛眼要明。「大鑒只具一隻眼。原來盡大地是沙門一隻眼。又喚作把定乾坤眼。綿綿不漏絲毫。亦名頂門具金剛眼。」那伽定超越菩薩的兼帶境界。

「萬松道。瞎底雙眼圓明。具眼底只見一半。」指謂正偏兼帶境界，未到那伽大定。六祖云「緊興永處那伽定」，六祖已證妙覺佛位。神秀尚在正偏兼帶雙明雙暗的菩薩境界。兩者高下可知。

鎮江府金山達觀曇穎禪師云：

身是菩提樹。心如明鏡台。時時勤拂拭。莫使惹塵埃。又道菩提本無樹。明鏡亦非台。本來無一物。何假拂塵埃。師曰。此二尊宿同床打睡。各自作夢。吃茶去。

【按】涅槃與佛性，謂二尊宿。有時謂「二大佬」，意謂正偏兼帶。六祖與神秀各頌涅槃、佛性兩個境界，合併即謂正偏兼帶。

【公案】《從容錄》第九則南泉斬貓（萬松老人）

示眾云。踢翻滄海。大地塵飛。喝散白雲。虛空粉碎。嚴行正令。猶是半提。大用全彰。如何施設。

舉南泉一日。東西兩堂爭貓兒（人平不語水平不流）。南泉見遂提起云。道得即不斬（誰敢當鋒）。眾無對（直待雨淋頭）。泉斬卻貓兒為兩段（抽刀不入鞘）。泉復舉前話問趙州（再來不直半文）。州便脫草鞋。於頭上戴出（好與一刀兩段）。泉云。子若在。恰救得貓兒（心斜不覺口喎）。

師云。法雲圓通秀禪師。見二僧並立說話。將拄杖到連卓數下云。一片業地。何況兩堂眾首。因貓致諍。南泉也不與解勸。亦不與懲罰。本色道人。以本分事。為人遂提起貓兒云。道得即不斬。正當恁麼時。盡十方界有情無情。一齊向南泉手中乞命。當時有個出來展開兩手。不然攔胸抱住云卻勞和尚神用。縱南泉別行正令。敢保救得貓兒。這一窟死老鼠既無些子氣息。南泉已展不縮。盡令而行。遼朝上人段作鏡心錄。訶南泉輩殺生造罪。文首座作無盡燈辨誤。救云。古本以手作虛斫勢。豈直一刀兩段。鮮血淋迸哉。這兩個批判古人。文公罪重。段公罪輕。南泉依舊水牯牛隊裡搖頭擺尾。不見。佛日禪師與眾茶座次。見貓來。袖中擲鵓鴿與之。貓接得便去。日云俊哉不可也是假作虛用。南泉自念。曲高和寡。舉前話問趙州。州便脫草鞋於頭上戴出。果然敲唱俱行。節拍成就。泉云。子若在恰救得貓兒。這些子用處。雖難會卻易見。爾但向拈匙舉鰏處覷破。便見斬貓兒戴草鞋更無兩樣。不然更看。天童別作什麼伎倆。頌云。

兩堂雲水盡紛拿（有理不在高聲）【理，理地】。王老師能驗正邪（明鏡當台物來斯鑒）。利刀斬斷俱亡像（消得龍王多少風）。千古令人愛作家（有一人不肯）。此道未喪（死貓兒頭堪作何用）【佛性】。知音可嘉（不道無只是少）。鑿山透海兮唯尊大禹（功不浪施）。煉石補天兮獨賢女媧（闕一不可）。趙州老有生涯（信手拈來無不是）。草鞋頭戴較些些（且信一半）。異中來也還明鑒（衲子難謾）。只個真金不混沙（是真難滅）。

師云。兩堂雲水盡紛拏。至今不曾定交。若非天童會南泉例驗出端倪。往往邪正不分。邪正分明時如何判斷。便好利劍斬斷一坑埋卻。非但剿絕一期不了公案。亦使千古之下風清寰宇。南泉當時師勝資強。見眾無語。卻舉似趙州。表顯眾中有人。趙州脫草鞋頭上戴出。果然此道未喪。知音可嘉。孔子云。天將未喪斯文也。看他師資道合。唱拍相隨。無以為喻。諡法。泉源流通曰禹。又受禪成功曰禹。《尚書．禹貢》。導河積石至於龍門。《淮南子》。共工氏兵強兇暴。而與堯帝爭功。力窮觸不周山而死。天柱為之折。女媧煉五色石補天。《列子》。陰陽失度名缺。煉五常之精名補。雲蓋本拈洞山掇卻泰首座果棹話云。洞山雖有打破虛空底鉗鎚。要且無補綴底針線。南泉如大禹鑿山透海。顯出神用。趙州如女媧煉石補天。圓卻話頭。萬松道。趙州十八上解破家散宅。不知有多少生涯。草鞋頭戴較些些。咄咄沒去處。作這個去就。保福展云。雖然如是。也只是破草鞋。南泉平高就下道。子若在恰救得貓兒。翠岩芝云。大小趙州只可自救。放過一著。天童道。異中來也還明鑒。只個真金不混沙。只能順水推船。不解逆風把柁。而今爾這一隊上來。貓又無。爭甚狗。以拄杖趁下。

【按】兩堂僧人爭貓，自然由於僧人的「私心妄識」，公案表明佛教要作到「無我」。

公案也描述「凡聖分離」，這裡「兩堂雲水」暗喻佛性與涅槃。萬松老人說「有理不在高聲」暗喻涅槃定心「盲聾闇啞」無法說話但是「有理」，南泉普願奉正令而行。「邪正分明時如何判斷。便好利劍斬斷一坑埋卻」，斬斷私心妄識令入涅槃（一坑埋卻）。南泉普願普度眾生菩薩之心在此。

南泉普願斬貓公案主旨在「正偏兼帶」，南泉普願奉正令比喻涅槃。兩堂喻佛性（今時）。這正是趙州從諗「頭戴草鞋」表示「正偏兼帶」之意。

「王老師能驗正邪（明鏡當台物來斯鑒）」：王老師即謂南泉普願禪師。

「利刀斬斷俱亡像（消得龍王多少風）」：貓只是現象，故謂「俱亡像」。

「此道未喪（死貓兒頭堪作何用）」：死貓兒頭即謂佛性。大機大用。

「知音可嘉（不道無只是少）」：涅槃佛性混居一身可謂知音。

「鑿山透海兮唯尊大禹（功不浪施）」：金針雙鎖玉線貫通，潛通劫外本體界。

「煉石補天兮獨賢女媧（闕一不可）」：正偏兼帶，闕一不可。

「草鞋頭戴較些些（且信一半）」：趙州從諗頭戴草鞋的意象即「正偏兼帶」。

「異中來也還明鑒（衲子難謾）。只個真金不混沙（是真難滅）」：凡聖混居如沙金混淆，金喻本體，不生不滅。

禪師比喻涅槃謂之「殺人刀」，「佛性」謂活人劍。愚庵明盂云：「還識南泉麼。他是生鐵鑄就渾鋼打成。要向驪龍頷下摘珠。」即謂眾人要泯滅自我意識。

「州便脫草鞋於頭上戴出。果然敲唱俱行」，「敲唱俱行」是曹洞宗的語言，形容「正偏兼帶」。正偏兼帶的前提是泯滅妄識，故云趙州從諗能夠救得貓兒。

「南泉斬貓」公案意旨揭示「正偏兼帶」，南泉普願謂涅槃，兩堂和尚喻「佛性」，現象比喻佛性，因為佛性直接生成現象。趙州從諗「道得」，謂正偏兼帶。

圓悟克勤云：

僧問。南泉斬貓兒意旨如何。師云。殺活臨時。進云。趙州戴草鞋又作麼生。師云。是他屋裡事。進云。打鼓弄琵琶去也【兼帶】。師云。且莫詐明頭。乃云。有佛處羅籠不住。無佛處荒草尋人。放行也觸處光新。把住也乾坤陸變。且道。向上人來時如何。他家自有通霄路。

【按】趙州從諗說「老僧好殺」，意謂教人證入涅槃，泯滅自我意識，號為「殺人刀」。南泉普願斬貓意謂眾人要與「私心」一刀兩斷。趙州從諗戴草鞋即謂「正偏兼帶」。臨濟義玄的語言謂「打鼓弄琵琶」。趙州從諗說「有佛處不肯住，無佛處急走過」意謂正偏兼帶。定心往復，放開則大地回春，捏聚則乾坤陸變。「有佛處羅籠不住。無佛處荒草尋人」即謂「前釋迦後彌勒」，正偏兼帶。

或庵師體云：

克己堂前開飯店。股肱屋裡販揚州。頭戴草鞋呈醜拙。湊成一對好風流。

【按】「克己」謂無我之涅槃，「股肱屋裡」謂佛性「道友」。「湊成一對好風流」即謂正偏兼帶，「前釋迦後彌勒」之義。

【公案】《從容錄》第二十一則雲岩掃地（萬松老人）

示眾云。脫迷悟絕聖凡。雖無多事。立主賓分貴賤。別是一家。量材授職。即不無。同氣連枝作麼生會。

舉雲岩掃地次（沙彌行童不得氣力）。道吾云。太區區生（埋兵桃斗）。岩云。須知有不區區者（可惜話作兩橛）。吾云。恁麼則有第二月也（豈止第二百千萬個）。岩提起掃帚云。這個是第幾月（水晶宮裡出頭來）【佛性】。吾便休去（盡在不言中）。玄沙云。正是第二月（一人傳虛萬人傳實）。雲門云。奴見婢殷勤（隨帚撲簸箕）【釋迦在前彌勒在後】。

師云。道吾屈折雲岩。如佛果激勵佛鑒。所謂不憤不啟。不悱不發。是他雲岩掃地。道吾閒點檢他。雲岩道。須知有不區區者。好諸仁者爾吃飯。煎茶。把針。掃地時識取個不區區底。便得世法佛法打成一片。洞上謂之兼帶去【理事無礙】。時中自不虛過。道吾便見破綻。道恁麼則有第二月也。雪竇別云。洎合放過。二老人恐人離卻色身別立法身。忠國師謂南方禪客曰。我此間佛性全不生滅。汝南方佛性半生半滅。半不生滅。客曰。如何區別。師曰。此則身心一如。心外無餘。所以全不生滅。汝南方身是無常。神性是常。所以半生半滅半不生滅。到這裡須知有個轉身就父底時節。岩遂豎起掃帚云。這個是第幾月。此語本出

《首楞嚴經》。經云。如第二月。誰為是月。又誰非月。文殊但一月真。中間自無是月非月。道吾便休去。有本云。道吾拂袖便行。萬松道。勘破了也。且道。是雲岩勘破道吾。道吾勘破雲岩。明眼底試點檢看。玄沙云。正是第二月。此老子口裡有雌黃。舌上有利劍。長慶云。被他倒轉掃帚攔面撼。又作麼生。沙休去。羅山云。噫。兩個老漢不識好惡。雲岩個漢縛手腳。死來多少時也。萬松道。德山門下。不道不得【證涅槃即可】。洞山門下。要且未在【尚須轉身退位】。雪峰行腳時。三到投子。九上洞山。一日淘米次。洞山問。淘沙去米。淘米去沙。峰云。沙米一時去【有漏涅槃須脫胎換骨】。山云。大眾吃個什麼。峰乃覆卻盆。山云。得即得。須見別人始得。後果嗣德山。玄沙長慶嗣雪峰。羅山嗣岩頭。皆出德山門下。故一抑一揚。言逆意順。而今雲門洞上兩派齊行。豈有優劣者哉。雲門云。奴見婢殷勤。保福云。雲岩大似泥裡推車步步區區。二老宿亦嗣雪峰。自然言氣相合。意謂雲岩不能用掃帚撼打斷葛藤。殊不知。爛泥中有刺。萬松披玩拈提未遍。不覺失笑云。雲岩道吾。發明洞上機緣。這一隊老漢眾口爍金。無一人為渠雪屈。賴有天童拔劍相助。頌云。

借來聊爾了門頭（當處發生）【現象】。得用隨宜即便休（隨處滅盡）。象骨岩前弄蛇手（欲道他人）。兒時作處老知羞（先治自己）。

師云。若論此事。如石火電光。雲岩提起示人。長慶攔面便撼用處雖殊。同歸變滅。洞上所以貴回機轉位也。雪峰有象骨岩。雪峰曾示眾云。南山有一條鱉鼻蛇。汝等諸人切須好看。雲門以拄杖。攛向面前。作怕勢。此豈不是奴見婢殷勤也。雲岩掃地。提起掃帚云。這個是第幾月。盡與從良變為得力兒孫了也【佛性】。雲門至今在籬簷下。所以天童放伊不過。道象骨岩前弄蛇手。兒時作處老知羞。勝默和尚道。這個頌子有搜人短處。有為人長處。此天童勝默。點罰雲門。萬松今日翻案去也。不見。天童頌弄蛇話。褒獎雲門全機大用【佛性機用】。雲中不下。為甚如此。抑揚皆在我。殺活更由誰。

【按】「拄杖攛向面前」，表徵涅槃，意謂大死一回泯滅自我。「治自己」謂殺人刀。「雲岩掃地。提起掃帚云。這個是第幾月。盡與從良變為得力兒孫了也」，此謂佛性，所謂「得力兒孫」興起世界。萬象之中獨露身，佛性本體也。即謂第二月。禪師處處告訴學人，佛性即是宇宙本體，「瓶子口」，「掃帚頭」處處顯真身，佛性本體即「第二月」。塵塵剎剎皆顯佛性本體。其實，第一月、第二月可分可不分。若謂「萬象之中獨露身」，真身即謂佛性本體，也可謂涅槃本體。顯現萬法者，鏡體鏡面缺一不可。「前釋迦後彌勒」共同造就世界。到此境界，涅槃佛性混居一身，所謂「佛真法身」。

【公案】《頌古聯珠》

雲岩埽地次。道吾曰太區區生。師曰須知有不區區者。曰恁麼則有第二月也。師竪起笤帚柄曰者個是第幾月。吾休去。

羅山閑云。噫。兩個漢不識好惡。雲岩個漢縛手縛腳。死來多少時也。

【按】「雲岩個漢縛手縛腳。死來多少時也」謂涅槃，經歷大死一回證得佛性。此即第二月。豎起笤帚柄即謂佛性。「吾休去」謂涅槃。「兩個漢」指涅槃佛性正偏兼帶。

溈山哲云：

將勤補拙。

【按】佛性勤勞，涅槃拙懶。香林澄遠回答「西來意」謂「坐久成勞」。意謂「涅槃」（坐久）而成佛性，「勞」謂佛性辛勞建立世界。與此頌偈意思一致。

超目諳云：

一人先行不到。一人末後太過。二途不涉。你諸人又向什麼處見雲岩。鴛鴦繡出從君看。不把金針度與人。

【按】「一人先行不到。一人末後太過」即謂「前釋迦後彌勒」，佛真法身。正偏兼帶謂「鴛鴦」。

【公案】《從容錄》第五十二則曹山法身（萬松老人）

示眾云。諸有智者。以譬喻得解。若到比不得類難齊處。如何說向他。

舉曹山問德尚座。佛真法身猶若虛空（官不容針）。應物現形如水中月（私通車馬）。作麼生說個應底道理（叉手近前云喏）。德云。如驢覷井（落花有意隨流水）。山云。道即大曬道只道得八成（欲窮千里目）。德云。和尚又如何（更上一層樓）。山云。如井覷驢（流水無心送落花）。

師云。撫州宜黃曹山本寂禪師。或名耽章。必是賜名諡號。初離洞山。入曹溪。禮祖塔。回吉州之吉水。眾向山名。遂請開法。師擬曹溪。凡隨所居立曹為號。洞山之宗至師最隆。故有曹洞之稱焉。山問德上座。佛真法身猶若虛空。應物現形如水中月。作麼生說個應底道理。此四句贊佛。本出古本《金光明經》。既如虛空。如何應物。覺範贊提婆尊者道。應緣而現。不落思惟。是故缽水以針投之。德云。如驢覷井。此豈情識計較可及。非久經淘煉具衲僧巴鼻。不許到這田地。若是小作無向上關棙子。滿口許他也。山云。道即大曬道。只道得八成。如秤稱斗量來相似。德云。和尚又如何。這一拶詞窮理盡。敢道出他驢覷井一句不得。是他款款地。只與倒過。可謂觸類而長之。此所以稱曹洞宗派之源也。天童愛此兩轉語。翻覆一時頌出。頌云。

驢覷井（五更侵早起）。井覷驢（更有夜行人）。智容無外（天下衲僧跳不出）。淨涵有餘（萬象莫能逃影質）。肘後誰分印（天眼龍睛不可窺）【兼帶】。家中不蓄書（真文不錯）。機絲不掛梭頭事（花又不損）。文彩縱橫意自殊（蜜又得成）【機絲不掛比喻涅槃，文彩謂佛性建立世界。正偏兼帶】。

師云。般若無知。靡所不知。故淨涵有餘也。晉元帝永昌元年。王敦鎮武昌。舉兵犯闕。刀協勸帝。盡誅王氏。王導帥群從。詣台待罪。周顗將入朝。導呼之曰。伯仁以百口累汝。顗不顧。及入極論導忠誠。申救甚至。及出導尚在門。又呼之不應。乃曰。今年殺賊奴。取金印如斗大。繫肘後。尋又上表。明導無罪。導不知甚恨之。敦兵既至。乃問導。周顗可得生否。導不應。敦乃殺顗。導後料中書。見顗救己表。流涕曰。幽冥之中負此良友。叢林又有肘後符。春秋後語。趙簡子告諸子曰。吾藏肘後寶符於常山上。先得者賞。諸子馳山上。求無所得。唯襄子毋恤還曰。恤已得之符矣。他人皆不可分。簡子請奏之。毋恤曰。從常山上下臨代可取也。簡子曰。毋恤賢矣。立為太子。雲岩示眾云。有個人家兒子。問著無有道不得底。洞山出云。他屋裡有多少書籍。岩云。一字也無。洞山云。得恁麼多知。岩云。日夜不曾眠。洞山又云。問一段事得也無。岩云。道得即不道。肘後誰分印。深密自得之道。他人皆不可分也。家中不蓄書。得恁多知。生而知之上。學而知之次也。這驢覷井。井覷驢。還許分割領覽分也無。還許學解傳布也無。夾山云。閩中生解。意下丹青。目下即美。久蘊成病。青山與白雲。從來不相到。機絲不掛梭頭事。文彩縱橫意自殊。嘉祥一路智者知疏。瑞草無根賢者不貴。天童末後全用夾山一聯。以明此話不落思惟文彩自備。且道具何三昧。便得如斯。只個無巴鼻。諸般沒奈何。

【按】「驢覷井。井覷驢」，謂佛性與涅槃，正偏兼帶。「井覷驢」謂涅槃，「驢覷井」謂佛性。「機絲不掛梭頭事。文彩縱橫意自殊」謂「佛真法身」，前句謂涅槃，後句謂佛性。「前釋迦後彌勒」也，正偏兼帶義。「佛真法身猶若虛空。應物現形如水中月」即謂正偏兼帶，前釋迦後彌勒。「肘後誰分印」或謂「肘後符」，指佛性。即前釋迦後彌勒之義。「井覷井」即謂事事無礙法界。

【公案】《宗鑒法林》（迦陵性音）

楞嚴。當知虛空生汝心內。猶如片雲點太清裡。況諸世界在虛空耶。汝等一人發真歸元。此十方虛空悉皆消殞。

五祖演云。一人發真歸元。十方虛空觸著磕著。昭覺勤云。一人發真歸元。十方虛空錦上添花。洞山度云。一人發真歸元。十方虛空八字打開。乃展兩手。

【按】五祖與圓悟克勤所謂「觸著磕著」，「錦上添花」、「八字打開」云云，實際意謂「佛性出世建立世界」。「八字打開」意謂佛性出世。涅槃佛性分身兩個。菩薩以佛智觀照大千世界（十方虛空）。塵塵剎剎皆是佛性本體，「萬法皆空」而「空」即本體。佛性顯現「森羅萬象」而且萬法後面是佛性本體。此即「菩薩當體即空」境界。

尼無著總云：

一人發真歸元。十方虛空消殞。試問楊岐栗蓬，何似雲門胡餅。

【按】「楊岐栗蓬」與「雲門胡餅」佛眼下皆佛性。「見色無非觀空」，即佛性本體。

朴翁義銛云：

瞌睡茫茫困思來。吃碗濃茶便眼開。四海五湖皇化裡。更無一物是塵埃。

【按】「眼開」者「佛眼」也，「更無一物是塵埃」，佛眼所見無非塵塵剎剎皆佛性也。「瞌睡茫茫困思來」謂涅槃。「吃碗濃茶便眼開」謂佛性出世。

無異元來云：

《楞嚴經》云。一人發真歸元。十方虛空悉皆消殞。果知得虛空消殞。華藏世界逼塞塞地。無纖毫滲漏。《法華經》云。是法住法位。世間相常住。果知得是法住法位。可謂無量寶聚當下知源。

【按】此謂理事無礙法界。

【公案】《從容錄》第五十九則青林死蛇（萬松老人）

示眾云。去即留住。住即遣去。不去不住。渠無國土。何處逢渠。在在處處。且道。是什麼物。得恁麼奇特。

舉僧問青林。學人徑往時如何（舉步即迂迴）。林云。死蛇當大路。勸子莫當頭（慣曾著毒）。僧云。當頭時如何（許爾大膽）。林云。喪子命根（果然）【大死一回入涅槃】。僧云。不當頭時如何（怎只由爾）。林云。亦無迴避處（築著磕著）【萬象之中獨露身】。僧云。正恁麼時如何（且莫著忙）。林云。卻失也（雖是死蛇解弄也活）【絕後復蘇】。僧云。未審向什麼處去也（不信搜懷）。林云。草深無覓處（頭上漫漫腳下漫漫）。僧云。和尚也須提防始得（回來也）。林拊掌云。一等是個毒氣（將謂侯白更有侯黑）。

筠州洞山第三世。師虔禪師。初從夾山來參悟本。本問。近離何處。林云。武陵。本曰。武陵法道何似此間。林云。胡地冬抽筍。本曰。別甑炊香飯。供養於此人。師乃出去。本曰。此子向後走殺天下人去在。林在洞山栽松。有劉翁者。從師求頌。師示之曰。尖尖三尺餘。鬱鬱覆荒草。不知何代人。得見此老松。翁呈悟本。本曰。賀翁之喜。此人第三世洞山也。林辭悟本。之山南府青銼山。住庵經十載。忽憶悟本遺言。乃曰。當利群蒙。豈拘於小節哉。遂至隨州。緣會眾請。住土門小青林蘭若。故號青林。嘗曰。汝等諸人。直須離心意識參。出凡聖路學。方可保任。若不如是。非吾子息。僧問。學人徑往時如何。這僧大悲閣下要去中都。更誇知處直捷要路。殊不知。直下便是早太迂迴也。林以死蛇當大路拒之。這僧不顧危亡道。當頭者如何。已著毒了也。有底道。何不棒喝行令。林又何曾放過。道。喪子命根【脫胎換骨命根斷】。這僧稍覺痛癢。待覓出身之路道。不當頭者如何。林云。亦無迴避處。只這青林也免不得。這僧筋舒力盡道。正恁麼時。左右無可奈何。如何即是【進退不得】。林曰。卻失也。活人手段。於斯乃見能遣能呼。有擒有縱分。付爾身上取摘不下。與爾拈卻便有下落。僧云。未審向什麼處去也。林云。草深無覓處。不道無。只是不可見。這僧也怪。道和尚也提防始得。青林將一條死蛇。招撥這僧。末後卻著腰纏腳。遂拊掌一下云。一等是個毒氣【涅槃亦謂荼毒鼓】。萬松道。熏天炙地。無盡燈云。青林樞機急峻。非獨一時之光。亦曠世為標式耳。萬松道。惱亂春風卒未休。更看天童吹花擺柳。頌云。三老暗轉柁（夜壑藏舟）。孤舟夜回頭（澄源著棹）。蘆花兩岸雪（自他玄契）。煙水一江秋（上下冥通）。風力扶帆行不棹（隨流得妙）。笛聲喚月下滄洲（任運落前溪）。師云。丹霞淳禪師頌。長江澄澈印蟾華。滿目清光未是家。借問漁舟何處去。夜深依舊宿蘆花【菩薩有漏涅槃】。二老同頌澄源湛水尚棹孤舟。丹霞用雪竇頌玄沙和尚云。本是釣魚船上客。偶除鬚髮著袈裟。祖佛位中留不住。夜來依舊宿蘆花。萬松道。將謂別有。古今詩話云。川峽呼梢翁篙手。為長年三老。杜詩云。蜀鹽吳麻自古通。萬斛之舟行若風。長年三老長歌裡。白晝攤錢高浪中。此事如人行船相似。不著兩岸。不住中流。丹霞夜宿蘆花。天童信風橫管。且道。轉柁回舟時作麼生。夜深不向蘆灣宿。迴出中間與兩頭。

【按】「三老暗轉柁（夜壑藏舟）。孤舟夜回頭（澄源著棹）」，進入有漏涅槃尚在作功。「澄源湛水尚棹孤舟」，「暗轉柁」「夜回頭」謂作大功。要脫胎換骨入正位。

【按】進入涅槃不居正位，轉身回途入廛垂手，大定定心不居陰界，不涉眾緣，夜宿蘆花，形容菩薩有漏境界。菩薩具所知障。蘆花色白，偏位。「自他玄契」意謂必經有漏涅槃證得清淨涅槃。

【按】大定定心隨流得妙住岸不迷，菩薩修行之道。

【按】蘆花與蘆灣不同，蘆灣，死水也。此謂不能靜沉死水，不居涅槃。

【按】「祖佛位中留不住。夜來依舊宿蘆花」。定心不居正位，菩薩居有漏涅槃。此蘆花比喻有漏涅槃。「自他玄契」謂經過有漏涅槃脫胎換骨證入涅槃正位。

【按】轉柁回舟時證入涅槃轉身退位佛性出世。大定定心這邊那畔自由自在。

【按】丹霞子淳禪師頌：「長江澄澈印蟾華。滿目清光未是家。」此謂有漏涅槃，到此脫胎換骨命根斷，「回家」時節正是「家破人亡」，此喻識陰盡，定心與無漏滅盡定同質化。「清光照眼似迷家」、「滿目清光未是家」意味有漏涅槃，進入涅槃正位再轉身退位，轉入首楞嚴佛性，此即「夜明簾外轉身」，轉身回途重入人間。進入菩薩境界，回到三界內紅塵中，此謂入廛垂手普度眾生。菩薩境界的首楞嚴大定，與涅槃境界的滅盡定乃是「父子不離」，「刀斧斫不開」，只是階次不同。蘆花兩岸雪（自他玄契），必經有漏涅槃證得清淨涅槃。

「借問漁舟何處去。夜深依舊宿蘆花。」此澄源湛水尚棹孤舟的境界，玄沙師備和尚云：「本是釣魚船上客。偶除鬚髮著袈裟。祖佛位中留不住。夜來依舊宿蘆花。」「祖佛位中留不住」即不居正位之義。所謂「佛祖玄關橫身直過」。「釣魚船上謝三郎，偶除鬚髮著袈裟」是玄沙的典故。既云：澄源湛水尚棹孤舟，皆形容入有漏涅槃尚作大功，脫胎換骨進入清淨涅槃卻不居正位，不在鬼窟作活計，金龍不守寒潭。鶴不停機橫身直過。「轉柁回舟時作麼生。夜深不向蘆灣宿。迴出中間與兩頭。」此與丹霞所頌之義相同。意謂禪定意識在這邊那畔優游，無須鎖子兩頭搖。金針往復至「鉤鎖連環」。這裡萬松點破主題，這即是透法身境界。「且道轉柁回舟時作麼生。夜深不向蘆灣宿。迴出中間與兩頭。」蘆灣謂涅槃死水，修行者不可「死水裡作活計」。所謂入不居空，不能靜沉死水。不能鬼窟裡作活計。「妙體本來無處所」，「迴出中間與兩頭」。

【按】轉柁回舟時作麼生，宏智正覺云：「月船不犯東西岸，始信船工用意良」。

【按】菩薩處於有漏涅槃，尚有枝末無明，所知障。「蘆花」謂菩薩境界。

【按】「此事如人行船相似。不著兩岸。不住中流。」意謂定心隨流任運。

【公案】《從容錄》第九十九則雲門鉢桶（萬松老人）

示眾云。棋有別智。酒有別腸。狡兔三穴。猾胥萬幸。更有個淆頭底。且道。是誰。

舉僧問雲門。如何是塵塵三昧（有願不撒沙）。門云。鉢裡飯桶裡水（撞頭磕額攔腮撲面）

【正偏兼帶】。

師云。華嚴。一塵入正受。諸塵三昧起。又云。塵塵爾法法爾。這僧問處。直要雲門當面拈出。雲門道。鉢裡飯桶裡水。且道。拈出不拈出。有底便認。和聲送事。就句呈機。有底道。鉢裡飯粒粒皆圓。桶裡水點點皆濕。更有一般。著甚死急道。鉢裡有飯。桶裡有水。佛果道。漱口三年。正為汝輩。雪竇道。多口阿師難下嘴。元來小膽爾看。天童擘破面皮。頌云。

鉢裡飯桶裡水（碗盛杓舁）。開口見膽求知己（只為分明極，翻令得所遲）。擬思便落二三機（天童第四）。對面忽成千萬里（是必早回程）。韶陽師較些子（未敢相保）。斷金之義兮誰與相同（心不負人）。匪石之心兮獨能如此（面無慚色）【正偏兼帶凡聖混居】。

師云。僧問忠國師。如何是佛法大意。師云。文殊堂裡萬菩薩。僧云。學人不會。師云。大悲千手眼。佛鑒頌。時年蔬菜賤。滿地蘿蔔頭。一文買一個。得者飽齁齁。這裡便見天童與雲門出一隻手。提折腳鐺子也。《周易繫辭》。君子之道。或出或處。或默或語。二人同心。其利斷金。同心之言。其臭如蘭。注云。金堅剛之物。而能斷之。言利之甚也。《毛詩．邶．柏舟》云。我心匪石。不可轉也。我心匪席。不可卷也。注石雖堅尚可轉。席雖平尚可卷。言已心志堅平過於石席。且道。忠國師。佛鑒。雲門。天童。恁麼氣急作甚。赤心片片知人少。覿面堆堆睹者稀。

【按】「鉢裡飯桶裡水」即謂正偏兼帶。「天童與雲門出一隻手。提折腳鐺子也」比喻正偏兼帶。蘿蔔頭、乾屎橛、柏樹子，皆含蘊佛性本體。「雲在青天水在瓶。」即正偏兼帶義。

【公案】《空谷集》第二十九則問夾山境（萬松老人）

示眾云。窗前翠竹。嘯月吟風。庭際蒼松。欺霜傲雪。非圖眼見耳聞。欲使心開意解。莫有伶利者麼。

舉僧問夾山。如何是夾山境（朝看雲片片。暮聽水潺潺）。山云。猿抱子歸青嶂後。鳥銜花落碧岩前（莫向言中取則。直須句外明宗）。

師云。心不識心。見猶在境。情存一念。萬別千差。所以夾山道。聞中生解。意下丹青。目前則美。久蘊成病。青山與白雲從來不相到【現象與本體】。機絲不掛梭頭事。文彩縱橫意自殊。嘉祥一路智者知踈。瑞草無根賢者不貴。林泉道。但能明正眼。諸見決難謾。這僧雖恁麼問。夾山雖恁麼答。便不可向碧岩青嶂裡商量。抱子銜花處折倒。法眼云。我二十年只作境會。浮山圓鑒云。法眼要且未得剿絕。既不作境會。別作什麼會。自著語云。犀因玩月紋生角。象被雷驚花入牙。忽有人問林泉。不作境會合作麼生道。但云。猿抱子歸青嶂裡。鳥銜花落碧岩前。非唯掣開那僧識鎖。更乃捩轉法眼謾人關捩。還識浮山徹底為人處麼。分付舒州投子替他分雪。頌曰。月皎青松鶴夢長（尚高夢中說夢）。碧雲丹桂掛羚羊（沒蹤跡斷消息）。岩高碧仞千峰雪（高著眼看）。石筍生條半夜霜（別是一般春色）【兼帶】。師云。月巢鶴作千年夢。雪屋人迷一色功。向心境俱亡。人牛不見。灑灑落落。妥妥帖帖。無一毫差互。沒半點交加。折莫是境不是境【有漏涅槃】。終不惹絆在於識情之內。若掛角羚羊。蹤跡尚無著處。甚作羚羊氣息。莫慮岩高千仞積雪彌深。至理一言不能漏泄。其奈階前石筍半夜抽條。以此看來。是境不是境。信手拈來無不是。莫教常守繫驢橛。

【按】涅槃終究必然地生出佛性，佛性建立世界，故謂「階前石筍半夜抽條」。「猿抱子歸青嶂後。鳥銜花落碧岩前」，「猿抱子」、「鳥銜花」比喻「正偏兼帶」。意象皆謂「凡聖同居龍蛇混雜」，涅槃佛性混居一身，即「前釋迦後彌勒」的「佛真法身」。最終則「歸青嶂」、「落碧岩」形容契合究竟涅槃。「猿抱子」、「鳥銜花」有「夾」的動作，「青嶂」謂「山」，不僅意謂正偏兼帶，也有「夾山」二字含蘊其中。夾山頌，即正偏兼帶義。

【公案】《空谷集》第一則青原階級（參學）（林泉老人）

示眾云。有修有進索論高低。無證無為那消升降。只如行不出戶坐不當堂者。甚處安排則是。

舉青原思禪師問六祖大師。當何所務即得不落階級（這邊如穩當。那畔自相應）。祖云汝曾作什麼來（深窮妙理細辨根源）。思云聖諦亦不為（猶有這個在）。祖云落何階級（重重烹煉要識精金）。思云。聖諦尚不為。落何階級（無皮毛不立。及盡聖凡情）。祖云。如是如是（真不掩偽。曲不藏直）。善自護持。吾當有偈（慈悲之故落草之談）。心地含諸種（大無不包。小無不入）。普雨悉皆萌（是法平等。無有高下）。頓悟花情已（但得雪消去）。菩提果自成（自然春到來）。

師云。建化門中不無評品。實際理地寧有階差。自始至末返本還源。不歷僧祇而獲法身者。自知頓漸超越奧妙玄極之理。六祖一日謂眾曰。諸善知識。汝等各各淨心聽吾說法。汝等諸人自心是佛。更莫狐疑。外無一物而能建立。皆是本心生種種法。故經云。心生則種種法生。心滅則種種法滅。若欲成就種智。須達一相三昧。一行三昧。若於一切處而不住相。彼相中不生憎愛亦無取捨。不念利益成壞等事。安閒恬靜虛融澹泊。此名一相三昧。若於一切處行住坐臥純一直心。不動道場真成淨土。名一行三昧。若人具二三昧。如地有種。能含藏長養成就其實。一相一行亦復如是。我今說法猶如時雨溥潤大地。汝等佛性譬諸種子。遇茲沾洽悉得發生。承吾旨者決獲菩提。依吾行者定證妙果。林泉道。莫怪老盧能處藥。慣曾得效敢傳方。達摩亦云。吾本來茲土。說法救迷情。林泉道。上代下世老婆心切。而況丹霞以綿綿密密隱隱難分處交加頌出。頌曰。

卓爾難將正眼窺（睥睨有分）。迥超今古類何齊（果見參差）。苔封古殿無人侍（玉宇深沉）。月鎖蒼梧鳳不棲（爭肯坐著）。

師云。彩雲影裡仙人現。手把紅羅扇遮面。急須著眼看仙人。莫看仙人手中扇。有等餓眼禪和。貪觀雲外月。失卻掌中珠。漫自逐句尋言。不務知根達本。況此不落階級的人。磊磊落落雄雄堂堂。其機不可觸。其鋒不可當。用之則行。捨之則藏。活鱍鱍。轉轆轆。雖是面門出入。無形影而難審其詳。此其所以難將正眼莫可窺窬者歟。故臨濟囑三聖云。吾遷化後。不得滅卻吾正法眼藏。聖云爭敢滅卻和尚正法眼藏。濟曰忽有人問汝作麼生祇對。聖便喝。濟曰誰知吾正法眼藏向這瞎驢邊滅卻。林泉道。誰知口苦心甜處。倒楔杷頭兜豁伊。只如三聖與麼喝。正法眼藏可窺不可窺。見徹見不徹。諸人試斫額看。其實此事自古及今比類難齊。言說不到。若苔封古殿月鎖蒼梧。臣趑趄而莫侍尊嚴。鳳戢翼而潛升霄漢。且道不墮功動一句。合作麼生道。聖凡情已盡。何用立階梯。

【按】臨濟義玄所謂「無位真人」，即「況此不落階級的人。磊磊落落雄雄堂堂。其機不可觸。其鋒不可當。用之則行。捨之則藏。活鱍鱍。轉轆轆。雖是面門出入。無形影而難審其詳」，應謂大定定心。「用之則行」即佛性建立世界，「捨之則藏」定心回到涅槃「家舍」。

【按】「正法眼藏向這瞎驢邊滅」，意謂佛性定心在禪師滅度後融入涅槃，然後契合絕對本體。正法眼比喻佛性，首楞嚴大定定心。禪師死後消融進入涅槃，最終契合主中主。禪師滅度佛性大定意識融入不生不滅的涅槃。

【按】喝，臨濟宗的「喝」謂涅槃。「正法眼藏」喻佛性。

【按】「彩雲影裡仙人現。手把紅羅扇遮面。急須著眼看仙人。莫看仙人手中扇。」仙人比喻佛性本體、涅槃本體，此處不分。手中扇比喻現象。此謂洞穿現象只見本體。

【公案】《頌古聯珠》

袁州楊岐方會禪師（嗣慈明）。僧問。如何是佛。師曰。三腳驢子弄蹄行。曰莫只這便是。師曰。湖南長老。頌曰。

白雲守端云：

三腳驢子弄蹄行。奉勸行人著眼睛。草裡見他須喪命。只緣踢踏最分明。

【按】前釋迦後彌勒，「草裡見他須喪命」謂大死一回進入涅槃，佛性「蹋踏最分明」。「三腳驢子」比喻涅槃，「弄蹄行」比喻佛性。正偏兼帶。

卍庵道顏云：

三腳驢子弄蹄行。兩浙江南秋復熱。西北風霜怯早寒。閉門愁見楊花落。

【按】「兩浙江南秋復熱。西北風霜怯早寒」謂正偏兼帶。前釋迦後彌勒，佛真法身也。「閉門愁見楊花落」謂涅槃境界。

梁山師遠云：

三腳驢子弄蹄行。直透威音萬丈坑。雲在嶺頭閒不徹。水流澗下太忙生。湖南長老誰解會。行人更在青山外。

【按】「直透威音萬丈坑」，威音萬丈坑，涅槃也。佛性出離涅槃。菩薩進入正偏兼帶境界，謂「雲在嶺頭閒不徹，水流澗下太忙生」。三腳驢子喻涅槃，弄蹄行謂佛性。涅槃佛性混居一體，「前釋迦後彌勒」，即謂「佛真法身」是也。

雪岩祖欽禪師云：

僧問楊岐。如何是佛。答云三腳驢子弄蹄行。仰山道。日午打三更。要見仰山即易。要見楊岐即難。要見楊岐即易。要會三腳驢子弄蹄行即難。會得三腳驢子弄蹄行。更有步行騎水牛。空手把鋤頭。人從橋上過。橋流水不流在。是汝諸人。且道與三腳驢子弄蹄行。相去多少。還辨明得出麼。

【按】「三腳驢子弄蹄行」即謂「前釋迦後彌勒」的「真法身」，正偏兼帶境界，進一步謂「理事無礙法界」。「步行騎水牛。空手把鋤頭。人從橋上過。橋流水不流在。」萬法皆是佛性本體。菩薩見色無非觀空。

【公案】《請益錄》第九十五則布袋彌勒（萬松老人）

舉布袋和尚頌云。彌勒真彌勒。天童著語云。拶破面門（話作兩橛）。分身千百億。天童著語云。築著鼻孔（煉成一塊）。時時示時人。天童著語云。高著眼（且莫撒砂）。時人皆不識。天童著語云。當面諱卻（許你親見）。天童復拈云。憨皮袋攔街截巷（錯認絆索）。直是無迴避處（撞著驀頭）。還辨得麼（和尚是天童）。腦後見腮。莫與往來（識人多者是非多）【佛真法身】。

師云。善財開樓閣門。見遍法界。皆是彌勒。而今樓閣門開也。諸人還見麼。若更道不見。你指出個不是底來。五祖演道。天上無彌勒。地下無彌勒。無事街頭立。被人喚作賊。晉陽貫文振。誦王梵志詩云。我若有錢時。更肥更能白。無事街頭立。人要請作客。我要借十文。忙言與一百。我若無錢時。更瘦更能黑。無事街頭立。被人喚作賊。我要借十文。一文借不得。此二詩證之前頌。激諷諸人。不為不切矣。湛然居士著《辨邪論》。以辨糠孽之祖劉紙衣。自稱彌勒下生。廣引《上生》《下生》二經。以佛言為定量。經云。卻後五十六億萬歲。爾乃下生。糠孽下生。何太早乎。謂傅大士憨皮袋。亦不當為彌勒化身。答曰。傅大士造像寫經。不可勝數。糠孽大毀經像。憨皮袋剃髮披緇。飲啖無擇。糠孽垂髮白衣。米亦不食。若例二大士。甚不類也。方當下無間地獄盡。轉徙他方獄中。當來彌勒下生時。名亦不聞。輒敢竊比於我聖流。因辨於此。學者應知。洞山謂雲居曰。昔南泉問講彌勒《下生經》。僧曰。彌勒什麼時下生。僧曰。見在天宮。當來下生。泉曰。天上無彌勒。地下無彌勒。居隨舉便問曰。只如天上無彌勒。地下無彌勒。未審誰與安名。洞山直得禪床震動。乃曰應闍黎。青州和尚道。二十年雲山坐斷。衲帔塵生。一句子針芥相投。禪床震動。萬松道。洞山家風。嚴密不通風。天童便道。憨皮袋攔街截巷。迴避不及。還與洞山相違也無。萬松道。天童有後手。何也。不見道。腦後見腮。莫與往來。

【按】「彌勒真彌勒（話作兩橛）」意謂「彌勒」與「真彌勒」，即前釋迦後彌勒，著語「話作兩橛」，意謂此乃「佛真法身」。即謂正偏兼帶，釋迦彌勒混居一身。「彌勒樓閣」形容事事無礙法界。樓閣門開，見無窮門開，每一門又有樓閣，重重無盡。「腦後見腮。莫與往來」謂涅槃佛性混融同居的「佛真法身」。「善財開樓閣門。見遍法界。皆是彌勒。彌勒真彌勒。分身千百億。時時示時人。時人皆不識。」

【按】到此境界釋迦彌勒「無別」。佛性出世，撒手懸崖下分身萬象中。塵塵剎剎皆是佛性本體（涅槃本體）。此頌理事無礙法界。這個公案也可以頌事事無礙法界。事事無礙法界乃是「無窮維」的宇宙。因陀羅網，無窮維，無數明鏡互相鑒照，每個珠體皆是本體，本身生成無數宇宙，如此重重複複，無窮無盡。「見遍法界。皆是彌勒」，比喻宇宙本體。

【按】南泉普願曰「天上無彌勒。地下無彌勒」，此謂涅槃境界，「洞山直得禪床震動」，此意象比喻佛性，兩句合謂「正偏兼帶」。青州希辨和尚說「二十年雲山坐斷。衲帔塵生。一句子針芥相投。禪床震動」也形容正偏兼帶。前句謂涅槃，後句謂佛性，兩句合頌「前釋迦後彌勒」。

【按】天童正覺云：「憨布袋攔街截巷。直是無迴避處。還辨得麼。腦後見腮莫與往來。」

【按】菩薩所見，「見色無非觀空」，什麼憨布袋、柏樹子、乾屎橛萬法皆「空」。

「一人發真歸元，十方虛空觸著磕著」。塵塵剎剎全是法身。「腦後見腮莫與往來」謂正偏兼帶。

「真彌勒」指謂涅槃。涅槃佛性混居一身即「佛真法身」。

寶壽新云：

盡大地是樓閣。徧法界是彌勒。為什麼有識有不識。雖然。且待來日。

【按】凡夫與菩薩「見處不同」。菩薩所見，「山河與大地，全露法王身」。

瞎堂慧遠云：

接著一個半個。覓得三文兩文。誰知破布袋裡。許多彌勒世尊。

【按】布袋和尚在十字街頭，布袋裡面許多雜物，殊不知個個皆是釋迦彌勒。萬法皆「空」。破布袋裡觸處皆本體。「凡聖同居龍蛇混雜」，正偏兼帶義。

西餘淨端云：

乃曰。彌勒真彌勒。分身千百億。時時示時人。時人自不識。眾中還有識得底麼。出來通個消息。若無。為蛇畫足去也。

【按】「彌勒真彌勒」意謂前釋迦後彌勒而成佛真法身。「為蛇畫足」即此意象。

無準師範（布袋）云：

巡行掠布。既飽且醉。無用心處。打個噴嚏。更言是真彌勒。想見別有假底。

【按】「無用心處。打個噴嚏。更言是真彌勒」，明示佛性即是「真彌勒」所生成。「無用心處」謂涅槃。「打個噴嚏」謂佛性出世，即「更言是真彌勒」。「別有假底」強調佛性與涅槃之不同。即彌勒與「真彌勒」不同。涅槃佛性父子不離，「前釋迦後彌勒」與「彌勒真彌勒」意旨相同。

【公案】《頌古聯珠》

馬祖因僧問。如何是佛。祖云。非心非佛。頌曰。

圓悟克勤頌：

碧海珠荊山壁。耀乾坤誰別識。利刀剪卻無根樹。萬疊峰巒斂煙霧。

【按】「利刀剪卻無根樹」即謂涅槃，「萬疊峰巒斂煙霧」謂佛性。此正偏兼帶。「碧海珠荊山壁」，珠玉合璧真法身。若謂即佛乃定，正偏兼帶境界的定心，兼攝涅槃與佛性。此時的定心，即正即偏非正非偏。涅槃佛性混居一身。無以名之，馬祖道一故云「非心非佛」。

月林師觀云：

分明與麼無無無。釋迦彌勒是他奴。茫茫宇宙人無數。幾個男兒是丈夫。

【按】「釋迦彌勒是他奴」，謂「前釋迦後彌勒」也，佛真法身。

天童如淨云：

上堂。涅槃堂裡死工夫。風滾葫蘆水上浮。恁麼點開參學眼。釋迦彌勒是他奴。忽有個漢出來道。爭似春眠不覺曉。落花處處聞啼鳥。

【按】「涅槃堂裡死工夫」謂涅槃，「風滾葫蘆水上浮」謂佛性，正偏兼帶，「釋迦彌勒是他奴」。

圓悟克勤云：

豁開戶牖當軒者。誰無面目可見。遍界不藏。無形相可睹。全機獨用。以無面目而諸相歷然。以無形相而十身具足。解脫門廣啟。選佛場宏開。作不可思議功勳。成無量殊勝奇特。直得一為無量無量為一。小中現大大中現小。坐微塵裡轉大法輪。獨未是衲僧本分事。於中若得桶底子脫五色線斷。目前無法心外無機。則圓融一切無有所為。成就諸法全體顯現。且正當恁麼時。不落功勳一句作麼生道。三尺龍泉光照膽。萬人叢裡奪高標。

【按】「三尺龍泉光照膽」謂涅槃，「萬人叢裡奪高標」謂佛性，謂正偏兼帶。「目前無法心外無機。則圓融一切無有所為。成就諸法全體顯現」。

【公案】《從容錄》第八則僧問石霜（萬松老人）

示眾云。萬丈海須見其底。千尺井必達其源。唯斯一事妙密難明。忽遇個頂門具眼腦後見腮的衲僧。合作麼生指示。

舉僧問石霜。如何是和尚深深處（你有眼麼）。霜云無須鎖子兩頭搖（徒勞摸索）。

師云。潭州石霜慶諸禪師。廬陵新淦陳氏子。依洪井西山紹鑾禪師落髮。詣洛下學毗尼教。雖知聽制。終為漸宗。回抵溈山因充米頭。問答愜意。至晚上堂曰。大眾米裡有蟲。諸人好看。後參道吾。問如何是觸目菩提。吾喚沙彌。彌應諾。吾云添淨瓶水著。良久卻問師。汝適來問什麼。師擬舉。吾便起去。師於此有省。吾將順世垂語曰。我心中有一物久而為患。誰能為我除之。師云。心物俱非除之益患。吾曰賢哉賢哉。後避世混俗於瀏陽陶家坊。朝遊夕處。人莫能識。後因答洞山秋初夏末萬里無寸草處去。云出門便是草之語。深蒙稱許。享大因緣。開法後僧問。真身還出世也無。云不出世。曰爭奈真身何。云瑠璃缾子口。此恰與無須鎖子兩頭搖的眼腦雙生來相似。非唯難弟難兄。況乃無彼無此。琉璃瓶口則且置。只如此鎖將何料理。是他投子自有同勘鑰匙。頌曰。

三更月落兩山明（清光何處無）。古道程遙苔滿生（幾人能履踐）。金鎖搖時無手犯（誰敢動著）。碧波心月兔常行（莫亂走）。

師舉洞山頌偏正五位首篇云。正中偏。三更初夜月明前。莫怪相逢不相識。隱隱猶懷舊日嫌。且道舊日嫌甚。今日嫌甚。迷悟到頭俱莫戀。眼中金屑自難留。唐耿偉詩云。返照入閭巷。愁來與誰語。古道無人行。秋風動禾黍。詩具六義。曰風賦比興雅頌。用比興連類以喻至道。嗟此塵中無人綿歷。唯餘禾黍而已。故《華嚴經》云。世法即佛法。佛法即世法。休於世間法中分別佛法。莫於佛法中分別世間法。方信道。會得途中受用。不會則世諦流布。其斯之謂歟。況金鎖搖時非智者難明。徒勞識浪翻波漫浸蟾宮。玉兔雖能踔跳。枉費精神。何故。須信轉身無異路。沒蹤跡處莫藏身。

【按】「三更月落兩山明」即謂正偏兼帶。

【按】「頂門具眼腦後見腮」形容「前釋迦後彌勒」的「佛真法身」。

【按】「僧問。真身還出世也無。云不出世。曰爭奈真身何。云瑠璃缾子口。」僧問佛真身是否現身，石霜云「不出世」，即謂涅槃本體。指出「瑠璃缾子口」即謂「真身」，所謂「萬象之中獨露身」。石霜明示：佛法身即萬法本體。

【按】「無須鎖子兩頭搖」形容佛出世後，定心在涅槃佛性（首楞嚴）之間「金針往復來」。久之證入正偏兼帶理事無礙境界。到此「世法佛法打成一片」，「見山是山見水是水」，世間相常住。故《華嚴經》云：「世法即佛法。佛法即世法。」

【公案】《頌古聯珠》婆子燒庵

一婆子供養一庵主經二十年。常令一女子給侍。一日令女子抱定曰。正當恁麼時如何。主曰。枯木倚寒岩。三冬無暖氣。女子歸舉似婆。婆曰。我二十年只供養得個俗漢。遂遣出。燒卻庵。

【按】「枯木倚寒岩。三冬無暖氣」比喻涅槃不受污染。

【按】「遂遣出。燒卻庵」意謂定心不滯涅槃，轉身退位生成首楞嚴大定。佛性出世建立世界，偏向枯木上糝花，寒岩中發燄。

【按】女子抱定庵主，庵主不受污染。所謂「洞房深穩。水泄不通」，比喻清淨涅槃，女子喻紅塵（污染），庵主謂涅槃。此即凡聖分離正偏兼帶。

密庵咸傑云：

上堂。舉昔日有婆子。供養一庵主。經二十年。常令一女子。送飯給侍。一日令女子抱定云。正與麼時如何。主云。枯木倚寒岩。三冬無暖氣。女子歸舉似婆。婆云。我二十年。只供養得個俗漢。遂發起燒卻庵。師云。遮個公案。叢林中少有拈提者。傑上座裂破面皮。不免納敗一上。也要諸方檢點。乃召大眾云。遮婆子。洞房深穩。水泄不通。偏向枯木上糝花。寒岩中發燄。個僧孤身迥迥。慣入洪波。等閒坐斷滔天潮。到底身無涓滴水。仔細檢點將來。敲枷打鎖。則不無二人。若是佛法。未夢見在。烏巨與麼提持。畢竟意歸何處。良久云。一把柳絲收不得。和煙搭在玉欄杆。

【按】「洞房深穩。水泄不通」謂涅槃。

【按】「偏向枯木上糝花。寒岩中發燄」謂佛性。

【按】「一把柳絲收不得。和煙搭在玉欄杆」頌正偏兼帶。

無異元來云：

萬花蘂裡不沾身。陷殺閻浮多少人。欲識者僧行履處。軟綿團內有剛針。

【按】「軟綿團內有剛針」即謂凡聖分離正偏兼帶。

我們對公案的解釋盡量簡略。讀者須知，看懂公案的前提是理解禪理。我們先講禪理後釋公案。

三十、末後句

【公案】《頌古聯珠》

雪峰住庵時。有兩僧來。師以手拓庵門。放身出曰。是什麼。僧亦曰。是什麼。師低頭歸庵。僧辭去。師問。什麼處去。曰湖南。師曰。我有個同行住岩頭。附汝一書去。書曰。某書上師兄。某一自鼇山成道後。迄至於今飽不饑。同參某書上。僧到岩頭。頭問。甚處來。曰雪峰來。有書達和尚。頭接了乃問。別有何言句。僧遂舉前話。頭曰。他道什麼。曰他無語低頭歸庵。頭曰。噫我當初悔不向伊道末後句。若向伊道。天下人不奈雪老何。僧至夏末請益前話。頭曰。何不早問。曰未敢容易。頭曰。雪峰雖與我同條生。不與我同條死。要識末後句。只這是。頌曰。

【按】我們利用這個公案解釋「末後句」。菩薩正偏兼帶境界，「凡聖同居龍蛇混雜」。涅槃佛性混居一身同身共命，此謂「同條生」。若菩薩肉體滅度，佛性定心不能以「禪定意識」而存在，故消隕而契合涅槃。涅槃不生不死，涅槃具有主客觀存在的意涵，故謂「不同條死」。所謂「正法眼藏向瞎驢邊滅卻」，意謂佛性在禪師遷化後契合涅槃而消融。《碧巖錄》云「明暗雙雙底時節」，即提示眾人，在正偏兼帶境界，涅槃佛性「同條生」，而禪師滅度後「不同條死」。

【公案】《碧巖錄》第五十一則

舉雪峰住在庵時，有兩僧來禮拜（作什麼，一狀領過）。峰見來，以手托庵門放身出云：是什麼？（鬼眼睛，無孔笛子，擎頭戴角。）僧亦云：是什麼？（泥彈子氈拍板，箭鋒相拄。）峰低頭歸庵（料泥裡有刺，如龍足，似蛇有角，就中難為措置）。僧後到岩頭（也須是問過始得，同道方知）。頭問：什麼處？（也須是作家始得，這漢往往納敗闕，若不是同參，洎乎放過。）僧云：嶺南來。傳得什麼消息來？（也須是通個消息，還見南峰麼？）頭云：曾到雪峰麼？（勘破了多時，不可道不到。）僧云：曾到（實頭人難得，打作兩橛）。頭云：有何言句（便恁麼去也）。僧舉前話，便恁麼去也（重重納敗闕）。頭云：了道什麼？（好劈口便打，失卻鼻孔了。）僧云：他無語低頭歸庵（又納敗闕，爾且道他是什麼？）。頭云：噫我當初悔不向他道末後句（洪波浩渺白浪滔天）。若向伊道，天下人不奈雪老何（癩兒牽僧，不須彌也須粉碎，且道他圈繢在什麼處？）。僧至夏末，再舉前話請益（已是不惺惺，正賊去了多時，賊過後張弓）。頭云：何不早問？（好與掀倒禪床，過也。）僧云：未敢容易（這棒本是這僧吃，穿卻鼻孔，停囚長智，已是兩重公案）。頭云：雪峰雖與我同條生，不與我同條死（溫天網地）。要識末句後，只這是（賺殺一船人，我也不信，洎乎分疏不下）。

大凡扶豎宗教，須是辨個當機，知進退是非，明殺活擒縱。若忽眼目迷離麻羅，到處逢問便問，逢答便答，殊不知鼻孔在別人手裡。只如雪峰岩頭，同參德山。此僧參雪峰，見解只到恁麼處，及乎見岩頭，亦不曾成得一事。虛煩他一老宿，一問一答，一擒一縱，直至如今，天下人成節角淆訛，分疏不下。且道節角淆訛，在什麼處？雪峰雖遍歷諸方，末後於鼇山店，岩頭因而激之，方得剿絕大徹。岩頭後值沙汰，於湖邊作渡子，兩岩各懸一板，有人過敲板一下，頭云：爾過那邊，遂從蘆葦間，舞棹而出。雪峰歸嶺南住庵，這僧亦是久參的人。雪峰見來，以手托庵門，放身出云：是什麼？如今有的，恁麼問著，便去他語下咬嚼。這僧亦怪，也只向他道是什麼？峰低頭歸庵，往往喚作無語會去也，這僧便摸索不著。有的道：雪峰被這僧一問直得，無語歸庵。殊不知雪峰意有毒害處。雪峰雖得便宜，爭奈藏身露影。這僧後辭雪峰，持此公案，令岩頭判。即到彼岩頭問：什麼處來？僧云：嶺南來。頭云：曾到雪峰麼？若要見雪峰，只此一問，也好急著眼看。僧云：曾到。頭云：有何言句？此語亦不空過。這僧不曉，只管逐他語脈轉，頭云：他道什麼？僧云：他低頭無語歸庵，這僧殊不知岩頭著草鞋，在他肚皮時行幾回了也。岩頭云：噫我當初悔不向他道末後句，若向他道，天下人不奈雪老何，岩頭也是拊強不扶弱。這僧依舊黑漫漫地，不分緇素，懷一肚皮疑，真個道，雪峰不會。至夏末，再舉前話，請益岩頭。頭云：何不早問？這老漢，計較生也。僧云：未敢容易。頭云：雪峰雖與我同條生，不與我同條死。要識末後句，只這是。岩頭太殺不惜眉毛，諸人畢竟作麼生會？雪峰在德山會下作飯頭，一日齋晚，德山托缽下至法堂，峰云：鐘未鳴鼓未響，這老漢，托缽向什麼處去？山無語低頭歸方丈，雪峰舉似岩頭，頭云：大小德山，不會末後語。山聞令侍者喚至方丈問云：汝不肯老僧那。頭密啟其語。山至來日上堂，與尋常不同，頭於僧堂前，撫掌大笑云：且喜老漢會末後句，他後天下人，不奈了何。雖然如是，只得三年，此公案中，如雪峰見德山無語，將謂得便宜，殊不知著賊了也。蓋為他曾著賊來，後來亦解作賊，所以古人道，末後一句，始到牢關。有者道：岩頭勝雪峰，則錯會了也。岩頭常用此機示眾云：明眼漢沒窠臼，卻物為上，逐物為下。這末後句，設使親見祖師來，也理會不得。德山齋晚，老子自捧缽下法堂去，岩頭道：大小德山，未會末後句在。雪竇拈云：曾聞說個獨眼龍，原來只具一隻眼。殊不知，德山是個無齒大蟲，若不是岩頭識破，爭知得昨日與今日不同。諸人要會末後句麼，只許老胡知，不許老胡會。自古及今，公案萬別千差，如荊棘林相似，爾若透得去，天下人不奈何。三世諸佛，立在下風，爾若透不得，岩頭道，雪峰雖與我同條生，不與我同條死，只這一句自然有出身處，雪竇頌云：

末後句（已在言前，將謂真個，覷著則瞎）。為君說（舌頭落也，說不著有頭無尾有尾無頭）。明暗雙雙底時節（葛藤老漢，如牛無角似虎有角。彼此是恁麼）。同條生也共相知（是何種族，彼此沒交涉，君向瀟湘我向秦）。不同條死還殊絕（拄梆子在我手裡，爭怪得山僧，爾鼻孔為什麼在別人手裡？）。還殊絕（還要吃棒麼，有什麼摸索處？）。黃頭碧眼須甄別（盡大地人亡鋒結舌，我也恁麼，他人卻不恁麼，只許老胡知，不許老胡會）。南北東西歸去來（收，腳跟下，猶帶五色線在，乞爾一條拄杖子）。夜深同看千岩雪（猶較半月和，從他大地雪漫漫，填溝塞壑無人會，也只是個瞎漢，還褒得末後句麼便打）。

末後句為君說，雪竇頌此末後句，他意極有落草相為。頌則鐐頌，只頌毛彩些子。若要透郵也未在，更敢開大口便道，明暗雙雙底時節，與爾開一線路，亦與爾一句打殺了也。末後更與爾注解。只如招龐大一日問羅山云：岩頭道：恁麼恁麼不恁麼不恁麼，意旨如何？羅山召云：大師。師應諾，山云：雙明亦雙暗。慶禮謝而去。三日後又問；前日蒙和尚垂慈，只是看不破。山云：盡情向爾道了也。慶云：和尚是把火行。山云：若恁麼據大師疑處問將來。慶云：如何是雙明亦雙暗？山云：同生亦同死。慶當時禮謝而去。後有僧問招慶，同生亦同死時如何？慶云：合取狗口。僧云：大師收取口吃飯，其僧卻來問羅山云：同生不同死時如何？山云：如牛無角。僧云：同生亦同死時如何？山云：如虎戴角，末後句，正是這個道理。羅山會下有僧，便用這個意，致問招慶，慶云：彼此皆知。何故？我若東勝身洲道一句，本西瞿耶尼洲也知。天上道一句，人間也知。心心相知，眼眼相照。同條生也則猶易見，不同條死也還殊絕。釋迦達摩也摸索不著，南北東歸去來，有些子好境界。夜深同看千岩雪。且道是雙明雙暗，是同條生是同條死？具眼衲僧試甄別看。

【按】「末後句，為君說，明暗雙雙底時節。同條生也共相知，不同條死還殊絕」，又，「夜深同看千岩雪」，「明暗雙雙底時節」表明「正偏兼帶」境界，「同條生」謂佛性與涅槃混居一身同生共命，禪師死後佛性定心作為禪定意識隨著肉體消隕而契入涅槃，涅槃具有主客觀存在的意涵，涅槃不僅作為禪定意識存在。涅槃不生不死。故謂「不同條死還殊絕」。

白雲守端云：

雪老卻入庵中後。路上無人見得伊。賴有故人千里在。同條生死不同時。

【按】雪峰禪師歸去涅槃無人見。「故人」謂佛性，同條生死不同時。見臨濟義玄云：「正法眼藏向瞎驢邊滅卻。」意味禪師入滅後佛性契合涅槃。佛性作為定心故有生滅。

天童正覺云：

切磋琢磨。變態譊訛。葛陂化龍之杖。陶家居蟄之梭。同條生兮有數。同條死兮無多。末後句只這是。風舟載月浮秋水。

【按】「葛陂化龍之杖。陶家居蟄之梭」意謂正偏兼帶。「化龍之杖」喻佛性，「居蟄之梭」喻涅槃。前面解釋「末後句」之義。「風舟載月浮秋水」，任運隨流生死自由。「到頭霜夜月，任運落前溪」。

佛心本才云：

龍吟枯木庵中出。天上人間無等匹。虎嘯岩頭石上來。晴空忽迸一聲雷。堪笑春池不拾礫。空山空到又空回。

【按】龍吟枯木庵中出，謂佛性出世。「天上人間」謂正偏兼帶。空比喻涅槃本體，菩薩兼帶境界，涅槃佛性混居一身同生共命。禪師遷化佛性定心契合涅槃。涅槃則不生不滅，「空山空到又空回」此即末後句。

圓悟克勤云：

雙明復雙暗。獨立絕殊方。乘機覿面提。其鋒安可當。同條生。兩鏡相照無能名。不同條死。鐵樹花開亙今古。末後句始到牢關。拈卻門前大案山。

【按】正偏兼帶境界，涅槃佛性混居一身故謂同條生。「兩鏡相照」謂涅槃與佛性兩鏡相照。「不同條死」意謂菩薩肉體滅度則佛性定心消隕。涅槃乃是具有主客觀意義的精神性存在，不僅以禪定意識存在。涅槃不生不滅。故云「不同條死」。最終佛性契合涅槃，涅槃謂「鐵樹花開亙今古」。

雪竇重顯云：

末後句為君說。明暗雙雙底時節。同條生也共相知。不同條死還殊絕。還殊絕。黃頭碧眼須甄別。南北東西歸去來。夜深同看千岩雪。

【按】「明暗雙雙底時節」，乃是正偏兼帶境界。涅槃佛性混居一身同生共命。即謂「同條生也共相知」。「夜深同看千岩雪」。菩薩肉體滅度，則佛性作為禪定意識消隕，謂「不同條死還殊絕」。涅槃具有客觀存在意涵不生不滅。

【公案】《空谷集》第八十五則洞山莖茆（林泉老人）

示眾云。百骸雖潰散。一物鎮常靈。若能見性識心。不免撞頭磕額。還見背後的麼。舉僧問洞山。亡僧遷化後向什麼處去也（在你鼻孔裡）。山雲火後一莖茆（大冶真金。終難變色）。

師舉《林間錄》云。長沙岑禪師因僧亡。以手摩之曰。大眾。此僧卻真實為諸人提綱商量。會麼。乃有偈曰。目前無一法。當處亦無人。蕩蕩金剛體。非妄亦非真。林泉道。兩頭俱坐斷。獨露一真常。又曰。不識金剛體。卻喚作緣生。十方真寂滅。誰在復誰行。林泉道。燈籠攞手。露柱搖頭。雪峰和尚亦因見亡僧作偈曰。低頭不見地。仰面不見天。欲識金剛體。但看髑髏前。林泉道。不會休睜鬼眼睛。玄沙曰。亡僧面前正是觸目菩提。萬里神光頂後相。林泉道。面前的聻。有僧問法眼。如何是亡僧面前觸目菩提。答曰是汝面前。林泉道。當局者迷。又問。亡僧遷化向什麼處去。答曰亡僧幾曾遷化。僧云爭奈即今何。答曰汝不識亡僧。林泉道。不會作鬼白日現身。覺範云。近代尊宿不復以此旨曉人。獨晦堂老師時一提起。作南禪師圓寂日偈曰。去年三月十有七。一夜春風撼籌室。三角麒麟入海中。空餘片月波心出。真不掩偽曲不藏直。誰人為和雪中吟。萬古清風是今日。又曰。昔人去時是今日。今日依前人不來。今既不來昔不往。白雲流水空悠哉。誰云秤尺平。直中還有曲。誰云物理齊。種麻還得粟。可憐馳逐天下人。六六元來三十六。林泉道。不因師說破。險不錯商量。林泉恁麼該括收拾將來。汝等還知亡僧遷化下落處麼。其或未然。更看投子如何倒斷。頌曰。
野火燒時越轉新（是真難滅）。至今煙燄雨難霖（豈容近傍）。旱地紅蓮遮日月（不藉三光勢）。無根樹長翠成陰（能分萬國春）。
師云。但將生死為活計。火裡安身火裡涼。此豈非火燒轉新的道理。雖自古迄今虛生浪死。皆妄情遷變狂識漂沉。清淨法身何曾動著。所以石頭道。欲識庵中不死人。豈離而今這皮袋。由是煙燄故難近傍。為本來面目不可以圖繪成。不可以捏塑就。說似一物即不中。方來便去。要明斯事。向無中出有。有裡教無。不是知音絕難理會。非同世間語言。釘釘膠黏攢花簇錦。以才思搜奇。以字樣取則。格高意遠句健情深。皆非吾宗無說之說不聞之聞。不見法花經道。止止不須說。我法妙難思。要會末後句。更參三十年。

【按】「清淨法身何曾動著」謂涅槃本體不生不滅。「亡僧遷化」定心融入涅槃本體，最終契合究竟涅槃。「火後一莖茆（大冶真金。終難變色）」比喻涅槃本體。須知，涅槃本體具有主客觀存在的意義，不僅作為禪定意識而存在，而且作為客觀存在的精神性宇宙本體，因此不生不滅。玄沙師備曰「亡僧面前正是觸目菩提。萬里神光頂後相」，神秀云「身滅影不滅」。「又問。亡僧遷化向什麼處去。答曰亡僧幾曾遷化」，指謂亡僧之佛性定心契合涅槃，不生不滅進入永恆。「三角麒麟入海中。空餘片月波心出」，「片月波心出」謂永恆存在的宇宙本體。

【公案】《虛堂集》第三十七則九峰相傳（佛祖）（林泉老人）

示眾云。住持千嶂月。孰可依棲。衣鉢一溪雲。誰堪承受。儻肯舒心將去。休愁信手拈來。冬菰印莫錯摶跋。西祖意試詳思忖。有敢奔湊者麼。

舉僧問九峰。祖祖相傳。當傳何事（誰敢妄傳消息）。峰云。釋迦慳。迦葉富（說破家門）。僧云如何是釋迦慳（無法可說）。峰云無物與人（是名說法）。僧云如何是迦葉富（不惜家珍盡情分付）。峰云國內孟嘗君（未為暢漢）。僧云畢竟傳底事作麼生（聲前一句圓音美。物外三山片月輝）。峰云百歲老兒分夜燈（更嫌何處不分明）【凡聖分離】。

師云。世尊靈山會上拈花示眾。是時眾皆默然。唯迦葉尊者破顏微笑。世尊曰。吾有正法眼藏。涅槃妙心。實相無相微妙法門。不立文字教外別傳。今付摩訶迦葉。為說偈曰。法本法無法。無法法亦法。今付無法時。法法何曾法。又參同契云。竺土大仙心。東西密相付。人根有利鈍。道無南北祖。一日阿難問迦葉云。師兄。世尊傳金襴袈裟外。別傳個什麼。迦葉召阿難。難應諾。迦葉曰倒卻門前剎竿著。汾陽昭云。不問那知。林泉道。用知作麼。五祖戒云。露。林泉道。漏泄。雲門一字禪。翠岩芝云。千年無影樹。今時沒底靴。林泉道。這些消息少人知。相傳的意。慳富緣由。靈利衲僧不勞重舉。無物與人則財施有盡。法施無窮。孟嘗君賢則四海五湖心。幾人能出轂。這僧不識好惡。復問畢竟如何。峰以百歲老兒分夜燈為對。若也於此明得。這畔無妨那邊不礙。其或未然。雲暗不知天早晚。雪深難辨路高低。向不明不暗處試看丹霞為伊出理。頌曰。

寂光影裡現全身（堂堂獨露）。貴異天然迥出倫（比類難齊）。家富兒奴偏得力（堪人誇羨）。夜分燈火照西鄰（幸有一陰地。何勞不為人）【帝命旁分】。師云。雲門道。人人盡有光明在。看時不見暗昏昏。又石頭云。回光返照便歸來。廓達靈根非向背。若向這裡會得。即寂之照即照之寂。靈光獨耀迥脫根塵。萬象之中獨露身。唯人自肯乃方親。果必如是甚生次第。斯乃一切眾生本具靈明覺性。非吾強言。豈非天然貴異迥出流倫。雖積代簪纓暫時落泊。其奈屏風雖破古格猶存。特似家富兒奴體段終別。況復將勤補拙著小作奸。於三更初夜月明以前。剔晃晃心燈然煌煌智炬。不光東舍唯照西鄰。何也。不是世情看冷暖。亦非人面逐高低。若明劫外真如理。管取今時事不迷。祖祖相傳的事。莫只這便是麼。言中休取則。句外可明宗。

【按】「百歲老兒分夜燈」、「夜分燈火照西鄰」比喻涅槃本體分出佛性本體，「帝命旁分」，佛性出世建立世界。「釋迦慳」指謂「涅槃」「本來無一物」，「迦葉富」指謂佛性出世，建立森羅萬象。

【公案】《從容錄》第十三則臨際瞎驢（萬松老人）

示眾云。一向為人不知有己。直須盡法不管無民。須是拗折木枕惡手腳。臨行之際合作麼生。

舉臨際將示滅。囑三聖（老婆臨死三回別）。吾遷化後。不得滅卻吾正法眼藏（著甚死急）。聖云。爭敢滅卻和尚正法眼藏（佯小心故大膽）。際云。忽有人問汝。作麼生對（虎口裡橫身）。聖便喝（當機不讓父）。際云。誰知吾正法眼藏向這瞎驢邊滅卻（重賞之下必有勇夫）。

師云。臨際囑三聖不得滅卻吾正法眼藏。此與興化謂克賓維那汝不久為唱道之師。罰饡飯出院。機用一般。其實此事。千佛出世不增。千聖入滅不滅。豈一三聖能興滅哉。古人臨終顯發此事。亦表眾中有人。果然三聖出云。爭敢滅卻和尚正法眼藏。如人被罵不甘者承頭。當時便與本分草料。正法眼藏。未到滅卻。卻道。忽有人問汝作麼生對。當斷不斷反招其亂。聖便喝。上代下世。門裡出身。耳聾三日以來。不似而今這喝。際云。誰知吾正法眼藏。向這瞎驢邊滅卻。當時臨際門風。自有正令。可惜放過。不知天童如何判斷。頌云。

信衣半夜付盧能（賊兒賊智）。攪攪黃梅七百僧（上梁不正）。臨際一枝正法眼（半明半暗全在今朝）。瞎驢滅卻得人憎（心甜口苦）。心心相印（販私鹽漢）。祖祖傳燈（鑿壁偷光）。夷平海嶽（拳倒黃鶴樓踢翻鸚鵡洲）。變化鯤鵬（翻手是雲覆手是雨）。只個名言難比擬（猶嫌少在）。大都手段解翻騰（正法眼藏猶在）。

師云。黃梅密付。二十年。南北紛爭。臨際明傳。至今有人不薦。這般手段。直得鯤鵬變化。海嶽夷平。大溈秀云。古者忍死待來。因何正法眼藏。卻向瞎驢邊滅卻。臨際行計速速。三聖又卻匆匆。因斯父子情忘。遂使後人失望。若不得流水。還應過別山。本錄三聖便禮拜。未當好心。臨際乃付偈曰。沿流不止問如何。真照無邊說似他。離相離名人不稟。吹毛用了急須磨。偈畢儼然而逝。此公案天童拈到恰好處便休。三聖禮拜。臨際說偈。大有放過輕舍處。還有與古人出氣底麼。險。

【按】此謂末後句的典範。

佛性謂之「正法眼藏」，禪師滅度，佛性作為禪定意識不能存在，佛性定心契合涅槃，涅槃作為精神性存在，可以作為人的禪定意識存在，無人無佛時的究竟涅槃具有客觀存在的性質。我們曾經加以解釋。「瞎驢」謂涅槃。「正法眼藏向這瞎驢邊滅卻」，意謂禪師遷化時佛性契合涅槃。臨濟宗的「喝」表示「涅槃」。三聖慧然禪師一喝即謂佛性契合涅槃。

佛性出世大機大用，「夷平海嶽。變化鯤鵬」。此即第一因宇宙本體。禪師遷化肉體不存，禪定意識也無法存在。故謂「正法眼藏向這瞎驢邊滅卻」，實則佛性契合「涅槃」。公案揭示禪師滅度定心即契入涅槃。

【按】古者忍死待來，古者謂本體，來時無口，化為山河大地也。

【按】人人具有佛性，一人滅度，「正法眼藏」猶在，山河大地猶在。「心心相印。祖祖傳燈」，禪宗心燈不滅萬古流傳。

菩薩正偏兼帶境界，佛性涅槃混居一身同生共命，是謂「同條生」，禪師遷化佛性契入涅槃，涅槃與究竟涅槃作為具有主客觀意義的精神性存在不生不滅，是謂「不同條死」。

佛慧法泉云：

正法眼藏誰傳得。喝下滄溟徹底乾。從此瞎驢無覓處。鐵山歸路黑漫漫。

【按】佛性謂「正法眼藏」，臨濟遷化其佛性定心契合涅槃。「喝下滄溟徹底乾」指謂涅槃。臨濟宗的「喝」即謂涅槃。三聖慧然以「喝」表徵佛性定心融入涅槃。「從此瞎驢無覓處。鐵山歸路黑漫漫」即謂涅槃，意謂最終契合絕對本體。

佛鑒慧勤云：

瞎驢滅卻正法眼。出得兒孫遍大唐。須信茫茫遠煙浪。酌然別有好商量。

【按】臨濟滅度，佛性契合涅槃。「正法眼藏」未滅，而臨濟義玄子孫滿大唐。禪宗一系流傳至今。「須信茫茫遠煙浪。酌然別有好商量」，臨濟義玄「身滅影不滅」，茫茫宇宙，禪師定心最終契合究竟涅槃，解脫生死進入永恆。

鼓山士圭云：

到老不曾開語路。臨行回首卻叮嚀。深深海底猶嫌淺。直向金剛水際行。

【按】深深海底比喻涅槃，金剛水際無影無蹤，意味深長。禪師滅度，佛性定心先契合涅槃。最終契合絕對本體。此處明示，涅槃如同「深深海底猶嫌淺」，禪者定心不會留在涅槃，而要契合宇宙絕對本體。

雪岩祖欽云：

殺活縱橫得自由。懸崖撒手覓冤仇。瞎驢滅卻正法眼。射斗寒光夜不收。

【按】「射斗寒光夜不收」謂涅槃，「夜明簾外兮風月如晝。」「瞎驢滅卻正法眼」意謂佛性契合涅槃。

慈受懷深云：

瞎驢滅卻正法眼。臨濟反身便倒騎。佛祖位中留不得。斷無蹤跡許誰知。

【按】此偈表明，禪師肉體遷化後，大定意識進入涅槃也不停留，「佛祖位中留不得。斷無蹤跡許誰知。」佛性消融最終經過涅槃契合絕對本體。

【公案】《從容錄》第八十五則國師塔樣

示眾云。有打破虛空底鉗鎚。擘開華嶽底手段。始到元無縫罅處。不見瑕痕處。且誰是恁麼人。

舉肅宗帝問忠國師。百年後所須何物（即今也不少）。國師云。與老僧作個無縫塔（向甚處下手）。帝曰。請師塔樣（描不成畫不就）。國師良久云。會麼（這裡不得會不會莫別求）。帝云。不會（卻較些子）。國師云。吾有付法弟子耽源卻諳此事（祖禰不了殃及兒孫）。後帝詔耽源問。此意如何（作家君王不忘遺囑）。源云。湘之南潭之北（天高地厚日左月右）。中有黃金充一國（逼塞虛空）。無影樹下合同船（密密金刀剪不開）。琉璃殿上無知識（寂寂簾垂不露顏）。

師云。西京光宅寺慧忠國師。自受心印。居南陽白崖山黨子谷。四十餘年不下山門。道行聞於帝里。唐肅宗上元二年。敕中使孫朝進。齎詔徵赴京。待以師禮。初居千福寺西禪院。及代宗臨御。復迎止光宅精藍。十有六載隨機說法。大曆十年十二月九日。右脅長往。謚大證禪師。佛果云。多有人道。國師無語便是塔樣。若恁麼會。達磨一宗掃地而盡。啞子也會禪。昔有二僧住庵。旬日不相見。上庵主問。多日不見在什麼處。下庵主曰。在庵裡造個無縫塔。上庵主曰。某甲也欲造個。就師借取樣子可否。下庵主曰。何不早道。恰被人借去也。法眼云。且道。借伊樣不借伊樣。萬松道。國師無語。下庵主為甚卻支吾說道理。雪竇云。肅宗不會則且致。耽源還會麼。只消一個請塔樣。盡西天此土諸位祖師。遭這一拶。不免將南作北。有傍不肯底。出來我要問爾那個是無縫塔。萬松道。不是即道。吉州耽源山真應禪師。受業於馬祖。久為國師侍者。國師既化。帝詔源入內舉問前話。源亦良久曰。聖上會麼。帝曰。不會。源述偈曰。相之南譚之北。中有黃金充一國。無影樹下合同船。琉璃殿上無知識。或云湘之南譚之北。浮山遠錄公。作牛頭南馬頭北。但得旨忘筌。無不可者。雪竇道不免將南作北。正謂此也。僧問新羅大嶺。如何是一切處清淨。嶺云。截瓊枝寸寸是寶。析栴檀片片皆香。丹霞淳和尚頌云。乾坤盡是黃金國。萬有全彰淨妙身。耽源黃金充一國。丹霞國亦是黃金。更較一線道。無影樹下合同船。《周易略例》云。同舟而濟。則胡越何患乎異心。若漸卦三四。異體和好物莫能間。順而相保似若同在一舟。上下殊體。猶若胡越。利用禦寇。何患乎異心。此言同身共命利害同也。法真一禪師問。是處是慈氏無門無善財。為什麼道琉璃殿上無知識。萬松道。坼殿了相見。然後看天童拈向爾面前築著爾鼻孔。

頌云。

孤迥迥（不與萬法為侶）【涅槃】。圓陀陀（無缺無餘）【佛性】。眼力盡處高峨峨（斫額望不及）。月落潭空夜色重（盡十方界如一錠墨）。雲收山瘦秋容多（體露金風）。八卦位正（天地合其德）。五行氣和（日月合其明）。身先在裡見來麼（到即不點）。南陽父子兮卻似知有（且信一半）。西竺佛祖兮無如奈何（千聖從來立下風）【正偏兼帶】。

師云。雪竇道層落落影團團。此一句合頭語也。天童道孤迥迥圓陀陀。萬劫繫驢橛也【兼帶】。眼力盡處高峨峨。三世諸佛護持以為無見頂相。雪竇頌天地同根萬物一體。南泉指花如夢相似。亦云。見聞覺知非一一。山河不在鏡中道。霜天月落夜將半。誰共澄潭照影寒。試將此頌。比天童月落潭空夜色重。古人大曬有工夫。後來佛鑒一時注破。頌云。無縫塔兮不是影。廓然一入真如境。爍迦羅眼電光流。杳杳冥冥不見頂。此亦眼力盡處高峨峨。天童頌針線貫通云。峨峨青山著秋瘦。毛髮凋殘風骨舊。此亦雲收山瘦秋容多。可謂皮膚脫落盡唯有一真實。到這裡八卦既位正。五行亦氣和。運作修營無忌諱。何勞入市問孫賓。身先在裡見來麼。天依懷禪師赴杉山請。入院。上堂云。二十年樂慕此山。今日且喜。到來因緣際會。山僧未到此山。身先到此山。洎乎來到。杉山卻在山僧身內。南陽父子兮卻似知有。不敢道是。只道卻似個知有底。爾道。為甚不全許。恐辜負他國師父子。西竺佛祖為甚也沒奈何。當道鑄成金堠子。正齋行下鐵饅頭。

【按】諸師頌「無縫塔」，有人謂涅槃，有頌究竟涅槃。「無見頂」即謂絕對本體「天童道孤迥迥圓陀陀」此謂正偏兼帶，前釋迦後彌勒，佛真法身。「眼力盡處高峨峨」，涅槃本體看不見。萬松老人說「無見頂相」，即謂主中主。

《請益錄》洞山賓主（萬松老人）云：

今言覆者。好雲無事不離山也。天童云藏頂相。不必是山。投子頌云。無見頂露雲攢急。既是無見頂相。明主邊事。更用雲攢。明主中主也。芙蓉楷因僧問。如何是無縫塔。師曰。白雲籠嶽頂。終不露崔嵬。頌曰。

【按】「白雲籠嶽頂。終不露崔嵬」與「無見頂露雲攢急」義同。

雪岩祖欽云：

層落落影團團。切忌當陽著眼看。直下有無俱不立。白漫漫又黑漫漫。

【按】「直下有無俱不立」即謂「正偏兼帶」一心三觀，「白漫漫又黑漫漫」形容黑白未分，空劫以前。

僧問芙蓉和尚。如何是無縫塔。答云。白雲籠嶽頂。終不露崔嵬。

【按】萬松云：「天童云藏頂相。不必是山。投子頌云。無見頂露雲攢急。既是無見頂相。明主邊事。更用雲攢。明主中主也。」此頌絕對本體。

佛鑒慧勤云：

無縫塔兮不見影。廓然一片真如境。爍迦羅眼電光流。杳杳冥冥不見頂。

【按】「爍迦羅眼電光流。杳杳冥冥不見頂」意謂佛眼看不見「無縫塔」。「無縫塔兮不見影。廓然一片真如境」即謂絕對本體。

【公案】《空谷集》第一則青原階級（林泉老人）

示眾云。大忘人世。何必三思。擊碎疑團。那消一句。不滯玄關。縱横得妙者。是什麼人。舉思和尚問六祖大師。當何所務即得不落階級（但能行好事。何必問前程）。祖云。汝曾作什麼來（劈腹剜心）。思云聖諦亦不為（還丹一粒。點鐵成金）。祖云落何階級（為垂一隻手。不惜兩莖眉）。思云。聖諦尚不為。落何階級（迷時三符合界有。悟後十方空）。祖云。如是如是（憐兒不覺醜）。汝善護持。吾當有偈（願聞法要）。心地含諸種（總在裡許）。普雨悉皆萌（諸法從緣生）。頓悟花情已（並不生枝引蔓）。菩提果自成（須知甜向苦中來）。

師云。修行漸次今古皆然。利鈍根機固難齊等。始自見・修・無學。至暖・頂・忍・世・等妙二覺。皆不出建化玄門復應圓機。盡情吐露道。成就慧身不由他悟。初發心時即證菩提。仔細點檢將來。也只道得一半。至若如來不出世亦無有涅槃。始是八成。只如十成一句合作麼生道。多口衲僧難舉似。無言童子善敷揚。南嶽讓和尚嘗謂馬大師曰。汝掌心地法門如下種子。我說法要譬彼天澤。汝緣合故當見其道。況此種子人人具有個個不無。慎勿辜負己靈埋沒家寶。得坐披衣向後自看。雖是林泉口淺。汝等諸人不得氣高糙大。或見不見。更須審問投子始得。頌曰。

無見頂露雲攢急（覷著即瞎）。劫外靈枝不帶春（三光不照處。則有好思量）。

那邊不坐空王殿（無漏國中留不住）。爭肯耘田向日輪（月華影裡見應難）。

師舉《華嚴經》云。譬如虛空遍至一切色非色處。非至非不至。何以故。虛空無身故。如來身亦復如是。遍一切處。遍一切眾生。遍一切法。遍一切國土。何以故。如來身無身故。為眾生故示現其身。只如無見頂露。合作麼生摸索。若也迷雲靄靄昏霧濛濛。急著眼處轉沒交涉。況空劫前時不藉意根靈枝自秀。那待陽和而品第者邪。是他本來沒面目漢。離得失情量。出升沉窠臼。聖凡莫測次序難拘。不妨灑灑落落妥妥帖帖。雖然如是。未免南泉道威音王佛猶是王老師兒孫。何也。自古輪王全意氣。不彰寶印自然尊。

【按】「況空劫前時不藉意根靈枝自秀」意謂「無人無佛」之時絕對本體存在。

【按】萬松老人云：「投子頌云。無見頂露雲攢急。既是無見頂相。明主邊事。更用雲攢。明主中主也。」萬松老人謂「主中主」，所謂「祖父從來不出門」。

【按】「劫外靈枝不帶春」謂絕對本體與人間萬法無關。此句亦可頌涅槃境界。

【按】「師舉《華嚴經》云。譬如虛空遍至一切色非色處。非至非不至。何以故。虛空無身故。如來身亦復如是。遍一切處。遍一切眾生。遍一切法。遍一切國土。何以故。如來身無身故。為眾生故示現其身」，如此「虛空」，非宇宙本體者何？

三十一、即心即佛　非心非佛

【公案】

江西道一禪師。時號馬祖（嗣南嶽讓）示眾曰。汝等諸人。各信自心是佛。此心即是佛心。達磨南天竺國來至中華。傳上乘一心之法。令法等開悟。有僧問云。和尚為什麼說即心即佛。祖曰。為止小兒啼。僧曰。啼止後如何。祖曰。非心非佛。僧曰。除此一種人來如何指示祖曰。向伊道。不是物。曰忽遇其中人來時如何。祖曰。且教伊體會大道。頌曰。

草堂善清云：

兔角不用有。牛角不用無。有無不是處。馨香滿道途。

【按】「不落有無」即謂「兼中到」。「有無不是處」謂涅槃。「馨香滿道途」謂佛性。兩句謂正偏兼帶，前釋迦後彌勒，這是「非心非佛」的境界。

佛心本才云：

素琴張午月。流水落花深。寂聽希聲徹。泠泠太古音。

【按】「素琴張午月」謂涅槃，「流水落花深」謂佛性。兩句謂正偏兼帶。「非心非佛」境界。「泠泠太古音」比喻絕對本體、究竟涅槃。

雪竇重顯云：

鐵牛耕破洞中天。桃花片片出深源。秦人一去無消息。千古峰巒色轉鮮。

【按】「洞」謂涅槃。「桃花片片出深源」謂佛性出世。兩句謂正偏兼帶。「秦人一去無消息」謂涅槃，「千古峰巒色轉鮮」謂佛性。兩句也謂正偏兼帶。另外，此句比喻肉體滅度化作宇宙本體，「來時無口」卻「千古峰巒色轉鮮」。

明覺性聰云：

非心非佛腦後突出遼天鶻。擬聽寂無聲。好手難摸索。觸著震動虛空。放下填溝塞壑。

【按】「腦後突出遼天鶻」謂佛性，與「腦後見腮」意思一樣。「觸著震動虛空」謂佛性出世，「放下填溝塞壑」意謂「一坑埋卻」，即謂進入涅槃，正偏兼帶。

【公案】《請益錄》第五十四則盤山心佛（萬松老人）

舉盤山垂語云。若言即心即佛（著甚死急）。今時未入玄微（爭奈大梅把得定）。若言非心非佛（惑亂人家男女。有甚了期）。亦是指蹤極則（將為是咬狼狗）。天童拈云。有錢不解使（濁富多憂）。解使卻無錢（清貧常樂）。且道作麼生得十成去（將上不足。匹下有餘）。娶他年少婦（秋樹春生葉）。須是白頭兒（冬瓜夏放花）。

師云。幽州盤山。寶積禪師。初參馬祖。差充街坊。因肉案頭。喪車後悟道。馬祖印之。無盡燈贊曰。肉案聞香。孝口得味。道足學足。滔滔無滯。一日上堂曰。心若無事。萬象不生。意絕玄機。纖塵何立。道本無體。因道而立名。道本無名。因名而得號。若言即心即佛。今時未入玄微。若言非心非佛。猶是指蹤極則。向上一路。千聖不傳。學者勞形。如猿捉月。天童略之曰。若言即心即佛。今時未入玄微。萬松道。有心有佛。豈非今時事。慚愧南泉。正位解云古殿苔生。不意盤山。也論今時劫外。明州大梅山。法常禪師。山居二十年。馬祖令僧問曰。和尚見馬大師。得何道理便住此山。梅曰。大師向我道。即心即佛我便向此住。僧曰。大師近日佛法又別。梅曰。作麼別。僧曰。近日又道。非心非佛。梅曰。這老漢惑亂人未有了日。任他非心非佛。我只管即心是佛。其僧回舉似馬祖。祖告大眾曰。梅子熟也。天童雙舉二段。恐人中偏枯之疾道。有錢不解使。解使卻無錢。今時路頭不得全體。故云有錢不解使。非心非佛。有缺神用。故云解使卻無錢。欲得十成去。除是三冬向火六月賣冰。所以道。娶他年少婦須是白頭兒。調和琴瑟一句作麼生。長翁短婆婆。遞互廝折磨。

【按】六祖云「即佛乃定」，謂大定定心是「佛」。馬祖道一也說「即心即佛」。涅槃定心、佛性定心皆是禪定意識。佛非謂「人」而是「禪定意識」。

【按】「非心非佛」表明正偏兼帶境界，涅槃佛性混居一身，「前釋迦後彌勒」。定心兼攝涅槃佛性兩個定境。此境界無以名之，馬祖道一故謂「非心非佛」。

【按】「不是心。不是佛。不是物」指謂宇宙本體。佛有次第，宇宙本體也是多元多層次的結構。絕對本體與人間無關故無法直指，只能以「遮詮」表達而已。「不是心。不是佛。不是物」即謂「道」。馬祖道一云「體會大道」。南泉普願、百丈懷海也詳細解說「道」與「涅槃」的區別。「大道」即謂絕對本體。

【按】盤山寶積禪師云：「道本無體。因道而立名。道本無名。因名而得號。」禪宗最終奧旨即在於契合大道，即絕對本體。

楚石梵琦云：

未有長行而不住。未有長住而不行。或時十字街頭。拈起拄杖和其光同其塵。灼然一切處。光明燦爛去。或時孤峰頂上。放下鉢囊。杜其溪塞其穴。灼然一切處枯淡去。即心是佛也不得。非心非佛也不得。不是心。不是佛。不是物也不得。我見兩個泥牛鬥入海。直至如今無消息。喝一喝。

【按】「隱山公案」裡潭州隱山和尚自喻「絕對本體」，他說「我見兩個泥牛鬥入海。直至如今無消息」，「兩個泥牛」謂涅槃與佛性。「他」坐觀涅槃佛性消融，可見其超越涅槃佛性之義。此處「即心是佛也不得。非心非佛也不得。不是心。不是佛。不是物也不得」，惟指「絕對本體」，即潭州隱山自喻之「主中主」。

為霖道霈云：

昔日僧問馬祖云。和尚為什麼道即心即佛。祖曰。為止小兒啼。曰啼止後如何。祖曰非心非佛。曰除此二種人來。如何指示。祖曰。向伊道不是物。曰忽遇其中人來時如何。祖曰。且教伊體會大道。大眾。古德為人言不浪發。此是無漸次中漸次。今日快便難逢。為諸人一一頌出。即心即佛。為止兒啼。粗餐一頓。了忘百饑。非心非佛。兒啼已止。奪卻匕箸。休糧方美。除是二人。向道不物。離相超名。刳心剖腹。其中人來。教會大道。澗底魚游。林間鵲噪。

【按】就「大道」而言，所謂道法自然，「澗底魚游。林間鵲噪」謂自然，具有正偏兼帶義。萬松老人講過「人天地」的關係，萬法皆由人的意識所生成。「三界唯心萬法唯識」，「道」超越萬法。我們提出「絕對本體」，即謂曹洞宗「主中主」。精神性的宇宙絕對本體不同於作為滅盡定的「涅槃」，故謂「究竟涅槃」。

「大道」超越一切，謂之絕對本體、究竟涅槃、主中主或夜明簾外主。禪宗終極目的在於生死解脫。人的終極關懷與生死有關。世界上有形有相的一切事物都有生有滅。只有無形無相的宇宙本體永恆存在。禪宗根本意旨在於契合宇宙本體進入永恆。禪宗的「道」是客觀存在與人無關的宇宙本體。「道法自然」

對禪者而言不如說「道成自然」。

【公案】《從容錄》第一百則瑯玡山河

示眾云。一言可以興邦。一言可以喪邦。此藥亦能殺人。此藥亦能活人。仁者見之謂之仁。智者見之謂之智。且道。利害在什麼處。

舉僧問瑯玡覺和尚。清淨本然。云何忽生山河大地(迷時三界有)。覺云清淨本然云何忽生山河大地(悟後十方空)【覺厲聲重複，正偏兼帶】。

師云。汾陽無德昭禪師。北地苦寒。因罷夜參。梵僧乘雲而至勸。不可失時。此眾雖不多。六人大器。道蔭人天。陽明日上堂云。胡僧金錫光。為法到汾陽。六人成大器。勸請為敷揚。時大愚芝。慈明圓。瑯玡覺。法華舉。天勝泰。石霜永等。皆在席下。滁州瑯玡山。開化廣照禪師。諱慧覺。西洛人。父為衡陽太守。捐館。扶櫬歸洛。過澧州。登藥山古剎瞻禮。觀其遊處。宛若舊居。緣此出家。得法於汾陽。應緣滁水。與雪竇明覺。同時唱道。天下指為二甘露門。逮今淮南遺化如昔。湖南祇林和尚。才見僧來便云。魔來魔來。以木劍揮之。潛入方丈。如是十二年。後置劍無言。有僧問。十二年前為什麼降魔。林云。賊不打貧兒家。僧云。十二年後為什麼不降魔。林云。賊不打貧兒家。此名一劍下分身之意。首楞嚴第四。富樓那問。若復世間一切根塵。陰處界等。皆如來藏。清淨本然。云何忽生山河大地諸有為相。次第遷流。終而復始。說者云。若解則已知。覺體本妙。無明本空。山河大地。

如空花相。若惑則能所妄分。強覺俄起。三細為世。四輪成界。琅玡云。我則不然。清淨本然。云何忽生山河大地。此喚騎賊馬趕賊。奪賊槍殺賊。薦福信云。先行不到。末後太過。萬松道。徐六簷板。各見一邊。要除見滲漏。須見天童始得。頌云。見有不有（一般面草）。翻手覆手（由人故造）。琅玡山裡人（叉手云慧覺）。不落瞿曇後（一語傷人千刀攪腹）。師云。見有不有。其有自朽。見怪不怪。其怪自壞。摩訶衍論。十四祖龍樹祖師造也。乃云一切諸法。一切因緣故應有。一切諸法。一切因緣故不應有。此翻手覆手也。琅玡上堂云。見聞覺知。俱為生死之因。見聞覺知。俱為解脫之本。譬如師子返擲。南北東西。且無定止。汝等諸人若也不會。且莫辜負釋迦老子。吽。此所以不落瞿曇後也。瞿曇梵語。具云喬答摩。此云地勝。謂除天外在地人中。最殊勝故。方今後五百歲。去聖時遙。人多懈怠。如何得不落後去。裂破古今。

【按】「清淨本然云何忽生山河大地。覺云清淨本然云何忽生山河大地」，兩句重複，語氣不同。可謂「一言興邦」。此「語氣不同」的兩句合併謂正偏兼帶。「裂破古今」即凡聖分離卻正偏兼帶。

天童正覺云：

見有不有。反手覆手。琅玡山裡人。不落瞿曇後。

【按】龍樹云「一切諸法。一切因緣故應有。一切諸法。一切因緣故不應有」，此謂「見有不有。反手覆手」。「見聞覺知。俱為生死之因。見聞覺知。俱為解脫之本。譬如師子返擲。南北東西。且無定止。」琅琊加重語氣，重複「清淨本然。云何忽生山河大地」。其實第二句反覆，即謂佛性。兩句即謂正偏兼帶。「琅琊山裡人」謂佛性，「不落瞿曇後」謂涅槃。「前釋迦後彌勒」合成佛真法身。誰在先誰在後？先行不到末後太過。「裂破古今」謂凡聖分離。分而不分正偏兼帶，不分何來「兼帶」。

【公案】《頌古聯珠》

琅琊因長水法師問。經云。清淨本然。云何忽生山河大地。師厲聲曰。清淨本然。云何忽生山河大地。頌曰。

【按】兩句重複，語氣不同意涵不同。此謂正偏兼帶，一句謂涅槃，一句謂佛性。兩句重複語氣不同即謂正偏兼帶義。此謂「前釋迦後彌勒」的「佛真法身」合作生成山河大地。此以兩句語氣不同的語句重複來形容正偏兼帶，含義玄奧。

圓悟克勤云：

相罵鐃接觜。相唾饒潑水。塵舉大地收。花開世界起。一模脫出絕功勳。句裡挨開大施門。

【按】「佛性」出世應物接事，涅槃不出門。「塵舉大地收」謂涅槃，「花開世界起」謂佛性，兩句正偏兼帶。「一模脫出」則涅槃佛性混居一身。

北澗居簡云：

彌滿清淨。中不容他。山河大地。萬象森羅。

【按】「彌滿」謂佛性出世，「逼塞虛空」。「清淨」謂清淨涅槃，一句道破正偏兼帶。「中不容他」謂「無縫隙」。涅槃佛性合作而成「山河大地森羅萬象」。

五祖法演云：

金屑雖貴。落眼成翳。

【按】「金屑雖貴。落眼成翳」乃比喻。金屑落眼即謂正偏兼帶。

白雲守端云：

混混玲瓏無背面。拈起有時成兩片。且從依舊欲相當。免被旁人來覷見。

【按】涅槃與佛性，有時分為兩片，有時合為一體。此處暗示涅槃佛性混居一身，即正偏兼帶。

【公案】《從容錄》第九十四則洞山不安

示眾云。下不論上。卑不動尊。雖能攝己從他。未可以輕勞重。四大不調時如何侍養。

舉洞山不安。僧問。和尚病還有不病者麼（一任分疏）。山云有（強主張）。僧云。不病者還看和尚否（世諦流布）。山云。老僧看他有分（本分相見）。僧云。和尚看他時如何（有什麼眼相見）。山云。則不見有病（只是不肯參假）。

師云。古人臨行。老病死境界中遊戲。就中洞山奇怪。既云微疾。大眾看候。一僧問。和尚病還有不病者麼。這僧言中有響。句裡呈機。也要看病人具眼。山云。有。抓著癢處。病減十分。僧云。不病者還看和尚否。倒行此令。要人知不恁麼。山云。老僧看他有分。若以世情測度。不病者合看病者。洞山卻道。老僧看他有分。豈是人情問候道理。這僧要徹底相見。更問。和尚看他後如何。這裡要爾十二時中常須奉重。夜眠早起。問候起居。始是知恩孝順底人也。山云。老僧若看。即不見有病。此是平生行履。臨行得力處也。山復問僧。離此殼漏子。向什麼處與吾相見。僧無對。山有頌云。學者雖多無一悟。過在尋他舌頭路。欲得忘形泯蹤跡。努力殷勤空裡步。頌畢剃頭聲鐘。坐堂辭眾告寂。眾號慟。山開目辨愚癡齋。更延七日。再辭眾坐逝。大定繼燈錄。皇統間。咸平府大覺寺法慶禪師。嗣佛國白禪師。嘗掌書記。初住泗州普照。後遷嵩少。破汴被虜。北方牧牛。講僧識之。次居東京。因侍者讀洞山錄作愚癡齋。者云。古人甚奇。覺云。吾化後汝可喚之。若能回來。是有道力也。後預知時至。乃作頌云。今年五月初五。四大將離本主。白骨當風揚卻。免占檀那地土。衣物盡付侍者。齋僧始聞初夜鐘聲坐逝。侍者曰昔約令喚。遂喚三聲。覺應曰。作麼。

者曰。和尚何裸跣而去。覺曰。來時何有。者欲強穿衣。覺曰。休留與後人。者曰。正恁麼時如何。覺曰。也只恁麼。復書一偈云。七十三年如掣電。臨行為君通一線。鐵牛勃跳過新羅。撞破虛空七八片。儼然而化。壽七十三。皇統三年五月五日也。洞山識不病底。大覺識不死底。所以二老來去自由。天童拈云。得往得來。得來得往。我看他有分。他看我不然。正恁麼時如何體悉。良久云。宿霧尚深無見頂。春風常在不萌枝。天童拈彰底事之全機。已如上說。頌見古人之克力。又作麼生。頌云。

卸卻臭皮袋（草枯鷹眼疾）。拈轉赤肉團（雪盡馬蹄輕）。當頭鼻孔正（也須撥轉始得）。直下髑髏乾（切忌見鬼）。老醫不見從來癖（手到病除）。少子相看向近難（渠無國土何處逢渠）。野水瘦時秋潦退（龍行舊道）。白雲斷處舊山寒（是真難滅）。須剿絕（君子一言）。莫顢頇（點燈吃飯）。轉盡無功伊就位（葉落歸根）。孤標不與汝同盤（來時無口）。

師云。石頭和尚道。欲識庵中不死人。豈離而今這皮袋。天童卻道卸卻這皮袋。洞山天童皆石頭下子孫。如此相違。如何和會。臨濟亦道赤肉團上有無位真人。天童卻教拈卻赤肉團。爾且道。無位真人。向甚處安身立命。佛日和尚道。山僧未來時。燕京人鼻不正。山僧特來扳正。萬松道。佛日鼻孔落在燕京人手裡。僧問香嚴。如何是道。嚴曰。枯木裡龍吟。僧曰。某不會。嚴曰。髑髏裡眼睛。後有僧問石霜。如何是枯木裡龍吟。霜云。猶帶喜在。僧曰。如何是髑髏裡眼睛。霜云。猶帶識在。又有僧問曹山。山以偈示之曰。枯木龍吟真見道。髑髏識盡眼初明。喜識盡時消息盡。當人那辨濁中清。僧再問。如何是枯木裡龍吟。曹曰。血脈不斷。僧曰。如何是髑髏裡眼睛。曹曰。乾不盡。祖庭事苑。作乾盡。若據天童頌並序。赤肉團獨露真常。髑髏眼瀝乾漏識。乾盡亦不惡。世諺有云。老醫少卜。言醫老始明。卜少則靈。所以洞山老作不見有病。少子相看向近難者。擬親即疏。擬向即乖。寒松病枝。因病轉奇。維摩瘦而不羸者。因病而為道日損。西京奉聖。深禪師病起頌云。氣絕絕情緒。舉意無意路。眴目尚無力。長年不出戶。芙蓉楷和尚道。只此一頌。自然紹繼老僧。此水瘦潦退雲斷山寒也。須剗絕。莫顢頇。病要除根。醫須勿藥。轉盡無功伊就位。孤標不與汝同盤。還知麼。麗水一星金。流沙混不得。

【按】菩薩肉體滅度，佛性定心融入涅槃，再契合絕對本體進入永恆。「野水瘦時秋潦退（龍行舊道）。白雲斷處舊山寒（是真難滅）」。「白雲」喻禪定意識，肉體滅度白雲消融。不過「白雲斷處舊山寒」，「舊山寒」比喻絕對本體，「舊山」永恆存在，故謂「是真難滅」。

【按】「氣絕絕情緒。舉意無意路。眴目尚無力。長年不出戶」謂究竟涅槃的氣象。「祖父從來不出門」也。

【按】「鐵牛勃跳過新羅。撞破虛空七八片」，表明死後並不住在「虛空」涅槃境界，而是「撞破虛空七八片」，從而契合「超越涅槃」的絕對本體。

【按】「轉盡無功伊就位（葉落歸根）。孤標不與汝同盤（來時無口）。」引述六祖的話，來時不以「人」而以宇宙本體的面目出現。故謂「楊柳為官」。宇宙本體不與萬法為侶，是謂「孤標不與汝同盤」。此即「絕對本體」的境界。「宿霧尚深無見頂」形容絕對本體。

【按】萬松老人解釋，「無見頂」比喻主中主。

【按】禪宗宗旨在於生死解脫。洞山大師在入滅前的行為值得研究。「古人臨行。老病死境界中遊戲」，生死如同遊戲。「不病者」指謂涅槃本體乃至究竟涅槃。「轉盡無功伊就位。孤標不與汝同盤」，「伊就位」意謂「夜明簾外主」登基。

《洞上古轍》云：

同安志禪師。在同安。值丕將示寂。上堂曰。多子塔前宗子秀。五老峰前事若何。如是三舉。未有對者。末後師出曰。夜明簾外排班立。萬里歌謠道太平。丕曰。須這驢漢始得。

【按】禪者肉體死去進入涅槃，然後契合絕對本體。夜明簾外排班立乃比喻臣子祝賀「夜明簾外主」登基。菩薩死後不能局限涅槃境界，最終契合夜明簾外主、絕對本體。鼓山元賢謂「此洞宗最後之旨也」。

六祖云「葉落歸根、來時無口」，又云「楊柳為官」。提示眾生佛菩薩再來人間會以「宇宙本體」面目出現。青青翠竹郁郁黃花，皆是六祖再來法身也。「孤標不與汝同盤」，絕對本體不與萬法為侶，超越一切，「雲外」卓然而立。

三十二、禪師形容「正偏兼帶」的經典語句

慧洪覺範：暗中樹影從君辨。水底魚蹤任彼分。

鹽官齊安：一個棺材兩個死漢。

五祖法演：倩女離魂那個是真底？（唐《離魂記》）

普融知藏：二女合為一媳婦。

龍門佛眼：一堆火兩人坐。我是你你是我。

南院慧顒：凡聖同居時如何。師云。兩個貓兒一個獰。

汾陽善昭：一條拄杖兩人舁（擡）。

石佛慧明：一佛二菩薩。

宏智正覺：凡聖通同共一家。

夾山善會：猿抱子歸青嶂裡，鳥含花落碧岩前。

西山亮：兩個屎橛。合作一團。

石霜慶諸：因僧問。如何是和尚深深處。師曰。無須鎖子兩頭搖。

昭覺勤：一條拄杖兩家使。一往一來無彼此。

五祖法演：我有個老婆。出世無人見。晝夜共一處。自然有方便。

洞山守初：六祖愛吃和鑼飯。

雲巖曇晟：僧問大保任底人與那個。是一是二。巖云。一機之絹。是一段。是兩段。洞山代云。如人接木。

龍門佛眼：猛虎口裡活雀兒。

龍門佛眼：眉毛眼睫最相親。鼻孔唇皮作近鄰。至近因何不相見。都緣一體是全身。

黃龍悟新：如何是般若體。一堆屎。如何是般若用。屎堆裡蟲。

船子德誠：竿頭絲線隨君弄，不犯清波意自殊。

大慧宗杲：一字入公門。九牛拔不出。

首山省念：楚王城畔汝水東流。

法華全舉：一潭綠水兩處洪波。

問作麼生是伽藍。師云。深山藏獨虎。淺草露群蛇。

黃龍南：前面是珍珠琉璃。後面是瑪瑙珊瑚。左邊是觀音勢至。右邊是普賢文殊。中間有個幡子被風吹著。道胡盧胡盧。

傅大士頌：夜夜抱佛眠。朝朝還共起。起坐鎮相隨。如形影相似。欲識佛去處。只者語聲是。

法眼文益：不移寸步越河沙，地獄天堂混一家，佛祖位中消息斷，何妨盡賞洛陽花。

無明慧經：威音外是一乾坤。一個人兒住一村。無上涅槃為伴侶。省煩家業不須分。

五祖法演禪師：師曰。我也有個老婆。還信否。士默然。師乃云我有個老婆。出世無人見。晝夜共一處。自然有方便。並錄以博聞。

汾陽無德禪師：問：空中鳥跡。水內魚蹤。茶中鹽味。色裡膠清。明眼衲僧。不能分別。作麼生析得晶然去。代云：可明。

禪師常以下面的話形容正偏兼帶：

斷弦還須鸞膠續。

秋水共長天一色，落霞與孤鶩齊飛。

百怪千妖同一窟。

小魚吃大魚。

一個葫蘆兩個瓢。

龍頭蛇尾。

露裸裸。圓陀陀。直是無棱縫。

芍藥花開菩薩面。棕櫚樹長夜叉頭。

文武兼濟。將相雙權。

一點水墨兩處成龍。

結廬在人境，而無車馬喧。

須彌頂上駕鐵船。

三腳驢子弄蹄行。

機絲不掛梭頭事，文彩縱橫意自殊。

三十二、禪師形容「正偏兼帶」的經典語句

三冬枯木秀，九夏寒岩雪。

日月同明。千江共澍。

東山水上行。

五台山上雲蒸飯。

須彌頂上駕鐵船。

金剛腦後鐵崑崙。

腦後長腮莫與來往。

兩個無孔鐵鎚，就中一個最重。

雲在青天水在瓶。

世法佛法打成一片。

禪宗奧旨【下卷】
曹洞宗偏正五位述要 ②

作　　者：岳明
副總編輯 / 鄧懿貞
專案主編 / 呂佳真
書稿校對 / 呂佳真
封面設計 / Javick 工作室
版面編排 / 菩薩蠻電腦科技有限公司

出　　版：無限出版／遠足文化事業股份有限公司（讀書共和國出版集團）
地　　址：231 新北市新店區民權路 108 之 2 號 9 樓
郵撥帳號：19504465 遠足文化事業股份有限公司
電　　話：886-2-2218-1417
電子信箱：service@bookrep.com.tw
網　　址：www.bookrep.com.tw

法律顧問 / 華洋法律事務所 蘇文生律師
印　　製 / 沈氏藝術印刷股份有限公司

2023 年 12 月 25 日初版一刷　定價：650 元　　書號：SV0F0003
ISBN：978-986-91082-9-4(平裝)

國家圖書館出版品預行編目 (CIP) 資料

禪宗奧旨 . 下卷 , 曹洞宗偏正五位述要 . 2/ 岳明著 . -- 初版 . --
新北市 : 無限出版 , 遠足文化事業股份有限公司 , 2023.12
　面；　公分 . -- (禪學研究 ; 2)
ISBN 978-986-91082-9-4(平裝)

1.CST: 禪宗 2.CST: 曹洞宗
226.6　　　　112020693